"十四五"职业教育国家规划教材

劳动教育（第 2 版）

王开淮　主　编

郭杨波　李文晋　肖永蓉　吴　瑶　副主编

清华大学出版社

北　京

内 容 简 介

本书着眼于马克思主义劳动观塑造和劳动能力、劳动习惯培养,从认知深化、文化熏陶、精神培育、技能实践四个方面进行分析和探究。本书分四篇十一个模块,讲授了劳动与劳动观、劳动与青年大学生成长、中国劳动文化发展等内容,以及劳模精神、劳动精神、工匠精神的深刻内涵与培育途径,从日常生活劳动、生产劳动、服务性劳动三个维度设计了劳动实践项目。本书特点是遵循高职学生成长规律和高职教育规律,各模块采用案例导入、知识讲授、活动与训练、探索与思考的结构,引入必要的案例讨论等,形成触发思考、强化认知、实践内化、巩固提升的内容逻辑,达到可教、可读、可学、可练的目标。全书体系完整,内容新颖。

本书既可作为高等职业院校劳动教育的教材,也可作为日常生产生活劳动实践的指导用书,以及劳动知识与劳动技能训练的参考资料。

图书在版编目(CIP)数据

劳动教育 / 王开淮主编 . -- 2 版 . -- 北京:清华
大学出版社,2025.8. -- ISBN 978-7-302-69845-6

Ⅰ. G40-015

中国国家版本馆 CIP 数据核字第 2025US3087 号

责任编辑:张龙卿
封面设计:刘代书 钟明哲
责任校对:刘 静
责任印制:丛怀宇

出版发行:清华大学出版社
    网 址:https://www.tup.com.cn, https://www.wqxuetang.com
    地 址:北京清华大学学研大厦 A 座   邮 编:100084
    社 总 机:010-83470000   邮 购:010-62786544
    投稿与读者服务:010-62776969, c-service@tup.tsinghua.edu.cn
    质量反馈:010-62772015, zhiliang@tup.tsinghua.edu.cn
    课件下载:https://www.tup.com.cn, 010-83470410
印 装 者:三河市铭诚印务有限公司
经 销:全国新华书店
开 本:185mm×260mm   印 张:16.5   字 数:308 千字
版 次:2021 年 10 月第 1 版 2025 年 8 月第 2 版 印 次:2025 年 8 月第 1 次印刷
定 价:59.00 元

产品编号:113666-01

编委会

电子活页及微课视频

2024年最美职工檀世旺	追光的你——劳动浇灌幸福树	崇尚劳动的习近平总书记	劳动之成为实践的历史嬗变及其意义	什么是新质生产力	在劳动节这天打开古人的劳动画卷
勤俭兴家劳动之美	留法勤工俭学信仰之路	全国劳动模范杨银娟：从普通工人到技术领军人才	青春绽放新时代——宋玺	用中医药造福世界的屠呦呦	干部楷模——孔繁森
时代楷模陈俊武	弘扬劳动精神凝聚奋进力量	用双手创造光荣与幸福	依靠劳动创造扎实推进中国式现代化	叶林伟：驾驭"万吨巨擘"锻造"钢筋铁骨"	彭菲：人工智能让生活更美好
高凤林：为火箭铸"心"为民族筑梦	让劳动教育更有"烟火气"	陶行知和学生到农村从事农业劳动	微电影《青春匠韵》	微电影《红星永耀若尔盖》	微电影《奔流的钢铁》

第2版序

《劳动教育》一书自 2021 年出版及发行以来，得到很多学校、教师和读者的大力支持与肯定，并被评为首批"十四五"职业教育国家规划教材。为了更好地确保教材质量，落实党和国家关于教材建设的规定，力求打造一本具有时代特色、职教特点的优秀教材，我们启动了教材的修订再版工作。

本次修订沿用了第 1 版的编写理念、写作风格与结构安排，遵循劳动教育规律和职业院校学生的成长规律，把劳动的价值取向作为重中之重，着力塑造坚定的马克思主义劳动观。"知—思—行"有机融通，按照"认知劳动世界→感悟劳动文化→培养劳动精神→提升劳动技能"的逻辑编排教材内容，设计适量的案例讨论和项目训练，将劳动教育与学生学习生活、实习实训、职业发展紧密结合，达到易教利学的目的。

本次修订主要结合规划教材评审专家的意见建议和教材使用中反馈的意见，贯彻党和国家关于劳动教育的最新部署，体现新质生产力、新型工业化、人工智能劳动形态等前沿内容，对语言表达、案例引述、拓展阅读材料等进行了更新，以保证教材内容的时代性、针对性、典型性。对"活动与训练"项目的选择及"实践篇"内容进行了优化调整，以便更充分地体现职业教育特色，适应项目化教学要求。对案例讨论问题的设置进行了深化，从而能够更好地引导读者对劳动价值观等深层次问题进行思考。同时，更新和丰富了图片、视频、课件、拓展阅读等在线资源。

教材修订前后历时一年，倾注了编写团队的大量精力，也得到了出版社的大力支持，期望得到读者的肯定与认可。当然，书中内容难免存在一定疏漏与不足，我们将在后续的教材使用过程中广泛收集各方意见，对教材不断地进行完善，以便为劳动教育的开展提供更好的支持。

编　者
2025 年 6 月

前　言

2020年3月，中共中央、国务院颁发《关于全面加强新时代大中小学劳动教育的意见》（以下简称《意见》），提出把劳动教育纳入人才培养全过程，贯通大中小学各学段。伴随着人们物质生活水平的提高和家庭教育、学校教育的缺位，一些青年学生不想劳动、不会劳动、不珍惜劳动成果的现象仍然存在，影响到青年学生的就业观、成才观，端正青年学生劳动态度、培养劳动习惯与提升劳动能力的成为时代所需。《意见》的颁布对于进一步转变教育观念，提升劳动的综合育人价值，培养担当民族复兴大任的时代新人具有重大而深远的意义。

高等职业教育的教学过程既要发挥实习实训在劳动教育中的独特作用，强化劳模精神、劳动精神、工匠精神的培养，又要遵循劳动教育和青年学生的成长规律，授予其必要的劳动知识，使其掌握劳动技能，并通过劳动实践加以深化，实现知识与技能的内化，从而促进青年学生正确的劳动观念、劳动意识、劳动能力与劳动习惯。为此，劳动教育教材不仅要可教可学，还需可读可思、可用可练。

正是基于这样一种背景和认识，我们试图提供一本高质量的劳动教育教材，既可作为劳动教育课程的教学用书，也可作为师生课余阅读和劳动实践的指导用书；既注重劳动知识的传授，也注重劳动文化的浸染；既注重劳动技能的训练，也注重劳动习惯的养成。为此，全书从四个方面进行内容架构，即认识篇、意蕴篇、精神篇、实践篇，各篇下设相应的模块和单元。各单元采用案例导入、知识讲授、活动与训练、探索与思考的结构，引入必要的案例讨论、阅读材料，让学生由案例引发思考，探究劳动的基本知识，再通过一定的活动与训练项目，巩固所学、内化提升。无论是全书的整体结构还是各单元的结构安排，都注重触发思考、形成认知、实践内化、巩固提升的内容逻辑，同时通过案例和阅读材料增强教材的可读性、吸引力，激发学生的学习动力和学习自主性。

值得一提的是，本书有别于其他劳动教育教材的是单设了"意蕴篇"，讲授中国传统文化中有关劳动和劳动教育的优秀著述。尽管内容难以全面覆盖，或者个别内容与体力劳动的关系并不十分紧密，但劳动教育的核心是引导学生树立正确的劳动观，培养学生勤俭、奋斗、创新、奉献的劳动品德，并把这种品德运用于学习生活与工作实际。体力劳动与脑力劳动并没有截然的界限，二者相互促进、互为表里，均需有远大的志向、刚健有为的态度、勤俭诚信的品质，文化的浸染作用十分巨大。

全书分为四篇十一个模块，由具有较深理论研究和实践造诣的教师组成团队，在四川工程职业技术大学王开淮教授的主持下编写。其中，认识篇的模块一由四川工商职业技术学院的张健、四川工程职业技术大学的王开淮编写，模块二由四川工商职业技术学院的曾钊、李文晋编写，全篇由李文晋统稿；意蕴篇的模块三由四川工商职业技术学院的郭杨波、四川工程职业技术大学的王开淮编写，模块四由四川工商职业技术学院的夏仁娟编写，模块五由郭杨波、夏仁娟、龚贵尧编写，全篇由郭杨波统稿；精神篇的模块六由四川工程职业技术大学的贾彤彤编写，模块七由四川工程职业技术大学的肖永蓉编写，模块八由四川工商职业技术学院的刘晓编写，全篇由肖永蓉统稿；实践篇的模块九由重庆工信职业学院的彭钰涵、张婕编写，模块十由四川工商职业学院的李倩编写，模块十一由重庆工信职业学院的张婕、吴瑶编写，全篇由吴瑶统稿。全书由王开淮统稿、审定。另外，为了让教材能更好地贴近企业、贴近生活，我们特别邀请中国第二重型机械集团德阳万航模锻有限责任公司副总工程师李蓬川、新希望乳业股份有限公司高级工程师向松涛进入编委会，参与编写大纲论证、案例选择、稿件审核相关工作。

由于时间仓促，编者水平有限，难免有疏漏与不足之处，欢迎广大读者批评指正。

编　者
2025 年 6 月

目 录

认 识 篇

意 蕴 篇

精 神 篇

实　践　篇

认 识 篇

模块一 劳动与劳动观

📖 模块导读

本模块包括劳动基本概念和劳动的意义、马克思主义劳动观、中国劳动教育的历史发展等内容。通过学习,引导大学生树立科学的劳动观,认识劳动是创造价值的唯一源泉,是一切成功的必由之路,自觉培养崇尚劳动、热爱劳动、辛勤劳动、诚实劳动的劳动精神,学会在劳动实践中发现问题、研究问题、解决问题,变单一体力劳动为创造性劳动,奠定终身发展和人生幸福的基础。

单元一 劳 动 概 述

💭 名人名言

任何一个民族,如果停止劳动,不用说一年,就是几个星期,也要灭亡,这是每一个小孩都知道的。

——[德] 马克思

🎯 学习目标

1. 全面了解劳动的含义、特征和分类。

2. 正确认识劳动的价值和意义。

3. 培养尊重劳动、热爱劳动的意识和习惯,树立科学的劳动观。

📑 案例导入

"给自己送快递"的快递员

檀世旺,安徽省池州市石台县京东快递营业部快递员。8年来,他坚守在乡镇快递站,成为很多快递的"集体"收件人。他每天带着上百单收件人为"檀世旺"的包裹跑遍8个乡镇,行程约200千米,翻山越岭送到乡亲们手中。送快递之余,檀世旺一直默默无闻地做着暖心小事:为老人家维修水龙头、修缮房屋,给山里老人剪头发、洗衣服……"有事儿找檀师傅"成了乡亲们的默契。2023年五一期间,中央电视台播出了以檀世旺为原型的微电影《一个人和三百人》,还原了檀世旺与300名乡亲之间发生的感人故事。

2024年,檀世旺被授予"全国五一劳动奖章",同时获评2024年"最美职工"。

（引自:2024年最美职工檀世旺:"我在村里给自己送快递",中工网,2024年5月,有改动。）

【分析】快递员檀世旺,以劳动和爱心创造平凡岗位的不凡之举,成为有口皆碑的楷模。劳动无高低贵贱,只有分工不同。无论参加什么样的劳动,只要本着劳动的初心,踏踏实实、服务他人、持续奋斗,就可能为自己和他人带来更多的幸福。一分耕耘,一分收获,美好的人生梦想只有通过辛勤劳动、诚实劳动和创造性劳动才能实现。

一、劳动的含义和分类

劳动是人区别于动物的本质特征,是人类生存发展的基础和动力。人类历史就是一部劳动史,人的一生就是劳动的一生,是开展劳动活动、提高劳动能力、丰富劳动成果的一生。青年学生须正确理解劳动的含义及其对个人和社会发展的重要意义。

（一）劳动的含义

从"坎坎伐檀"到"锄禾日当午",从"伐薪烧炭南山中"到"种豆南山下",从"大禹治水"到"愚公移山",从"朱德的扁担"到"毛岸英上劳动大学"等,许许多多动人的劳动故事为世人传诵。同样,世界各民族都对劳动推崇有加,法国思想家卢梭认为,"劳动是社会中每个人不可避免的义务";共产主义理论奠基人马克思提出,"体力劳动是防止一切社会病毒的伟大的消毒剂";文学巨匠高尔基认为,"劳动是世界上一切欢乐和一切美好事情的源泉"。可以说,有人类存在就有劳动的产生。那么,什么是劳动呢?不同的人从不同的角度有着不同的见解,可谓仁者见仁、智者见智。

（1）从经济学角度,劳动是指具有一定劳动知识和技能的人或人群运用一定的生产工具,作用于劳动对象,创造物质财富和精神财富的活动。马克思曾说:"劳动是人和自然之间物质交换即人类生活得以实现的永恒性的自然必然性。"通过劳动,人自身的自然与外部自然之间实现物质和能量的变换,使人的生命得以维持和延续,也使人自身的自然得以改善和改变。我们通常说的劳动,就是这种生产和生活中的劳动,例如,洗衣做饭,种植作物,修建楼房,加工零部件等。

（2）从哲学角度,劳动是主体对于客体有目的的改造活动,强调劳动是人的本质性活动,是人区别于动物的目的性物质活动。恩格斯指出:"动物仅仅利用外部自然界,单纯地以自己的存在使自然界改变。而人则通过他所做出的改变使自然界为自己服务,来支配自然界。这便是人同其他动物最本质的区别,而造成这一区别的还是劳动。"因此,劳动是人之所以为人、人区别于动物的本质特征。

（3）从物理学角度,劳动是一种复杂的特殊的物质运动形式,包含最简单、最基础的机械运动形式和最复杂、高级的思维运动形式,强调劳动是劳动力（包括体力和脑力）的使用或消费。凡是通过人的有关器官认识和改造客观实体以适应生活需要的各种形式的运动，都可以称为劳动。

此外，还有诸如人类学意义、社会学意义等多种角度的劳动概念的解释。毋庸置疑，无论是哪种意义上的"劳动"，都有着共同的三要素：有目的的活动（劳动本身）、劳动对象和以劳动工具为主的劳动资料。也就是说，所有的劳动都是以劳动资料为凭借、作用于劳动对象的人的有目的的活动。因此，人们改造自然与社会以及一切科学活动都是劳动，是不以任何社会形式为转移的人类生存和发展的基础。

（二）劳动的特征

无论是人与自然之间的物质交换还是劳动力的支出，抑或是主体对客体的目的性改造，劳动都有着共同的特征。

（1）客观性。劳动是主体凭借物质手段改造客观对象的过程。劳动者、劳动手段、劳动对象都是在一定历史条件下的客观实在，劳动的结果即所造成的"事实"，也是处于人们意识之外的客观实在，人类的劳动必须遵循客观世界自身固有的规律，这便是劳动的客观性。

【案例 1-1】

李冰父子治水八字真言

李冰是我国战国时期杰出的水利工程学家，都江堰的设计者和兴建的组织者。都江堰工程由分水堰、飞沙堰、宝瓶口三个主要工程组成。它规模宏大，地点适宜，布局合理，兼有防洪、灌溉、航行三种功能，在世界水利工程史上是较为罕见的奇迹。

两千多年来，都江堰水利工程一直发挥着巨大的排灌作用，确保了当地的农业生产。"深淘滩，低作堰"，是李冰父子治水的三字经；"逢正抽心，遇弯截角"，是治水的八字真言。"深淘滩"是指淘挖淤积在江底的泥沙要深些，以免内江水量过小，不敷灌溉用；"低作堰"是指飞沙堰堰顶不可修筑太高，以免洪水季节泄洪不畅，危害成都平原。"逢正抽心"就是遇到顺直淤塞的河道，应当深挖清淤河床的中间部位，达到主流集中的目的，使江水"安流顺轨"，避免冲毁河岸，毁坏农田。"遇弯截角"是指岁修时遇河流弯段，在凸岸截去沙滩角，在凹岸设挑流护岸工程，改变主流方向，使其顺直一些，减轻主流对凸岸的冲刷。

【讨论】 李冰父子成功修建都江堰，使成都平原成为天府之国，其治水成功的秘诀是什么？李冰父子治水的三字经和八字真言反映了劳动的什么特征？

（2）目的性和能动性。劳动是人的主观的、感性的活动。通过劳动过程，人不仅使自然物发生形式上的变化，而且在自然物上实现自己的目的。劳动的自觉目的性和能动性表明，人不是消极地适应自然界，而是能动地支配和改造自然界，这是人和动物的本质区别。马克思在《资本论》里曾说过："最蹩脚的建筑师一开始就比最灵巧的蜜蜂高明的地方，是他在用蜂蜡建筑蜂房以前，已经在自己的头脑中把它建成了。"这说明动物虽然也能改变环境，但只是一种自然本能，不是有意识、有目的的活动。而人能用意识指导自己的行动，有计划、有目的、能动地改造世界，人的劳动具有目的性和能动性。

（3）社会性。劳动是人们的社会化的共同活动，任何劳动都是社会的人在一定社会关系中的活动。可以说，一定的社会条件和社会关系是劳动的前提。《鲁滨逊漂流记》中人物鲁滨逊并不能证伪人的劳动的社会性；相反，鲁滨逊头脑中拥有人类社会传承下来的知识并用以改造自然界。他刚漂到荒岛时浑身上下都在消耗人类社会生产出的能量，他捡到并利用大量源于人类社会的工具和物资，与原始形态的人类社会（指食人族）接触并斗智斗勇，最后成功回归人类社会，更加充分地证明了劳动的社会性。

（4）历史性。劳动不是一成不变的，而是历史地变化和发展着的，是人们世世代代连续的历史活动。在这种连续性的活动中，人们不断增强认识世界及改造世界的能力，从而使劳动的内容和形式不断丰富与发展。劳动的社会联系随着历史的发展日益广泛和加强。在原始社会，人们以采猎劳动为主，往往局限于氏族、部落等狭小的范围。今天，它已打破民族、国家的边界而实现全球化，建立了全球性的社会联系。从茫茫宇宙到浩瀚海洋，从量子科学到基因工程，从古代"丝绸之路""郑和下西洋"到现在的"一带一路"倡议和实践，从古代中国"四大发明"到新时代"新四大发明"，都充分证明，劳动随着人类历史的发展从劳动对象、劳动能力到劳动内容和形式都得到了巨大发展，人类的历史就是人类劳动不断丰富和发展，并形成新的劳动成果的历史。

（三）劳动的分类和形态

根据不同的划分标准，劳动有着不同的分类和形态。根据劳动力的支出形式，可以分为体力劳动和脑力劳动；根据劳动的复杂程度，可以分为简单劳动和复杂劳动，或分为重复性劳动与创造性劳动；根据劳动报酬有无，可以分为有偿劳动和公益劳动；根据劳动成果形态的不同，可以分为物质生产劳动与非物质生产劳动；根据劳动内容和领域的不同，可以分为生产性劳动与数字劳动、科技劳动、管理劳动、服务性劳动等。

今天，伴随着信息化时代的到来，新产业、新技术、新业态蓬勃发展，人类的劳动形态已经沧海桑田。在劳动的领域和内容上，由物质生产领域逐渐延展到精神生产和服务领域，精神产品的生产和服务性劳动成为劳动的重要形态。在劳动的支出形式上，由体力劳动为主转向脑力劳动为主。在劳动的复杂程度上，由简单劳动为主转向复杂劳动为主。创造性劳动和复合型劳动已成为最为常见的劳动形态，科技劳动和数字劳动成为第一生产劳动，经营管理也已成为一种重要的劳动形态。

📖 **拓展阅读**

数字劳动的类型

数字劳动就是使用数字设备、在数字平台或数字化空间中形成的合乎目的的数字产品的工作。

（1）用数字化工具进行物质生产，亦可称为"硬件生产"类数字劳动。这种数字劳动所使用的是数字技术，形成的是数字化指令，而且是作为工作或职业而存在的。物质生产领域中的人类劳动经历了三种主导形态的变迁：农耕时代的手工劳动，工业时代的机器劳动，信息和智能时代的数字劳动。作为物质劳动的数字劳动，是指用数字手段控制物质生产过程的劳动，是数字劳动者直接用数字化工具所间接进行的物质生产。

（2）信息通信产业中专业化的数字劳动，亦可称为"软件生产"类数字劳动，主要指建构和维护作为软件的数字化工具之类的劳动，如算法设计、软件编程、网游开发、网页设计等。从业者主要为数字产业中的软件工程师、网页设计人员及系统维护人员，他们的工作通常是被普遍认可的数字劳动。

（3）使用数字技术的科研、学术和文创活动，就是用数字化工具去进行精神文化活动，亦可称为"内容生产"类数字劳动。如"电子社科研究""电子人文研究""电子学术研究"等。这些电子劳动是各个领域的学术研究在电子数字时代劳动方式发生数字化转型的写照，也表明数字劳动普遍存在于社会的各个行业之中。此外，这类数字劳动还包括以数字技术为手段所进行的信息传播活动，如在互联网上发表观点、制作和上传资料、编撰网络百科词条，以及进行网络教学等。

（引自：肖峰.数字劳动的边界论析——基于马克思劳动观的考察 [J].马克思主义研究，2023(4).)

二、劳动与人类社会发展

人类之所以能从茹毛饮血、刀耕火种发展到今天的机械化、电气化、信息化，是因为劳动起着决定性作用。正如马克思所言，"全部人的活动迄今都是劳动"，劳动决定了社会生活的全部。

（一）劳动创造了人和人类社会

劳动在人类社会的产生和形成中起了决定作用。恩格斯在《劳动在从猿到人转变过程中的作用》一文中详细描述了劳动在人类从猿进化为人的过程中的作用。首先，劳动创造了生产工具，并通过制造工具使猿"手"变成了人手。真正的劳动是从制造工具开始的。其次，劳动推动了语言的产生，在劳动和语言的推动下，使猿脑转化为人脑，促进了人类意识的产生和发展。最后,在劳动中创立和发展了人和人的社会关系,把猿群改造成为人类社会。因此,劳动在人类社会的产生和形成中起了决定作用,劳动创造了人和人类社会。

(二)劳动是人类社会存在和发展的基础

劳动提供人类社会存在和发展所必需的生活资料和生产资料,为一切实践活动提供物质工具和手段。恩格斯在马克思墓前的讲话中说,马克思发现了人类历史的发展规律,"……人们首先必须吃、喝、住、穿,然后才能从事政治、科学、艺术、宗教等。"人类要生存和发展,首先必须要有赖以存在的生活资料,物质资料的生产是人类社会存在和发展的基础,唯有劳动才能生产出人类赖以生存和发展的物质资料。从社会关系的角度,生产劳动是人类全部社会关系的物质根源。劳动发展决定着最基本的社会关系即生产关系,而生产关系又是其他一切社会关系的基础。劳动状况不同,由生产关系导致的社会关系也就不同。所以,社会的一切现象,归根到底受劳动发展程度的制约。

(三)劳动是人类社会发展的不竭动力

物质资料的生产是社会发展的决定性力量,而物质资料的生产方式是由劳动决定的,必须具备人的劳动、劳动资料和劳动对象三个基本因素。例如,随着劳动的发展也就是生产力的发展,带来了私有制的产生和剥削制度下劳动的异化。而随着劳动的高度发展又必然导致私有制的消灭和异化劳动的扬弃,并实现劳动的解放,即人类的解放。所以说,劳动是社会发展的不竭动力,劳动推动着人类社会不断实现技术的进步和财富的增加,并带来社会关系的变化。

📖 **拓展阅读**

名人论劳动

卢梭:在人的生活中最主要的是劳动训练,没有劳动就不可能有正常的人的生活。

陶铸:劳动是一切知识的源泉。劳动规模的扩大,劳动对象的多样性,劳动过程的复杂化,都会促进劳动者提高自己的劳动技能与劳动素质。

李大钊:我觉得人生求乐的方法,最好莫过于尊重劳动。一切乐境,都可由劳动得来;一切苦境,都可由劳动解脱。

(四)劳动创造人类文明

人类文明的轨迹是随着人类劳动创造的价值而发展的。纵观中国历史,从传说中的女娲造人、盘古开天、大禹治水、神农尝百草,到蔡伦造纸、毕昇改进印刷术,再到中国载人航天事业的发展、"蛟龙号"深水探测的成功、中国天眼的应用等,每一项进步都凝结着人类的智慧与劳动。人类通过劳动创造了农耕文明、工业文明、信息文明,还塑造了人的道德观念。人类的劳动成果越来越丰富，劳动技术越来越先进，文明程度也越来越高。

三、劳动与人的自由全面发展

马克思在《哥达纲领批判》里谈道，在未来共产主义社会中，劳动不仅是谋生的手段，而且本身成了生活的第一需要。在马克思眼中，"谋生"这一外在目的依然存在，但已变得次要，比谋生更重要的是人们在劳动过程中不断发展着的力量，是人的自我实现、自我创造与自我升华。可见，人的自由而全面地发展，是劳动的根本目的。

（一）劳动是个体发展的首要条件

劳动虽然辛苦、枯燥，但它是个体健康成长、走向成熟的首要条件。有研究发现，做家务的孩子比不做家务的孩子成绩优秀的比例高 27 倍，原因就在于他们在劳动中学会了独立并承担相应的劳动责任，在付出中收获劳动成果，并通过劳动调节了学习及生活节奏。近代思想家们普遍重视劳动对个人发展的价值，认为参加劳动有利于促进身心的和谐发展。我国著名教育家陶行知先生说："人有两个宝，双手和大脑，双手会做工，大脑会思考，用手又用脑，才能有创造。"他要求每位学生都拥有"科学的头脑，健壮的双手，农夫的身体，艺术的情趣，改造社会的精神"。陶行知先生认为，只有手脑并用，人的各个方面才能得到协调发展，才可能成为健全的人。

（二）劳动促进人的全面自由发展

劳动是一切价值的创造者，是人维持自我生存和发展的唯一手段。

（1）劳动创造人类知识。人类除通过教育获得知识以外，劳动是人类获得知识的重要途径。教育是直接的知识传递，劳动是通过经验反思生成知识，帮助我们学到大量书本上没法学到的知识。同时通过劳动能够更加深刻地理解知识，并运用知识指导实践，从而在实践中获得新的知识，成为具有真才实学的人。正所谓实践出真知，人类许多璀璨的知识和文化艺术作品都是在劳动实践中创造和诞生的。

（2）劳动促进思维发展。人类思维能力的培养离不开劳动实践。在劳动中，我们需要计划、组织和协调，需要不断地去发现问题、理解问题和解决问题，以及在遇到困难和难以解决的问题时，需重新学习并探索解决问题的新方法、新途径。正是在这个过程中，通过适应劳动的需要，培养和提高自己的思维能力和解决问题的能力。同时，也通过劳动不断激发求知欲，增进学习兴趣，促进智力发展，这一过程是其他活动难以替代的。

（3）劳动丰富精神世界。劳动是生存的需要，也是生命的需要，是一个人健全体格、增进智慧、提升修养的源泉，劳动促进人的成长与发展，丰富人的精神世界。人们在劳动实践中培养和体会敬业、责任、勇敢、勤奋、坚韧、团结的优良品质,并以此体会到劳动给自己带来的愉悦。比如,劳动可以磨炼我们的意志,面对困难与挫折不屈不挠,在不断尝试和克服困难的过程中体会到艰辛与不易。劳动可以培养爱国情怀,认识到脚下土地的美好、祖国山河的壮丽,在劳动过程中感受到党和国家的深切关怀。劳动可以培养敬业精神,在劳动中感受实践的喜悦,深化对职业的热爱与执着,从而爱岗敬业、勤勤恳恳、踏踏实实地干好每一份工作。

【案例 1-2】

康东华:从农民工成长为全国劳动模范

康东华原本是河南省驻马店市西平县一名普通农民工,2003 年进入河南鼎力杆塔股份有限公司,通过自学机械制图、焊接等技术,逐步成为车间技术骨干。凭借满腔热爱与孜孜以求,康东华坚持技术创新,先后攻克了 50 多项技术难题,为企业创造经济效益 1000 多万元,并培养了大批技术人才。2025 年,他荣获"全国劳动模范"称号。这位普通工艺员用 22 年的坚守铸就了非凡成就,实现了从农民工到高级技师、全国劳动模范的蜕变,谱写了一曲新时代劳动者的奋斗之歌。

(引自:学习强国,2025 年 5 月,有改动。)

【讨论】 康东华从普通农民工到全国劳模的成长故事表明,劳动不仅是谋生手段,更是个人技能提升、精神成长的重要途径,最终促进人的自由全面发展。这给当代大学生尤其是高职大学生的职业发展带来了什么启发?

(三)劳动是人类幸福的源泉

幸福是个人由于理想的实现或接近而引起的一种内心满足。幸福不仅包括物质生活的富足,也包括精神生活的富有;幸福不仅在于享受,更在于劳动和创造。鲁迅先生说过:"伟大的成绩与辛勤的劳动总是成正比例的,付出的劳动越多,创造的幸福就越多。"劳动使我们的生活丰富多彩,没有劳动的人生是毫无意义的人生,人们正是在劳动的过程中体验和感受幸福。中华民族从半坡聚落、河姆渡,到夏、商、周,再到先秦、两汉和唐、宋、元、明、清,每一个时代的文明发展无不向我们昭示劳动创造物质财富和精神财富达至幸福生活这一理念。李时珍不畏艰辛、跋山涉水,走遍大半个中国,终成《本草纲目》;司马迁忍辱负重,历经 13 年艰苦创作而终成"史家之绝唱,无韵之《离骚》"的《史记》。从"路漫漫其修远兮,吾将上下而求索"的屈大夫到"苟利国家生死以,岂因祸福避趋之"的林则徐,从铁人王进喜到"杂交水稻之父"袁隆平,从"两弹元勋"邓稼先到"共和国勋章"获得者钟南山,从快递小哥到抗疫中的最美"逆行者",从普通劳动者到大国工匠,一代代华夏儿女无不以劳动和奋斗作为人生幸福的源泉。

【案例1-3】

"数据侦探"利用大数据打造"最强大脑"

孔德年，江苏省扬州市公安局江都分局刑警大队副大队长（分局数据侦查实战中心负责人）。从警24年来，孔德年一直坚守刑侦岗位。近三年，他把分局的"数据侦查实战中心"打造成县（区）主战的"最强大脑"，先后荣立个人一等功1次、二等功3次、三等功2次，被评为全国公安机关"百名追逃能手""全国刑侦研判能手"，获得"江苏最美法治人物""江苏最美警察"等荣誉。2024年被授予"全国五一劳动奖章"，同时获评2024年"最美职工"。

（引自：中工网，2024年5月，有改动。）

【讨论】辛勤劳动和创造性劳动是人类幸福的源泉，人类在劳动的过程中收获幸福。结合孔德年的案例，谈谈新时代大学生如何立足岗位实现创造性劳动，并通过劳动实现自我价值。

四、劳动托起中国梦

劳动创造了中华民族的辉煌历史，也必将铸就中华民族的未来。回望我党百年奋斗历史和中华人民共和国70余载的过往，党和人民在不断探索、不断改革创新中通过辛勤劳动换来伟大事业的胜利，实现站起来、富起来到强起来的伟大飞跃。这背后，是广大劳动人民的辛勤付出。正是在筚路蓝缕与挥汗如雨的劳动中，我们托起了一个充满活力的现代中国，使中华民族迎来了实现伟大复兴的光明前景。

2012年11月，习近平总书记在参观《复兴之路》展览讲话时提出"中国梦"。他指出，每个人都有理想和追求，都有自己的梦想。全面建成社会主义现代化强国，实现中华民族伟大复兴，就是中华民族近代以来最伟大的梦想。实现"中国梦"，创造全体人民更加美好的生活，需要我们每一个人付出辛勤劳动和艰苦努力。

党的二十大报告提出，我国到2035年基本实现社会主义现代化，到21世纪中叶建成富强民主文明和谐美丽的社会主义现代化强国。实现中华民族伟大复兴这一光荣而艰巨的事业，历史的重任落在了当代大学生肩上。当代大学生必须弘扬劳模精神、劳动精神、工匠精神，须进行艰辛而富有创造性的劳动，谱写"中国梦"的劳动新篇章。

【案例1-4】

大国工匠张连钢获评"感动中国2023年度人物"

张连钢，山东省港口集团有限公司高级别专家，2024年4月获评《感动中国》2023年度人物。2013年，青岛港决定筹建全自动化码头，处在肺癌术后康复期的张连钢毅然挑起重担。十多年来，从一张白纸、一片滩涂起步，张连钢带领团队先后建成了全球领先、亚洲首个全自动化集装箱码头（一期），首个"氢+5G"自动化码头（二期），全国产、全自主自动化码头（三期），一次次冲击世界港口科技的制高点。2020年12月，中宣部授予山东港口集团青岛港"连钢创新团队""时代楷模"称号。

（引自：大国工匠张连钢获评"感动中国2023年度人物"，学习强国青岛学习平台，2024年4月，有改动。）

【讨论】正是一个又一个张连钢这样的大国工匠在共同铸就民族复兴中国梦，新时代大学生应如何为强国建设、民族复兴伟业贡献劳动的力量？

🕐 活动与训练

"梦想与劳动"主题演讲

一、活动目标

认识劳动的意义和价值，树立热爱劳动、崇尚劳动的价值观念，增强劳动的自觉性。

二、活动时间

建议50分钟。

三、活动内容和流程

(1) 提前1周划分学习小组。各学习小组查阅资料，学习劳动的有关理论知识。

(2) 每组讲述1～2个劳动助力梦想的故事并写出演讲稿。

(3) 班级举行"梦想与劳动"演讲会，各组推荐代表进行演讲，教师点评、学生互评，提高学生对劳动的理论认知。

(4) 将演讲转化为劳动实践，在劳动态度、劳动能力上不断发展。

🔍 探索与思考

1. 如何理解劳动促进了人的自由全面的发展？

2. 结合实际，谈谈如何理解劳动托起中国梦。

单元二　马克思主义劳动观

📖 名人名言

劳动创造世界。

——[德] 马克思

🎯 学习目标

1. 理解马克思主义劳动观和新时代劳动观的基本内容。

2. 正确认识树立科学的劳动观对于个人、国家和社会的重大意义。

3. 将科学劳动观转化为劳动实践。

📑 **案例导入**

守护大理洱海苍山的最美职工——李春喜

　　李春喜是大理洱海生物肥业有限公司废弃物收集部凤羽收集站（点）唯一的女性。8年来，她每天早上6点准时出门，挨家挨户收集畜禽粪便，往返于洱源县凤羽镇上寺村与收集站（点）达11000多次，行程达45000千米，累计收集畜禽粪便9000多吨。她用脚步与耐心得到全村126户养殖户的信任，以平凡的方式守护着洱海源头的碧水蓝天。因工作出色，李春喜先后获得"洱源县绿色最美家庭""大理州劳动模范""大理州绿色最美家庭""云南省绿色家庭""顺丰收集能手""最美苍洱卫士""云南省五一劳动奖章""云南敬业奉献好人""全国五一劳动奖章""全国最美职工"等称号。

　　（引自：云南网，2024年5月，有改动。）

　　【分析】 畜禽粪便收集是又脏又累的高强度劳动。李春喜凭着对劳动的热爱和环保的执着，成为"最美苍洱卫士"，荣获"全国最美职工"称号。她把平凡的劳动当作事业来追求，在别人嫌弃的岗位上创造劳动的价值，以执着的平凡之举为洱海的碧水蓝天做着不凡的贡献。当代大学生应该树立正确的劳动观，懂得"功崇惟志，业方惟勤"的道理，热爱劳动，尊重劳动者。

　　劳动观是人们对劳动的根本看法和观点，包括劳动的目的、劳动的价值、劳动的意义以及对待劳动的态度等。劳动观决定着劳动者在劳动过程中的行为。一个人只有树立正确的劳动观，才能自觉强化劳动意识，更好地尊重劳动人民，珍惜劳动成果，以积极的态度投身劳动实践，用劳动创造财富，同时促进人的全面发展。

一、马克思主义劳动观

　　劳动是马克思思想体系中的核心观念，马克思把劳动比喻成整个社会为之旋转的太阳。马克思、恩格斯关于劳动的解读构成马克思主义劳动观，其主要内容包括劳动历史观、劳动幸福观、劳动解放思想等。

（一）劳动历史观

　　马克思主义劳动历史观也就是马克思主义的劳动本质论，主要有三个基本观点。

　　（1）人是劳动的产物，劳动创造了人类生存所必需的全部物质条件和精神条件。劳动是人的生命存在和全部社会活动的前提，作为生命存在的人要解决吃、穿、住的生活问题，必须从事生产劳动，通过劳动改造自然，从大自然中获取生活资料。

　　（2）劳动是人类全部社会关系形成和发展的基础。人们在劳动过程中，一方面同自然界发生关系，另一方面又通过劳动结成社会关系。

（3）劳动是促进社会发展的根本推动力量。社会发展的最终决定力量不是精神、意志、神灵，而是人的劳动实践。

马克思主义认为，人不仅凭借劳动满足最基本的生存需要，实现社会财富的创造和积累，而且人最终也要通过劳动来实现人之为人的自由本质。劳动不仅创造了人的物质生活，也充盈着人的精神世界，使人的精神得以发展。劳动是社会历史的起点和人类基本的历史活动。劳动之于人和人类产生和发展的根本作用，正是劳动神圣、劳动伟大之根本。

（二）劳动幸福观

"我的劳动是自由的生命表现，因此是生活的乐趣。"这是马克思主义的劳动幸福观。马克思认为，幸福是物质追求和精神追求的统一、享受和创造的统一、个人幸福和社会幸福的统一。幸福不是享受，只会享受而不劳动的人谈不上幸福。人类通过劳动创造物质财富和精神财富，创造财富的过程转化为人类存在的价值。因此，劳动不仅能为个人创造美好生活，也能给国家和社会创造更多的财富和价值。

马克思主义的劳动幸福观表明，劳动是幸福的源泉，幸福来自现实劳动生活中的满足感、愉悦感和收获感，人们对幸福的追求只能在劳动实践中获得。只有树立马克思主义幸福观，辛勤劳动、诚实劳动、创造性劳动，才能获得真正意义上的幸福。

【案例 1-5】

从护理员到失能失智老人的"女儿"

四川省巴中市通江县大椿养老康复中心，60% 以上都是失能失智老人。蒲玉，四川省巴中市通江县大椿养老康复中心养老护理员，怀着"老人，更需要一份关爱和温暖"的初心，在护理员岗位上坚守了 9 年。面对高位截瘫的老人，她多次和医护人员一起探讨对策，及时给老人翻身擦洗、更换床单衣服；面对有智力障碍、意识障碍的老人，她耐心地喂水喂饭；为了让老人得到良好护理，她四处查找资料，请教医生护士，不断总结提升护理技巧……用爱心为农村失能失智老人带来温暖与希望。她用一份真情温暖着老人们的心，也收获了老人们对她的爱。蒲玉称："他们都称我女儿啊、幺儿啊，我觉得我就生活在一个幸福美满的大家庭当中，他们就像我的老爸老妈一样，我会继续努力，让他们晚年更幸福。"

（引自：央视网，2024 年 4 月，有改动。）

【讨论】平凡的工作需要坚守。蒲玉坚守护理员岗位一干就是 9 年，在为失能失智老人的护理服务中体验着快乐，收获着幸福。请问：是什么信念让她能够把这样一份工作坚守 9 年且还要继续坚持下去？你怎么看待这样的幸福？

（三）劳动解放思想

马克思认为，劳动过程是人的本质的实现过程，自由自觉的劳动是人的本质的体现，也是自由全面发展的需要。但私有制基础上产生的劳动异化，导致劳动成为令人厌恶的强制性活动，人的个性不能得到全面而自由的发展，只能片面甚至畸形发展。因此，必须通过劳动解放、消灭异化劳动，消除一切有悖于实现人的本质的物质的、精神的羁绊。但劳动解放是一个历史过程，它的前提是生产力高度发达和建立在其上的生产资料公有制。到了那时，生产劳动就不再是奴役人的手段，而成了解放人的手段。

因此，劳动解放是全人类的使命，与每个时代的每一个人息息相关，任何人都不能把自己在生产劳动这个人类生存的自然条件中所应参加的部分推到别人身上。只有通过一代又一代人的辛勤劳动、接续劳动、创造性劳动，才能把劳动生产力推向一个又一个新的高度，为消灭异化劳动创造条件。由此，"诚实劳动、勤勉劳动"便是劳动解放的必然要求和应有之义。

二、马克思主义劳动观在新时代的发展

党的十八大以来，在继承和发展马克思主义劳动观的基础上，习近平总书记结合新的时代方位和时代特点对马克思主义劳动观进行了创新性解读，丰富和发展了马克思主义劳动观。

（一）马克思劳动价值论的发展

习近平总书记指出，"劳动是推动人类社会进步的根本力量""人民创造历史，劳动开创未来"，劳动者不仅可以自由劳动，而且可以通过劳动追逐个人梦想、实现人生价值、创造更加美好的生活，我们须崇尚劳动、尊重劳动者。习近平总书记强调："必须牢固树立劳动最光荣、劳动最崇高、劳动最伟大、劳动最美丽的观念。""劳动模范身上体现的'爱岗敬业、争创一流，艰苦奋斗、勇于创新，淡泊名利、甘于奉献'的劳模精神，是伟大时代精神的生动体现。""让劳动光荣、创造伟大成为铿锵的时代强音，让劳动最光荣、劳动最崇高、劳动最伟大、劳动最美丽蔚然成风。"

为此，我们党制定了新时代劳动价值评价的社会标准，主张职业没有高低贵贱之分，不能差别、歧视性地对待体力劳动和体力劳动者，并要求通过价值塑造、劳动实践、制度建设等几个方面，引导人们树立正确的劳动观，营造崇尚劳动、尊重劳动的浓厚氛围，极大地丰富和发展了马克思的劳动价值理论。

（二）马克思劳动解放思想的拓展

马克思的劳动解放思想强调，自由自觉的劳动是人的本质的体现，必须通过劳动解放、消灭异化劳动以实现人的个性全面发展。而劳动解放必须以生产力的高度发达为物

质前提。因此,只有一代又一代的辛勤劳动,才能不断提高劳动生产率,为消灭异化劳动创造物质前提。习近平总书记从马克思的劳动解放思想出发,着眼于新的历史条件下劳动和劳动者的解放和发展,拓展了马克思的劳动解放思想。

（1）对劳动者的劳动态度提出了新要求。要"树立辛勤劳动、诚实劳动、创造性劳动"的理念。"空谈误国,实干兴邦",实干首先就要脚踏实地劳动。要克服不劳而获等错误价值观念,树立勤劳致富的劳动观。要敬业、奉献、诚信、实干,积极进取,脚踏实地地干事创业,创造性地开展各项劳动。要大力弘扬劳模精神、劳动精神、工匠精神。

（2）强调构建和谐劳动关系,维护劳动者合法权益。习近平总书记深切关爱劳动者,要求坚持人民当家做主的地位,坚持公平正义原则,构建合理的利益协调机制,不断提升劳动者的经济、政治、社会地位,实现好维护好发展好广大劳动者的根本利益。要"排除阻碍劳动者参与发展、分享发展成果的障碍,努力让劳动者实现体面劳动、全面发展。"要正确认识和对待改革发展过程中利益关系和利益格局的调整,依法保障职工基本权益,健全劳动关系协调机制,及时正确处理劳动关系矛盾纠纷,切实维护广大劳动群众合法权益。

（3）重视劳动教育,强调劳动者素质的提高。习近平总书记非常重视劳动教育,强调提高广大劳动者的综合素质。他深刻揭示了劳动与知识学习之间的关系,指出很多知识和道理都来自劳动,来自生活,要引导孩子们从小树立劳动观念,培养劳动习惯,提高劳动能力。2018年9月,习近平总书记在全国教育大会上发表重要讲话,指出党的教育方针是培养德、智、体、美、劳全面发展的社会主义建设者和接班人,系统阐述了新时代中国特色社会主义劳动教育思想,指出"要在学生中弘扬劳动精神,教育引导学生崇尚劳动、尊重劳动,懂得劳动最光荣、劳动最崇高、劳动最伟大、劳动最美丽的道理,长大后能够辛勤劳动、诚实劳动、创造性劳动",明确了新时代中国特色社会主义劳动教育的价值遵循。2022年10月,党的二十大报告再次强调,要"坚持尊重劳动、尊重知识、尊重人才、尊重创造""在全社会弘扬劳动精神、奋斗精神、奉献精神、创造精神、勤俭节约精神,培育时代新风貌"。

📖 **拓展阅读**

习近平劳动观的12个金句

近年来,习近平总书记在纪念"五一"国际劳动节关于弘扬劳模精神的重要讲话、谈话中集中阐发了马克思主义劳动观幸福观,其中有12个金句值得我们反复学习和领悟。

（1）劳动是人类的本质活动。劳动光荣、创造伟大,是对人类文明进步规律的重要诠释。

（2）社会是劳动创造的。人民创造历史,劳动开创未来,劳动是推动人类社会进步的根本力量。

（3）劳动是财富的源泉，也是幸福的源泉。好日子是通过辛勤劳动得到的。

（4）劳动没有高低贵贱之分，任何一份职业都很光荣。一切劳动，无论是体力劳动还是脑力劳动，都值得尊重和鼓励；一切创造，无论是个人创造还是集体创造，也都值得尊重和鼓励。

（5）中华民族是勤于劳动、善于创造的民族。正是因为劳动创造，我们拥有了历史的辉煌；也正是因为劳动创造，我们拥有了今天的成就。

（6）劳动是一切成功的必经之路。"空谈误国，实干兴邦"，实干首先就要脚踏实地劳动。

（7）幸福不会从天而降，梦想不会自动成真。我们必须依靠辛勤劳动、诚实劳动、创造性劳动，实现中国梦，创造幸福美好的生活。

（8）为人民谋幸福，为民族谋复兴，是中国共产党人的初心和使命。我们要坚持执政为民、造福于民，通过发展使人民有获得感、幸福感和安全感。

（9）劳动是共产党人保持政治本色的重要途径，是保持政治肌体健康的重要手段，也是发扬优良作风的重要保障。

（10）构建和谐劳动关系。在改革开放和市场经济条件下，要正确处理资本与劳动的关系，解决好劳动者的就业问题、薪酬问题和自身素质提高等问题。

（11）大国工匠是职工队伍中的高技能人才。工会要协同各个方面为劳动模范、大国工匠发挥作用搭建平台、提供舞台，培养造就更多劳动模范、大国工匠。

（12）我们要让劳动光荣、创造伟大成为铿锵的时代强音。特别要在学生中弘扬劳动精神，教育引导学生崇尚劳动、尊重劳动，懂得劳动最光荣、劳动最崇高、劳动最伟大、劳动最美丽的道理，长大后能够辛勤劳动、诚实劳动、创造性劳动。

（引自：《习近平谈治国理政》第一卷至第四卷，重新整理。）

三、树立科学劳动观的重要意义

（一）有助于弘扬热爱劳动的传统美德

马克思说过，体力劳动是防止一切社会病毒的伟大的消毒剂。脑力劳动者参加一些体力劳动，晒晒太阳，活动筋骨，有利于身心健康。为社会提供劳动，获得自己生活的权利，是光荣的生存方式。热爱劳动一直是中华民族的传统美德，大禹治水、愚公移山、精卫填海都是我国古代劳动人民崇尚劳动、热爱劳动、拼搏奋斗的证明。青年大学生树立正确的劳动观，培养良好的劳动习惯，有助于深化对劳动的认识、对劳动规律的认识，增强热爱劳动的自觉性，自觉弘扬中华民族热爱劳动的传统美德。

（二）有助于形成积极向上的就业创业观

青年学生在毕业走上就业岗位时容易出现眼高手低、不能胜任工作的情况。只有树立正确的劳动观,养成勤于劳动的习惯,才能帮助我们正确认识劳动分工的本质,消除劳动差别感,建立劳动平等观,形成积极向上的就业观、创业观,主动到基层就业,到祖国需要的地方就业,扎根生产、管理、服务一线,加强实践锻炼,熟悉生产生活规律,为自己一生的发展奠定坚实的基础。也只有树立正确的劳动观,才能够培养吃苦耐劳的劳动精神和创新品质,科学把握劳动规律,正确对待劳动中的困难与挫折,奋发有为、艰苦创业。

（三）有助于充实和丰富个人生活

"劳动是世界上一切欢乐和一切美好事情的源泉。"这是高尔基对劳动的诠释,也是劳动的真谛。劳动是人生财富的源泉,人生的绚丽和精彩都是在不断劳动和勇于创造的过程中写出来的。劳动能消除不必要的忧虑和摆脱过分的自我注意,使生活丰富而充实。劳动的过程就是生活的过程,劳动的多样性增添了生活的丰富性,我们可以在劳动的过程中体悟生活的意义,劳动的成果又让我们收获生存的价值。正是在这个过程中,我们充满对生活的热爱,我们始终保持必胜的信心,增强战胜困难与挫折的勇气,勇于接受和面对各种挑战。

（四）有助于完善与发展个人品格

人的全面发展是马克思对教育目的的定位,通过教育与生产劳动相结合来实现。高等职业教育培养高素质技术技能人才,是劳动精神、劳动能力、劳动者形象的统一,劳动者的技能禀赋是劳动者在技能习得过程中表现出来的身体灵活度、智力结构、性格特征等,需要在劳动实践中培养。这种劳动,是在生产活动中对知识、技术、能力的有机整合,有助于劳动者的全面发展。另外,劳动者在劳动实践中不断进行自我反思和自我超越,获得的技能不单是一种个体意义上的私有能力,而是一种国家层面、集体意义上的社会能力,是社会进步发展的基本保障,在这个过程中体现人的价值。因此,劳动是推进人的这种认知与能力循环递进、逐步发展的重要载体与途径。

【案例 1-6】

职高学历的国家级技能大师

1997 年职高毕业后,郑志明进入广西汽车集团生产一线当钳工。他 24 年如一日始终奋战在生产现场,先后获得高级技师、专家、高级专家、首席专家、广西"五一劳动奖章"、国务院政府特殊津贴专家、国家级技能大师、全国劳动模范等荣誉称号,2021 年荣获"全国优秀共产党员"称号。

（引自：学习强国,有改动。）

【讨论】郑志明从职高毕业发展为国家级技能大师,敢于追梦逐梦,一路奋斗,一路成长,通过自己的辛勤劳动和创造性劳动为国家奉献智慧,从而实现自己的人生价值。

请问：郑志明身上体现了什么样的劳动精神？给我们青年大学生带来了哪些启发？

（五）有助于推进强国建设实现民族复兴

青年大学生是推进强国建设、实现中华民族伟大复兴的强大生力军。以中国式现代化推进强国建设、民族复兴，必须依靠知识，依靠劳动，依靠广大青年、广大知识分子、广大劳动群众的创造性劳动，而且历史地落在了当代青年大学生肩上。青年大学生树立科学的劳动观，能够感受到肩上的责任与使命，增强学习动力和劳动的自觉性，不断提高自身劳动能力，加速个人成长，具备担当强国建设民族复兴伟业的劳动能力。

四、树立科学正确的劳动观

树立正确的劳动观既要在"知"的层面，正确认识劳动的价值和意义，尊重劳动、崇尚实干；也要在"行"的层面，投身劳动实践，在劳动过程中养成热爱劳动的习惯，实现科学劳动观的内化。

（一）树立"劳动无贵贱"理念，热爱劳动岗位

人的一生就是在不同岗位奋斗的一生，通过自己的劳动为人类社会发展做出应有贡献，既是个人存在的必要，也是社会发展的必然。劳动的地位是平等的，无论体力劳动还是脑力劳动，无论简单工作还是复杂生产，其性质都是一样的，都是用自己的双手和大脑，为国家和社会贡献自己的劳动成果，并通过劳动成果的积累创造社会财富。只有理解了这一点，才能客观看待劳动分工，热爱自己的劳动岗位，自觉服从组织分配和单位安排，立足本职爱岗敬业、建功立业，用辛勤劳动实现"我的梦"进而助推"强国梦"早日实现。

（二）正确认识劳动与财富之间的关系，自觉辛勤劳动

劳动是财富创造的源泉，不但创造着有形的物质财富，也在创造着无形的精神财富，在丰富物质生活的同时，塑造劳动者的精神世界。正确的劳动观，既重视物质财富积累，又重视精神财富生产；既重视物质利益的回报，又重视精神发展的回馈。树立正确的劳动观，应该把国家利益、人民利益放在首位，强化奉献意识，用踏踏实实劳动、辛勤劳动回报社会、服务人民。

【案例1-7】

全国脱贫攻坚楷模毛相林

全国脱贫攻坚楷模、时代楷模、重庆市巫山县竹贤乡下庄村党支部书记、村委会主任毛相林，26年前刚接任村支书时，下庄村连条像样的路都没有，好多老百姓一辈子都没出过村。毛相林决心带领村民凿山修路、摆脱贫困，早日过上幸福生活。1997年冬，鱼儿

溪炸响了修路"第一炮",大家住山洞、啃红薯、攀悬崖、打炮眼,用手抠、用脚蹬,一寸一寸向前凿进,最终用7年时间在悬崖上"抠"出了8千米天路。

路通之后,下庄村又开始寻找致富之路。在专家的指导下,大家种植了柑橘、西瓜、桃子、脆李。2015年,下庄村靠种植业在全县率先实现整村脱贫,逐步形成了橙色(柑橘)、绿色(西瓜)、蓝色(劳务输出)的"三色"产业体系。巨变后的下庄村,被评为全国4A级旅游景区,入选第六批中国传统村落名录、全国乡村旅游精品线路、全国"村晚"示范点,村民们过上了不出村就能赚到钱的好生活。

(引自:学习强国,2023年6月,有改动。)

【讨论】 下庄村民的幸福路是如何走出来的?在你的身边和你的家乡是否有类似的例子?从毛相林身上我们看到了劳动与财富之间怎样的关系?

(三)身体力行热爱劳动,养成良好习惯

树立科学的劳动观,不是一时之功,需要在长期的实践中养成。青年作为我国社会主义事业的希望和栋梁,要从我做起,从现在做起,身体力行投身劳动,养成热爱劳动的良好习惯。但劳动习惯不只是认识其重要性、知道劳动的道理,而是在劳动实践中学会计划、组织、实施、总结,不断提高劳动能力、生成劳动技能的过程中形成的。青年大学生要保持一如既往的劳动热情和干劲,将对劳动的满腔热忱转化为脚踏实地的辛勤工作,热爱劳动、诚实劳动、勤奋劳动、创造性劳动,才能更好地永葆奋斗品质,为全面推进强国建设、民族复兴伟业贡献力量。

⏱ 活动与训练

让青春在劳动中闪光

一、活动目标

通过劳动诗词和劳动故事的收集与分享,形成正确的劳动认知,认识劳动的意义,体会劳动的价值。

二、活动时间

建议40分钟。

三、活动流程

(1)每4~6人划分为一个小组,各组收集关于劳动的诗词5首,阅读中外领袖人物的劳动故事3个,观看劳动视频2个。

(2)各组分享收集到的诗词并讲述诗词背后劳动与生活、社会发展的关系。

(3)各组讲述领袖人物的劳动故事。

(4)播放《劳动最光荣》视频。

(5)教师分析、归纳、点评,并通过小组互评和组内互评对学生的表现做出评价。

🔍 **探索与思考**

1. 怎样克服和纠正青年学生中"不爱劳动、不会劳动、不珍惜劳动成果"的不良习惯？

2. 数字经济时代还有蓝领和白领之分吗？简要说说你的理由。

单元三 劳 动 教 育

💡 **名人名言**

劳动教育是对年轻一代参加社会生产的实际训练,同时也是德育、智育和美育的重要因素。

——[苏联]霍姆林斯基

🎯 **学习目标**

1. 了解劳动教育的内涵和新中国劳动教育的发展历史。

2. 理解开展劳动教育的必要性和重要意义。

3. 养成热爱劳动、尊重劳动的良好习惯,提高自身劳动能力。

📑 **案例导入**

杜威的"教育即生活"和陶行知的"生活即教育"

约翰·杜威是美国著名的实用主义哲学家、教育学家。杜威作为美国进步主义运动的代表,首次提出了实用主义教育思想,并倡导"教育即生活"。在他的《民主主义与教育》中,杜威提出:"教育是生活的必需。"教育是一种培养人的社会活动,是一种特殊的生活方式,从一开始就源于生活,在生活中发展,并以促进生活水平的提高为目标。杜威的"教育即生活"认为教育必须依赖于生活并改善现实生活,通过教育来促进儿童获得更好的发展,具备构建美好生活的知识和能力。

陶行知经过多年的实践探索,继承了杜威的"教育生活理论",并对其进行了革新和创造。陶行知把杜威的"教育生活理论""翻了半个跟头",创造了具有中国特色的"生活教育理论。"他主张"生活即教育""社会即学校""教学做合一"。这一生活教育理论在他所创办的晓庄乡村师范学校中得以实践。陶行知说,要先能做到"社会即学校",然后才能讲"学校即社会";要先能做到"生活即教育",然后才能讲"教育即生活"。这样的学校才是学校,这样的教育才是教育。

【分析】杜威的"教育即生活"以及陶行知的"生活即教育"思想对我国当前劳动教育发展具有强烈的启发意义。生活中有教育,寓教育于生活。"教育即生活"和"生活即教育"思想强调教育与生活之间的相互联系相互依赖关系,主张把二者统一起来。

劳动也寓于生活之中,人们在劳动的过程中学习,也需要在学习之中加强劳动。劳动教育正是学习与劳动的结合。

一、劳动教育概述

(一)什么是劳动教育

不同学者对"劳动教育"有不同的定义,概括起来有"德育说""智育说""德智并育说""全面发展说"等多种观点。

"德育说"认为,劳动教育是德育的内容之一,是对学生进行的教育活动,从而使学生热爱劳动和劳动人民,珍惜劳动成果,树立正确劳动观和劳动态度,通过日常生活培养劳动习惯和技能。该定义强调了劳动教育的德育属性,但忽略了劳动教育的智育价值。

"智育说"则认为,劳动教育是向受教育者传播现代生产知识和技能,培养他们正确的劳动观点、劳动习惯和热爱劳动人民、劳动成果的感情。该定义重视劳动过程中的智力因素,把日常劳动同创造性劳动结合起来,把简单劳动与知识型劳动、技能型劳动结合起来,突出了劳动教育的智育属性。

"德智并育说"将劳动教育定义为以劳动实践为主,结合劳动实践进行思想教育,从而培养学生的劳动观点、劳动技能和劳动习惯,为学生学习教育及个人发展打下基础。该定义体现了劳动智育作用和德育作用的统一。

"全面发展说"则认为,劳动教育是指通过劳动实践活动所进行的一种融德育、智育、体育、美育于一体,全面培养受教育者多种素质的综合性教育活动。

高职院校开展劳动教育是顺应新时代劳动发展趋势,对大学生进行系统的劳动思想教育、劳动技能培养与劳动实践锻炼,全面提高大学生劳动素养的过程。其目的是引导大学生在劳动知识学习、劳动实践体验和劳动创造中提高劳动能力,感悟生活价值,体会劳动幸福,获得创新灵感,培养热爱劳动人民、具有社会责任感、创新精神和实践能力的高素质技术技能人才。

(二)新时代劳动教育的特征

(1)劳动教育理念科学化。劳动教育是中国特色社会主义教育制度的重要内容,直接决定社会主义建设者和接班人的劳动精神面貌、劳动价值取向和劳动技能水平。劳动教育具有树德、增智、强体、育美的综合育人功能,成为与德智体美并行的教育内容与方式,劳动教育必须坚持综合育人理念。因此,劳动教育需要得到重视而不能"在学校中被弱化,在家庭中被软化,在社会中被淡化",它事关个人发展、民族复兴和国家富强。要把劳动教育纳入人才培养全过程,贯穿家庭、学校、社会各方面,与德育、智育、体育、美育相融合,紧密结合经济社会发展变化和学生生活实际,探索具有中国特色的劳动教育模式,促进学生形成正确的世界观、人生观、价值观。

（2）劳动教育内容时代化。劳动在不同时代呈现出不同的特征和样态。农业文明时代,生产劳动主要依赖于经验和技术。工业文明时代,生产劳动因科技进步带来技术的极大创新,瓦特的蒸汽机发明极大促进了生产效率的提高。当今时代为信息化时代,科技的作用更加突出,数字技术与传统生产技术相融合,带来劳动形态的巨大变化、劳动技术的日新月异,科技创新成为第一生产力,新质生产力应运而生。今天,科技在生产劳动中的作用更加突出,人才成为第一资源,创新成为第一动力,"制造"发展成为"智造"。可以看出,劳动随着时代发展和科技进步表现出不同的特质、具有不同的内容,劳动教育应与时俱进,适应科技发展和技术变革的要求,及时更新劳动教育内容,改进劳动教育方式,提升劳动教育质效。

（3）劳动教育形式多样化。新时代劳动教育强调教育与劳动相结合,兼顾传统劳动和新型劳动,注重学生的劳动素养培养。要整合家庭、学校、社会各方面力量,家庭劳动教育日常化,学校劳动教育规范化,社会劳动教育多样化,形成协同育人格局。要充分挖掘行业企业、职业院校等可利用资源,宜工则工、宜农则农,采取多种方式开展劳动教育。对高等职业院校来讲,要坚持产教融合、因地制宜,既重视传统体力劳动,更重视发展与新质生产力相适应的多样化的创造性劳动,创新劳动教育模式,丰富劳动教育形式和载体。

【案例 1-8】

强化数字化劳动教育

当前,以 5G、云计算、大数据、人工智能与区块链等为代表的数字技术深刻改变了人类的工作世界和生活世界,数字经济正在迅速改变经济形态、制造方式和企业组织模式。在这样的时代背景下,面向劳动的劳动教育必须跟上工作世界的变革步伐,强化数字化劳动教育。数字经济包括两个维度:其一是数字产业化,其二是产业数字化。高校的数字化转型同样应瞄准两个目标,即为数字产业培养数字人才,同时助力传统产业的数字化改造升级。对于这两方面的功能,劳动教育均能发挥重大的积极作用。由于工作性质与形态的剧烈变化,专业教育无法独力培养具备全面职业素养的数字型人才,此时劳动教育恰好能显示出其独特的价值与作用。如果劳动教育拘泥于传统的劳动形态,就会导致学生的职业素养落后于工作世界的现实需要。因此,有意识地加强高校数字化劳动教育,既是劳动教育与时俱进的需要,更是彰显促进学生顺利就业的独立价值的需要。

（引自:学习强国,2023 年 6 月,有改动。）

【讨论】信息化时代,新产业、新业态和新的劳动形式不断涌现,大学生的劳动形态发生了怎样的变化?劳动教育应如何适应这种变化?

二、我国劳动教育的发展历史

（一）萌芽起步阶段（1921—1949 年）

这一时期生产劳动以农业和手工业劳动为主，教育与生产劳动相结合，主要是为了更好地动员政治力量，为革命胜利、民族独立和人民解放服务。1921 年，毛泽东在湖南自修大学组织活动时强调："本大学学友为破除文弱之习惯，图脑力与体力之平均发展，并求知识与劳力两阶级之接近，应注意劳动。"土地革命时期，面对工农文化水平不高、生产积极性不足等问题，毛泽东明确指出，这一时期的教育方针是：在于以共产主义的精神来教育广大劳苦民众，在于使文化教育为革命战争与阶级斗争服务，在于使教育与劳动联系起来，在于使广大中国民众都成为享受文明幸福的人。抗日战争时期，面对日本侵略者的"三光"政策、国民党反动派的经济封锁，党中央将生产实践纳入教学内容，"劳教结合"，广泛开展生产劳动。解放战争时期，继承了抗日根据地的教育方针，劳动教育将凝聚革命力量、服务政治动员作为重点。

（二）探索发展阶段（1949—1977 年）

这一时期的劳动教育主要是为生产建设和阶级斗争服务。中华人民共和国成立后，中国共产党对马克思主义的"教劳结合"思想进行了创造性实践和发展，侧重于劳动知识传授和生产技能培养，过于强调体力劳动。20 世纪 50 年代，"教育与生产劳动相结合"写进党的教育方针，并把"爱劳动"确定为"五爱"国民公德之一，把参加生产劳动列入了学校的教学计划。1958 年，《工作方法六十条》对各级各类学校有关工农业生产劳动活动的安排做出了明确规定。在"开门办学"思想指导下，学生全部参加"五七干校"和到农村插队，进行劳动锻炼和思想改造。由此，劳动教育在我国教育方针中有了一席之地，但此后也因过度政治化而走向了异化。

（三）改革转型阶段（1978—2011 年）

这一时期的劳动教育转向为人才培养服务。1978 年，邓小平在全国教育工作会议上提出，我们必须认真研究在新的条件下，如何更好地贯彻教育与生产劳动相结合的方针。1981 年，《关于建国以来党的若干历史问题的决议》提出，要"坚持德智体全面发展、又红又专、知识分子与工人农民相结合、脑力劳动与体力劳动相结合的教育方针"。1993 年，中共中央、国务院颁布《教育改革和发展规划纲要》，要求各级各类学校必须认真贯彻"教育必须为社会主义现代化建设服务，必须与生产劳动相结合，培养德、智、体全面发展的建设者和接班人"的方针，指出"加强劳动观点和劳动技能的教育，是实现学校培养目标的重要途径和内容""把劳动教育列入教学计划，逐步做到制度化、系列化"，充分肯定了劳动教育的重要意义和独特价值，并对劳动教育的内容与形式作出了明确规定。2010 年，《国家中长期教育改革和发展规划纲要（2010—2020 年）》进一步强调，坚持教育教学与生产劳动和社会实践相结合的教育方针，提出要加强劳动教育，培养学生热爱劳动、热爱劳动人民的情感。

（四）完善跃升阶段（2012 年至现在）

党的十八大以来，以习近平总书记为核心的党中央就教育改革提出了一系列新思想新观点，强调教育事关国家发展、事关民族未来，要全面贯彻党的教育方针，落实立德树人根本任务，培养德智体美劳全面发展的社会主义建设者和接班人。2018 年，习近平总书记在全国教育大会发表重要讲话，充分肯定了劳动的教育功能，认为劳动可以树德、可以增智、可以强体、可以育美，把劳动教育纳入了社会主义建设者和接班人的要求之中，提出"德智体美劳"的总要求，要求"在学生中弘扬劳动精神，教育引导学生崇尚劳动、尊重劳动、懂得劳动最光荣、劳动最崇高、劳动最伟大、劳动最美丽的道理，长大后能够辛勤劳动、诚实劳动、创造性劳动。"2020 年，中共中央、国务院印发《关于全面加强新时代大中小学劳动教育的意见》，就全面贯彻党的教育方针，加强大中小学劳动教育进行了系统设计和全面部署，为全面加强新时代劳动教育提供了政策支持。同一时期，中共中央、国务院印发《深化新时代教育评价改革总体方案》，明确提出要加强劳动教育评价，实施大中小学劳动教育指导纲要，确定了不同学段、不同年级劳动教育的目标要求，探索建立劳动清单制度，将参与劳动教育课程学习和实践情况纳入学生综合素质档案，形成了较为完善的劳动教育政策体系。2025 年 1 月，中共中央、国务院印发《教育强国建设规划纲要（2024—2035 年）》，提出要"健全德智体美劳全面培养体系，加快补齐体育、美育、劳动教育短板""实施劳动习惯养成计划，提升学生动手实践能力、解决复杂问题能力和社会适应能力"。

📖 拓展阅读

"五个维度　多措并举"构建高职院校劳动育人模式

昆明冶金高等专科学校积极响应国家职业教育改革的指示精神，对高职院校劳动教育课程进行了深入改革和创新，并进行了五个维度的设计：将课程设计、实践基地、实习实训作为第一课堂，将实践活动、社团组织作为第二课堂，形成了"第一课堂＋第二课堂"的链条式育人模式，促进学生在步入社会前具备科学的劳动观念和熟练的技能，重在打造学生的工匠精神。该校劳动教育课程的主要特点如下。

（1）以课程设计为先导。及时挖掘、归纳、总结劳动教育元素与专业课程的结合点，并通过多种形式增强学生职业技能提升过程中的劳动意识。例如，让学生参观大师工作室，让学生亲临现场实践，让学生与劳模工匠面对面交流，在专业课教授过程中体现劳动教育元素，学校与省内外优质高校合作共建劳动教育课程资源库，等等。同时，进一步丰富教师能力比赛内容,以跨校形式组建团队,聘请校外专家评审,加强劳动教育师资团队的交流与合作,全面提升教师的综合素质。

(2) 以实践基地为依托。学校各二级学院成立劳动教育工作小组,细化义务劳动和劳动实践教学的责任分工和实践课程教学计划。依托企业行业背景和市场用人需求,结合各二级学院的专业特色,整合校内外优质活动资源,建立了12个特色劳动教育基地。将本校的劳动教育课程与中小学的劳动教育课程改革结合起来,形成具有学校特色的劳动教育基地群,并建立省内劳动教育示范区,让学生参与职业体验,推进劳动教育更好地融入学生生活的各个阶段。

(3) 以社会实践活动为载体。学校连续7年组建校级重点团队,围绕党史学习实践、乡村振兴等开展社会实践。通过"雷锋式职业人培育工程"的探索和实践,形成具有学校特色的育人品牌,与学校所在地国市委、多个街道签署大学生社会实践基地共建协议,把传承雷锋精神作为立德树人的重要内容,立足战线特点和优势,坚持知、信、行统一,将雷锋精神深度融入劳动教育教学和社会实践的全过程中。

(4) 以校企合作为契机。推动劳动教育向校外延伸,探索形成校内校外相互融合的综合化劳动教育模式。与中铝集团、宝山钢铁集团、京东等多家世界500强企业,以及云天化集团、云南建投集团、昆船集团等云南本土企业开展"融入式"校企合作。每年定期开展"技能文化月"活动,包括:组织承办全国职业院校技能竞赛(测绘赛项)、云南省职业院校技能大赛、金砖国家职业技能大赛云南赛区竞赛和全国仿真创新应用大赛(仿真教学职教赛道)等,促进技能文化育人。

(5) 以学生社团为平台。鼓励学生社团定期开展专业社团开放日、劳动榜样宣讲、先进事迹展示、劳模进校园等活动,让参与的学生在活动过程中有所感悟,自觉向榜样人物学习。鼓励并支持社团自主设计、运行、管理劳动实践,从而丰富劳动教育的组织管理形式。同时,借助线上数字媒体平台(学校官网、微博、微信公众号等)、线下传播平台(电子屏、宣传栏、展板等),大力宣传劳动教育思想,讲好劳动教育故事,弘扬劳模精神,营造崇尚劳动的校园氛围。

(引自:昆明冶金高等专科学校官网,有改动。)

三、开展劳动教育的重要意义

(一)开展劳动教育是贯彻马克思主义教育思想的必然要求

马克思认为,劳动推动社会历史进步,是人作为人之最本质、最显著的特征。劳动是推动人类社会进步的根本力量,是人民幸福和美好生活的源泉。重视劳动,强调教育与劳动相结合,是马克思主义教育思想的重要主张。构建德智体美劳全面培养的教育体系,加强劳动教育,是回归人之本质、回归学生自身的主体性教育方式,是马克思主义教育思想的落实，能够帮助学生在自主实践中发现自我，更好地改变和创造自己的生活。

（二）劳动教育是落实立德树人根本任务的重要途径

教育的根本任务是立德树人，劳动教育则是落实立德树人根本任务的重要内容。首先，它丰富了教育的内涵与途径，帮助学生端正劳动态度，树立正确的劳动观念，培养学生对于劳动和劳动人民的思想情感，逐步养成热爱劳动、勤于劳动、善于劳动的习惯与能力。其次，劳动教育和德育、智育、体育、美育紧密联系，劳动教育的过程也是加强德育、促进智育、体育、美育发展的过程。职业教育以培养高素质技术技能人才为目标，更应重视劳动教育，并通过劳动教育，提升学生的职业素养，增强学生的职业荣誉感，培育学生精益求精的工匠精神和爱岗敬业的劳动态度。同时，通过劳动教育，能够增强学生诚实劳动的意识，积累职业经验，提升就业创业能力，让学生懂得空谈误国、实干兴邦的深刻道理，自觉树立到艰苦地区和行业工作的奋斗精神。

（三）加强劳动教育是促进青年学生健康成长的现实需要

劳动是创造物质财富和精神财富的过程，是人类特有的基本社会实践活动。但现实生活中，劳动教育存在弱化、软化和淡化的现象，部分大学生连洗衣、扫地、整理物品、料理个人等基本的生活能力和劳动习惯都不具备，出现"大事做不来，小事不愿做"的情况，极大地影响和制约着青年大学生的成长，更谈不上担当民族复兴大任。由此，必须通过劳动教育磨炼学生吃苦耐劳、克服困难、勇于拼搏的意志，教会学生尊重和热爱劳动人民、到劳动人民中成就自己事业的正确道理，学会与劳动人民建立深厚情感，夯实党的人民群众基础。教育部印发的《大中小学劳动教育指导纲要（试行）》明确要求，要有目的、有计划地组织学生参加日常生活劳动、生产劳动和服务性劳动，让学生动手实践、出力流汗。也就是说，劳动教育是以体力劳动为主，强调手脑并用，让学生亲历劳动过程。

【案例1-9】

"躺平学"出圈

据一位网友分享，他近两年没有固定工作，不劳动，一天两餐，一个月花销200多元，没事就去钓鱼、游泳、锻炼，心情好的时候就去横店当群众演员，角色同样是"躺平"。

【讨论】幸福都是奋斗出来的，奋斗的青春最美丽。请问：你怎样看待当代青年的"躺平"现象？"躺平"能否成为生活的常态？

活动与训练

劳动实践分享

一、活动目标

理解劳动的意义,感悟劳动的价值。

二、活动时间

建议 30 分钟。

三、活动流程

(1) 学生利用课余时间,集中对自己所居住的寝室进行一次彻底的卫生清理。清理前、清理后进行拍照对比,看看寝室面貌发生了哪些变化。

(2) 班级分享,谈谈自己参加寝室卫生清理的内心感受,包括劳动准备、劳动过程、劳动收获、体会启发等,说说哪些技能和细节影响着做寝室卫生的质量。要求具有真情实感,表达清晰流畅。

(3) 教师根据学生劳动情况和分享情况进行点评。

探索与思考

1. 简述马克思主义劳动教育观的内容。

2. 劳动教育与德育智育体育美育的关系是怎样的?

3. 党和国家为什么要面向大中小学开展劳动教育? 有何时代意义?

模块二　劳动与青年大学生成长

模块导读

本模块包括劳动与青年大学生发展、做合格劳动者、劳动者权益维护三个部分,阐述了劳动对于青年大学生健康成长的重要意义,引导青年大学生立足当下、立志奋斗,树立正确的劳动态度,养成良好的劳动习惯,锻炼提高劳动能力,努力把自己培养成为新时代高素质劳动者。同时,也要了解个人权益保护的法律规定,维护自己的合法劳动权益。

单元一　劳动与青年大学生发展

名人名言

生产劳动同智育和体育相结合,它不仅是提高社会生产的一种方法,而且是造就全面发展的人的唯一方法。

——[德] 马克思

学习目标

1.明确党的教育方针对青年大学生全面发展提出的新要求。

2.深刻理解劳动对于青年大学生成长的重要意义。

3.感悟劳动对于事业发展、创造美好生活的重要作用。

案例导入

梦想从学习开始　事业从实践起步

陈诗蓉同学是江苏信息职业技术学院 2017 级国际贸易专业的一名学生,来自连云港东海县一个贫困的农村家庭。尽管求学之路充满艰辛,但来自贫困的家庭的她从未自卑怯懦,而是选择自立自强,用奋斗青春书写最美人生答卷。

她学习勤奋,课余时间钻研备赛、做志愿服务、兼职打工,每一项工作都严谨对待、认真负责。2017 年年底,她跟同学一起依托学校资源组建了乡村扶贫团队,用专业技术和公益服务助力盱眙县贫困村——河洪村的 100 多户村民脱贫。2018 年完成无锡市“青马工程”大学生精英培训班学习,获得“挑战杯——彩虹人生”全国职业院校创新创效创业大赛特等奖、无锡市优秀志愿者、国家励志奖学金。2019年获得江苏省优秀学生干部、无锡市社会实践先进个人、无锡市优秀青年志愿者、第十六届"挑战杯"全国大学生课外学术科技作品竞赛江苏省选拔赛特等奖、江苏省第五届"互联网＋"大赛二等奖等众多竞赛奖项和荣誉称号。2020年1月，她积极投身"疫情"防控，坚守在东海县张湖村疫情防控岗位上工作60多个日夜。当地党委颁发的纪念证书上显示，她表现优异……彰显了党员的先锋模范作用。在校两年多时间里，她参加志愿服务工作的时间长达830多小时。2020年获得江苏省"最美职校生"荣誉称号。2020年11月，在"江苏省大学生年度人物"评选中，陈诗蓉获得2019年"江苏省大学生年度人物"奖。

【分析】陈诗蓉同学作为一名来自农村家庭的大学生，树立了明确的发展目标，积极参加专业技能大赛和创新创业竞赛，投身志愿服务活动，助力乡村脱贫和疫情防控，不仅自己得到了全面发展，而且受到社会的广泛赞誉。一个人的成长不在于起点多高，更在于把握当下，努力向前奔跑。这种奔跑就是用自己的智慧热情地投入劳动，提升自己能力的同时更好地服务社会。

一、劳动——新时代社会主义建设者和接班人的基本要求

党的二十大报告强调，全面贯彻党的教育方针，落实立德树人根本任务，培养德智体美劳全面发展的社会主义建设者和接班人。劳动品质和能力是社会主义建设者和接班人的基本要求之一，与德、智、体、美并列，作为党的教育方针的重要内容，丰富了新时代党的教育方针，也对各级各类学校加强劳动教育、促进学生全面发展提出了新要求。青年大学生不仅要在德、智、体、美诸方面得到发展，还要在劳动观念、劳动态度、劳动精神、劳动能力、劳动习惯等方面得到发展，并通过劳动教育实现树德、增智、强体、育美的目的。

当然，德、智、体、美劳本就是一个统一整体，相互影响、相互促进。劳动本就具有鲜明的思想性，通过劳动，可以认识劳动是一切财富、价值的源泉，劳动者是国家的主人，一切劳动和劳动者都应该得到尊重和鼓励，美好生活和人生梦想只能在诚实劳动中实现。通过劳动，能加强与社会生活、生产实践的直接联系，增强社会责任感，体会到分工合作、平等和谐劳动关系的重要意义。同时，劳动只能在真实的生活世界和职业世界中实现，可以获得积极的价值体验。相反，如果一味脱离劳动、好逸恶劳，或者坐享其成、不劳而获，不仅会带来品德发展的缺陷，也难以在智力发展上实现知行合一，难以适应社会发展要求。

所以，劳动是一种兼具教育性、实践性的活动，是实现人的自由而全面发展的途径，青年大学生须"以劳树德，以劳增智，以劳强体，以劳育美，以劳创新"，勇于投身劳动实践，促进自己全面发展。

【案例2-1】

筑梦"盆"然心动 传承"景"上添花

生于1997年的江苏南通青年曹通，初中毕业后考入南通科技职业学院园艺技术专业五年制大专班学习，在盆景课程实验实训课上学得特别认真。2016年是红军长征胜利80周年。当年4月，正在读大三的曹通设计、制作了"长征"系列主题微景观，由《飞夺泸定桥》《勇攀雪山》《征服草地》3件作品组成，以微缩精致的造景方式，再现了红军战士不畏牺牲、勇往直前的典型场景。中央电视台《传承》栏目报道了这一佳作。曹通备受鼓舞，后来又相继创作了《中华美德故事》《廉事流芳》《愚公移山》等大型盆景，拥有4项著作权。

曹通在校期间就开始创业，带领6名同学进行小微主题山水景观设计、制作、销售。两年多的创业实践，让他学到采购、生产、营销、财务、人力资源等企业管理知识，创业综合能力快速提升。他的"创意小微山水景观"项目曾获省级创新创业大赛多个奖项。

大专毕业仅一个月，曹通就注册成立了景观设计公司。经过两年多艰苦创业，建立了15亩苗木基地、2亩盆景生产基地，参与南通森林野生动物园绿化施工和南通第30届菊花展、南通首届月季花展布展及花园别墅景观设计等工作。两年多来，曹通的公司稳步发展，带动多人就业，曹通本人先后获全国优秀共青团员、江苏省乡土人才"三带"新秀、大学生创业英雄100强等荣誉称号。

（引自：学习强国，2021年2月，有改动。）

【讨论】你怎样看待曹通的创业故事？他是如何取得成功的？创业、劳动、专业课程学习三者之间是怎样的关系？

二、劳动——青年大学生服务社会、体验生活的重要载体

人的本质是社会关系的总和，而社会关系是在人与人之间的交往中形成的。劳动需要分工协作，需要与他人确立目标、交流方案、协同实施、战胜困难等，能极大地促进人与人之间的交流交往、加深认识、提升情感。劳动的过程就是人与人之间交流的过程，是发展社会关系的过程。通过劳动，才能更好地体验生活、认识社会，并逐步积累经验，发现社会规律，提高社会适应能力。

青年大学生参与力所能及的家庭劳动，大至生产经营，小至家庭卫生、洗衣做饭，既能丰富自己的课余生活，也能增进与家人之间的了解，推动构建和谐家庭关系。同时，在这一过程中通过辛勤的劳动付出而收获劳动成果，体会劳动带来的愉悦，有助于手脑并用、体验生活，养成勤劳节俭的习惯。在学校期间参加各种形式的劳动，如知识学习、实习实训、技能竞赛、勤工俭学、校园劳动、志愿服务等，既能学习技能、增长才干，养成知行合一、勤勉上进的习惯，也能展现出良好的劳动态度，与老师和同学之间建立良好的情感

链接,培养自己的人际交往能力。

纵观学校"三好学生""优秀学生干部""优秀大学毕业生"等荣誉获得者,无一不是热爱劳动、勤于学习、乐于交往的典型。他们在学习上投入足够精力,认真学好各门功课,提高学业成绩;积极参加实习实训,练就过硬技能,以严谨的态度对待劳动的每一个细节,并在这个过程中总结反思,提高自己的劳动能力。还有的同学主动参加卫生打扫、值班值守、食堂服务等勤工俭学劳动,踏实履行岗位职责,或者热心参加志愿服务、公益劳动、"三下乡"社会实践活动等,用自己的行动赢得同学的赞誉。还在这个过程中与同学结下了深厚的情谊,扩大了自己的社会交往,让自己的大学生活过得充实而丰富。

📖 **拓展阅读**

生产劳动给每一个人提供全面发展和表现自己全部的即体力的和脑力的能力的机会,这样,生产劳动就不再是奴役人的手段,而成了解放人的手段,因此,生产劳动就从一种负担变成一种快乐。

——[德]恩格斯

没有年轻一代的教育和生产劳动的结合,未来社会的理想是不能想象的:无论是脱离生产劳动的教学和教育,或是没有同时进行教学和教育的生产劳动,都不能达到现代技术水平和科学知识现状所要求的高度。

——[苏联]列宁

职业教育目的:一、谋个性之发展;二、为个人谋生之准备;三、为个人服务社会之准备;四、为国家及世界增进生产力之准备。

——黄炎培

三、劳动——培养吃苦耐劳、团结协作精神的重要方式

马克思指出:"劳动首先是人和自然之间的过程,是人以自身的活动来中介、调整和控制人和自然之间的物质变换的过程"。恩格斯指出:"劳动和自然界在一起才是一切财富的源泉,自然界为劳动提供材料,劳动把材料变为财富。但劳动还远不止于此。劳动是整个人类生活的第一个基本条件,而且达到这样的程度,以致我们在某种意义上不得不说:劳动创造了人本身。"

可见,劳动是一项物质性的社会实践活动,须借助于一定的脑力和体力支撑,是人的脑力和体力的消耗过程。劳动使青年大学生在劳动的过程中挥洒汗水、劳力劳心、磨砺意志,既能积累生产生活经验,收获劳动成就与快乐,也能体会艰辛付出、跟踪管理、期盼成果的漫长过程,以及面对风险、战胜困难、收获成功的喜悦。只有经过这种客观的物质过程,才能在劳动实践中培养吃苦耐劳精神,否则只能是纸上谈兵、坐而论道,难以内化

为真正的劳动素养。中国古圣先贤孟子曾说："故天将降大任于是（斯）人也，必先苦其心志，劳其筋骨，饿其体肤，空乏其身，行拂乱其所为，所以动心忍性，增益其所不能。"

劳动不是单一个体的孤立行动，而是社会协作的群体性活动，是在一定社会关系中，与他人协作配合进行的社会实践活动。特别是在社会化大生产、数字经济时代，社会分工更加精细，专业化劳动、流水线劳动和产业链的形成，使不同阶段、不同环节的劳动相互依赖、相互协作、相互支持，离开了任一环节都可能难以收获劳动成果。在这样的劳动环境中，需要更加紧密地协作、相互配合、及时沟通、各司其职。这一过程可以培养青年大学生的团队合作精神，每个人通过履行自己的职责而与他人形成配合，通过遵守劳动纪律、严守操作规程确保劳动的顺利进行；通过沟通交流而优化劳动流程，提高劳动效率。所以，劳动是与他人共同实施的协作行动，通过诸多人相互配合的劳动行为达成预期劳动目标。

【案例2-2】

职业院校走出的金牌工匠

2016年，王浩进入攀枝花技师学院学习焊接专业，但第一次接触焊接的经历却让他苦不堪言。他向记者描述："醒了之后就发现眼睛睁不开，闭着就一直流眼泪，我就在想我是不是学不了焊接。"

在政府政策的资助下，在学校培养的多名世界大赛冠军榜样的激励下，王浩坚定了走技能成才、技能报国之路，定下了进入技能大赛集训队的小目标，希望自己也能够站在世界的舞台为国家争光。

不过，一开始王浩的教练却并不看好他。但是王浩就是不服输，他开始了勤学苦练。训练的关键就是通过大量练习形成肌肉记忆，为此他每天练习至少12个小时。观察焊接细节，记录操作要领，反复强化练习，他左臂上一个个烫伤的疤痕就是一步步成长的印记。为了能有充沛的体力，他每天早上要跑2千米，做100个俯卧撑。2019年，王浩参加"巴渝工匠"杯比赛，一举夺魁。之后，他又给自己定下了一个目标：拿一个全国技术能手。

为了成为全国技术能手，王浩练得更刻苦了。2020年12月，王浩一举夺得第一届全国技能大赛焊接（世赛选拔）项目第一名。2021年，他如愿以偿获得全国技术能手称号。如今，王浩已经走上工作岗位，成为一名焊接高级技师，先后参加过6个重大项目的建设，实现了技能报国的愿望。

（引自：央视网，2023年9月，有改动。）

【讨论】王浩作为技师学院学生，练就精湛技艺并获得全国技术能手称号，在他身上展现了当代职校生什么样的劳动品质？青年大学生应如何抓住宝贵学习时光练就过硬专业能力？

四、劳动——学习生产技能及提升职业素养的必经途径

教育产生于传递劳动经验的需要，原始社会时期的教育天然地与生产劳动结合在一起。随着阶级社会的出现，进入正规教育机构学习成为统治阶级的特权，逐步与生产劳动相脱离，形成"劳心者治人，劳力者治于人""满朝朱紫贵，尽是读书人"、脑力劳动与体力劳动相分离的现象。针对中国古代封建社会"单教劳心者，不教劳力者"的错误观念，近代著名教育家陶行知先生提出，中国的教育只有两条路线可以走得通——教劳心者劳力，即是教读书的人做工；教劳力者劳心，即是教做工的人读书。他说："劳心不劳力的固然不行，劳力不劳心的也是不行。"因而主张"劳力"与"劳心"结合、读书与做工结合、手脑结合，"在劳力上劳心"。

教育与生产劳动相结合是马克思主义教育思想的重要内容，是我国社会主义时期的教育方针。青年大学生在强调基本理论学习的同时，还应重视专业技能培养和职业素质教育。不能只重视课堂上、书本上、网络上的理论知识学习，要更加积极地走进实验室、实训室，把理论知识运用于实践并解决现实生产中的具体问题。要多走进生产车间、工厂企业、城乡社区等，在生产线上、在真实生产环境和现实社会中与生产工人、基层干部一起搭班组队生产产品、完成任务、解决问题，接受技术师傅的指导，把知识转化为技能，在劳动中增长才干。

【案例 2-3】

做好稻田里的大学问　把论文写在祖国大地上

南昌大学有个"稻渔工程"团队，2020 年被授予"中国青年五四奖章集体"荣誉称号。这个平均年龄 28 岁的高校师生团队，致力于研究在稻田里进行水产养殖，用实际行动践行"把论文写在祖国大地上"。

经过无数次实验，他们在稻渔共作的基础上，通过研究、集成、创新、示范、推广了"稻虾""稻蟹""稻鳖""稻蛙""稻鱼"和"稻鳅"等 6 类 12 种国内领先的典型模式。事实证明，这种稻渔种养技术是一项有利于农业增效、农民增收、粮食增产，并能够有效改善生态环境的现代农业新模式。

稻田里也有顶天的科学问题，教师不能在黑板上告诉学生"农民需要什么"，关起门来搞研究不是团队的初衷，教师和学生必须下到田间地头解决生产一线的实际问题。团队的学生们跟随老师和专家深入田间地头考察调研，因地制宜为不同地方推选最适宜的种养产品；召集农民开展技术培训、实地指导，帮助农民解决种养过程中的问题，达到"理论与实践相结合、教学与科研相结合、示范与推广相结合"的产教深度融合。

怎样获得和提升创新能力？只有实践，不停地实践，不论在实验室，还是在生产现场。正是在永不停歇的实践中，"稻渔工程"团队的师生们创新创业活力竞相迸发：他

们自主选育了 13 个水产养殖新品种，成功获得 5 项发明专利、4 项实用新型专利；团队中的学生获得第四届中国"互联网＋"大学生创新创业大赛银奖等各类奖励 20 余项；孵化出"富甲天下""菌益农""新青年讲习所"等多个创新创业团队。

（引自：学习强国，2020 年 6 月，有改动。）

【讨论】"把论文写在祖国大地上"的内涵是什么？"稻渔工程"团队的事迹对我们的事业成长有何启发？

五、劳动——进入社会安身立命的基础及美好生活的源泉

按劳分配是社会主义制度的分配原则，是对社会总产品做出各项必要的社会扣除后，按照个人提供给社会的劳动数量和质量分配个人消费品，多劳多得，少劳少得，不劳不得。在社会主义初级阶段，生产力还没有发展到产品极大丰富的程度，工农之间、城乡之间、脑力劳动和体力劳动之间还存在着差别，劳动还是人们谋生的主要手段，劳动技能的熟练程度、劳动效果的优劣高低、劳动成果的多少还影响着人们的收入。党的二十大报告在谈到完善分配制度问题时，再次明确了坚持按劳分配为主体、多种分配方式并存，提高劳动报酬在初次分配中的比重，坚持多劳多得，鼓励勤劳致富等政策主张。2024 年7 月召开的党的二十届三中全会再次明确，提高劳动报酬在初次分配中的比重。

"民生在勤，勤则不匮"，劳动是提高个人收入及改善生活质量的基本途径，勤奋、勤劳是提高个人生活品质的基本保障。青年大学生终将步入职场，只有通过自己的辛勤劳动、诚实劳动、创造性劳动，不断增加劳动业绩和劳动贡献，才能不断提高个人收入，并为个人事业发展和美好生活提供物质基础。

【案例 2-4】

在田野里挥洒青春汗水

邓小燕，中共党员，四川省广元市剑阁县东宝镇双西村党支部委员、村委会委员，广元耕鑫农业有限公司总经理。她带领村民种植优质水稻 1.1 万亩，覆盖 8 镇 19 村，带动728 户 2356 名群众年均增收 1.2 万元，先后荣获"四川省优秀共产党员""全国巾帼建功标兵"等荣誉称号。2023 年 5 月，邓小燕荣获第 27 届"中国青年五四奖章"。

2008 年，19 岁的邓小燕考进西南民族大学。大学毕业后，她在沿海城市有了一份收入不菲的工作。2015 年，她毅然选择放弃大城市的高薪工作返乡创业，发展东宝贡米。

第一年，她选用的高产"越年再生稻"惨遭"滑铁卢"，试种的 100 亩稻田以失败告终。不服输的邓小燕四处考察学习，邀请科研院所专家选育优良品种，并实地指导科学种植。第二年，她采用先进覆膜育秧技术试种的良种水稻大获丰收，卖出了好价钱，越来越多的村民主动加入。从"都市白领"变成"新农人"，草帽和上卷的裤腿成了邓小燕

的标配。8 年来,她在田野里挥洒青春汗水,带领乡亲们让家乡的东宝贡米走出大山。

她相继开通了淘宝、京东、微店几大电商平台,打造"互联网+农业基地+基地物流直发"的新运营模式;她创办的公司与农户实施"土地流转+土地入股+订单回购"生产利益联结模式;采取"农业产业扶贫+厨房新零售+电商"模式,做线下体验,开设"现碾米·城市打米坊";打造"贡米文化康养旅游"项目,建成生猪藕田循环种养殖场、建设特色水果产业园,打造集餐饮、观光、体验一体化的农耕体验基地……

在邓小燕的带货直播间,除了"东宝贡米",还有菜籽油、腊肉、香肠等几十种当地特色产品,以及资中血橙、攀枝花番茄、甘孜酥油茶、凉山土豆等四川其他地区的优质农产品,每年销量达 5000 余吨,曾经闭塞的山村享受到了互联网时代的红利。

(引自:四川在线,2023 年 5 月,有改动。)

【讨论】邓小燕从沿海城市回到农村,走进田间地头与乡亲们一道共同创业,在直播间带货营销,通过自己的辛勤劳动促进农村事业发展,得到党和国家、当地村民的肯定。她的这种选择与我们所讲的劳动创业有何关系?给当前严峻就业形势下的大学生创业带来什么样的启发?

活动与训练

手工技能:用彩带对礼盒打结装饰,用绳子打包书籍

一、活动目标

学习手工操作,学习基本的打包技能,体验日常生活劳动。

二、活动时间

建议 30 分钟。

三、活动流程

(1) 提前布置准备任务,准备足够的彩带条、塑料绳,以及一定的小纸盒、书籍等。

(2) 教师展示已经打结好的礼盒及打包好的书籍,演示使用彩带条和塑料绳对礼盒、书籍进行"单十字""双十字""井字"三种方式打结打包 (图2-1) 的过程、步骤。

(a) 单十字
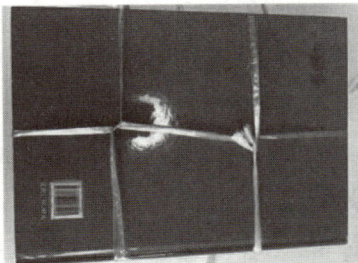
(b) 双十字
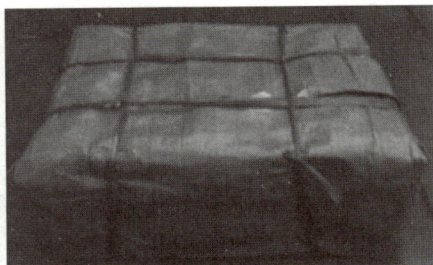
(c) 井字

图2-1　礼盒打包方法

（3）布置打结打包任务，学生实际操作，并将自己的作品与同学的作品、教师提供的样品进行比较，纠正不正确的打包方式并进行再次练习，交流自己的体会与感受。

（4）教师进行点评总结。

🔍 探索与思考

1. 为什么说劳动既是青年大学生应具备的一项技能，又是一项品德？

2. 结合实际，谈谈如何理解劳动是幸福的源泉。

单元二　当下行动，做合格劳动者

🧠 名人名言

伟大的成绩和辛勤的劳动是成正比例的，有一分劳动就有一分收获，日积月累，从少到多，奇迹就可以创造出来。

——鲁迅

🎯 学习目标

1. 正确理解高质量发展对新时代劳动者提出的新要求。

2. 深刻认识青年大学生成长成才需要树立正确的劳动态度。

3. 立足当下，勤奋学习，积极实践，提高自身劳动能力。

📋 案例导入

一位援疆父亲写给18岁儿子的家书

2017年8月，邵祥理作为中央和国家机关第九批援疆干部赴新疆工作。在两年半驻村期间，他先后荣获"新疆维吾尔自治区脱贫攻坚奖贡献奖""新疆维吾尔自治区优秀共产党员"等荣誉称号。2020年9月，经组织批准，邵祥理转为中央和国家机关第十批援疆干部，继续援疆三年。下面是邵祥理写给18岁儿子邵云鹤的家书内容选摘。

"云鹤：两天后，你就年满18岁了。这是人生特别重要的日子，原本想送个礼物作为纪念，可我居然不知道你喜欢什么。给你写这封信，主要想和你聊聊男子汉的话题。

"过去十八年，除了你孩童时期，其他时间，对你的陪伴确实太少：你小升初时，我在江西定南对口支援；你中考时，我在新疆阿图什驻村；现在你马上18岁生日，明年就要高考，我还是在援疆。关键时刻，每每缺席，各种愧疚，惟父自知。你妈妈确实非常辛苦，为了我们这个家十多年如一日地辛勤付出，尤其是这几年我连续在新疆工作，家里大小事都要靠你妈妈忙活，所以有些家务事，你也尽可能多帮些。

"关于善良。……儿子，生而为人，务必善良，一定努力去做个浑身正能量的青年。

"关于理想。……做自己喜欢的又能做成的，就是最朴素的理想。……'高大上'

当然是最佳选择，'小而美'也未尝不可。

"关于实践。梦想是要靠实践才能实现的。……想好的事，就勇敢去做，有一颗拼搏之心，然后付诸具体的实践，人生就会满足、快乐。

"关于责任。你们这一代，恰逢盛世中国，这个时代更需要使命担当。往大了说，做个积极向上的热血青年，涵养家国情怀，实现理想抱负；往小了说，做个温暖阳光的社会成员，践行家庭美德，遵守职业道德，树立社会公德。有关这个方面，是爸爸最想和你表达的，相信你一定会理解爸爸的真实意图。

"云鹤，这是不是你收到的第一封信？我也有 20 年没有写信了，还有一些表达的话，留待下次我们当面说吧。

"替我向你妈妈问好，周末记得给爷爷奶奶、姥姥姥爷打电话。祝你身体健康、学习进步！"

2020 年 11 月 18 日

（引自：学习强国，2020 年 11 月，有改动。）

【分析】邵祥理给儿子的信是自己对社会的认识和理解，他正是秉着对国家、对民族、对人民的善良，才舍小家顾大家，扎根于祖国扶贫事业，干完一程再接上一程，用实际行动诠释了理想与责任，以热爱和执着为民族地区经济社会发展奉献青春和生命。

一、劳动者与劳动分工

劳动者，就是使用工具，用自己的体力和脑力创造物质财富和精神财富的人。在当代中国，一切凭借自身能力和素养，参加社会主义现代化建设的社会各阶层人员，都是社会主义劳动者。在党的领导下，全体社会主义劳动者共同创造了改革开放和社会主义现代化建设的伟大成就，我国实现了从生产力相对落后的状况到经济总量跃居世界第二的历史性突破，中国共产党和中国人民正信心百倍推进中华民族从站起来、富起来到强起来的伟大飞跃。

党的十八大以来，中国特色社会主义进入新时代。广大劳动群众与党同心、跟党奋斗，辛勤劳动、无私奉献，用智慧和汗水为党和国家事业做出应有贡献。新时代新征程，赋予了社会主义劳动者新的使命：大力弘扬劳模精神、劳动精神、工匠精神，爱岗敬业、创新创造，踊跃投身中国式现代化的火热实践，为全面推进强国建设、民族复兴伟业而不懈奋斗。

劳动分工，是在特定社会生产体系或劳动过程中，劳动者基于技术特性、资源禀赋和职业能力差异，从事的不同岗位、不同类型的劳动活动。劳动分工是生产力发展的产物，是提高劳动效率的需要。历史上最先出现的是自然分工，然后是社会分工，再后来是企业内部的分工。自然分工是按照性别和年龄而进行的分工，例如原始社会采集和狩猎的分工。社会分工是社会中不同部门（如农业、工业、服务业等）之间和各部门内部（如工业内部又可分为金属冶炼、机械制造、纺织、食品加工等）的分工。企业内部分工是企业内部相互协作的不同劳动环节、不同岗位从事不同工作内容的分工。劳动分工可以让劳动者做他们擅长的工作，让劳动者固定某项工作而成为熟练工，有利于技术改进和提高劳动效率。

随着生产力的发展，劳动分工越来越精细，劳动生产逐渐专业化，不断分化出新的生产部门和劳动岗位。如今，科学技术给劳动分工带来巨大变化，数字化、智能化等新兴技术与农业、制造业、服务业深度融合，涌现出一大批新产业、新业态、新模式（"三新"经济），也催生了大量新职业、新劳动岗位、新劳动形态，同时对劳动者的技能和素质提出了新的要求。当前，我国进入高质量发展阶段，发展新质生产力成为迫切要求。劳动者作为生产力中最重要、最活跃的要素，必须适应科技发展要求，适应劳动分工和劳动形态、劳动标准的变化，提高劳动技能、劳动能力，在发展新质生产力中找到自己应有的位置。

拓展阅读

什么是新质生产力

2023年9月7日，习近平总书记在黑龙江主持召开新时代推动东北全面振兴座谈会。在座谈会上，总书记首次提出新质生产力。他强调，要积极培育新能源、新材料、先进制造、电子信息等战略性新兴产业，积极培育未来产业，加快形成新质生产力，增强发展新动能。

新质生产力的提出，不仅指明了新发展阶段激发新动能的决定力量，更明确了我国重塑全球竞争新优势的关键着力点。

2024年1月31日，中共中央政治局就扎实推进高质量发展进行第十一次集体学习。习近平总书记在主持学习时强调，高质量发展是新时代的硬道理，发展新质生产力是推动高质量发展的内在要求和重要着力点，必须继续做好创新这篇大文章，推动新质生产力加快发展。

概括地说，新质生产力是创新起主导作用，摆脱传统经济增长方式、生产力发展路径，具有高科技、高效能、高质量特征，符合新发展理念的先进生产力质态。它由技术革命性突破、生产要素创新性配置、产业深度转型升级而催生，以劳动者、劳动资料、劳动对象及其优化组合的跃升为基本内涵，以全要素生产率大幅提升为核心标志。其特点是创新，关键在质优，本质是先进生产力。

科技创新能够催生新产业、新模式、新动能，是发展新质生产力的核心要素。战略性新兴产业、未来产业，是构建现代化产业体系的关键，是发展新质生产力的主阵地。

在生产力三要素（劳动者、劳动资料、劳动对象）中，劳动者是最活跃、最具决定意义的因素。新质生产力深化劳动分工，催生新就业形态，重塑人类社会的劳动方式、生产组织方式，使得劳动过程发生重大变革。许多工作内容不再拘泥于时间和空间，而是可以被分解为细小的、具体的"任务"，由不同时空的劳动者完成后再进行"组装"。

高素质的劳动者是发展新质生产力的根本支撑。"创新是发展的第一动力""人才是创新的第一资源"。新质生产力的发展，既需要研发人员，也需要大量的应用型人才，才能带动各行各业的数字化升级。当前，我国急需培育一大批熟练掌握新质生产资料的技能劳动者，任务非常迫切。

二、树立正确的劳动态度

如何看待劳动，如何适应当前经济社会高质量发展和发展新质生产力对劳动者的新要求，首先取决于是否有正确的劳动态度。

劳动态度是人们对待劳动的具有持久性和评价性特点的心理倾向，包括对劳动的认知、情感和行为趋势。简单来说，就是人们对劳动的看法和在言行举止中表现出的劳动神态。一般可分为肯定、赞成、尊重的态度和否定、反对、鄙视的态度。正确的劳动态度应当是：崇尚劳动、尊重劳动者；树立劳动最光荣、劳动最崇高、劳动最伟大、劳动最美丽的观念；弘扬劳动精神，崇尚热爱劳动、投身劳动、爱岗敬业的社会风尚；劳动虽然分工不同，但没有高低贵贱之分；三百六十行，行行出状元，在平凡岗位上也能干出不平凡的业绩。

当前，我国迈入全面建设社会主义现代化国家新征程，中华民族伟大复兴战略全局和世界百年未有之大变局相互交织、相互激荡，新一轮科技革命和产业变革深入发展，需要一大批高素质劳动者，要求劳动者不断提升运用新技术、使用新工具、改造新对象的能力，全面提升适应发展新质生产力要求的劳动素质。

中华民族是勤于劳动、善于创造的民族。在五千年历史发展中，中华民族深刻认识幸福不会从天降、美好生活靠劳动创造的道理。劳动是财富的源泉，也是幸福的源泉。劳动创造了中华民族，造就了中华民族的辉煌历史，也必将创造中华民族的光明未来。实现中华民族伟大复兴的中国梦，需要我们每一个人继续付出辛勤劳动和艰苦努力。新时代劳动者，尤其是青年一辈劳动者，要深刻认识劳动的重大意义，把先辈们吃苦耐劳、苦干实干、不懈奋斗的精神传承好、发扬好，崇尚劳动、尊重劳动，依靠辛勤劳动、诚实劳动创造美好生活。

新时代劳动者应当锐意进取、勇于创新。当前，人工智能、大数据等新兴技术、颠覆性技术正在深刻改变人们的生产生活方式。新一轮科技革命和产业变革加速推进，迫切需要劳动者勇于解放思想、积极创新创造，才能不断适应新的劳动工具、劳动对象，新的劳动场景、劳动方式的发展需要。新时代劳动者应当努力发展创新能力，在工作实践中找准创新方向、发掘创新领域，依靠创造性劳动、科学劳动开辟发展新领域新赛道，在强国建设、民族复兴伟业中挺膺担当。

新时代劳动者需终身学习、跟上时代。如今，数字技术飞速发展，科技创新层出不穷，知识迭代的速度比以往任何时代都要强烈。新时代劳动者应当树立终身学习理念，养成勤学善学的习惯，密切关注行业、产业的前沿知识和最新技术，抢抓学习先机，提高产业发展适应能力。在这个过程中，还要尊重经济社会发展规律，运用科学知识指导实践。今天，单一技能闯天下的时代已经过去，跨学科学习已成主流，劳动者需要融合不同领域的知识和技能，成为解决复杂问题的复合型人才。

【案例 2-5】

"工人院士" 罗昭强

罗昭强，中车长春轨道客车股份有限公司高速动车组制造中心调试车间高级诊断组工人，高级工程师，高级技师。作为一名普通的铁路车辆维修工，罗昭强扎根一线岗位 30 年来，勤于钻研、勇于创新，先后完成 200 余项"五小成果"和立项攻关，累计为公司节约费用 2400 余万元，创造了一个又一个"创新奇迹"。他先后荣获"全国五一劳动奖章""中国中车高铁工匠""全国劳动模范"等荣誉称号，被誉为"工人院士"和"高铁调试大师"。

"新时代的技术工人，不仅要埋头苦干，还要懂技术、会创新"，在罗昭强心中，一直将这条黄金法则奉为主臬。在得知一汽专用机床厂引进了 PLC 可编程控制器后，罗昭强想尽一切办法拜师学艺。从入门到痴迷，罗昭强用 4 年时间，考取了电气自动化大专文凭。不仅如此，他还自学了西门子、施耐德、罗克韦尔等不同控制系统编程、调试、组态等技术，掌握了德国力士乐比例阀控制技术。

机会总是留给有准备的人。2005 年，在原中国北车第二届职业技能大赛中，罗昭强一举摘得维修电工组桂冠，被授予"全国技术能手"称号。然而，维修电工并不能直接参与高铁制造。2015 年，他再三思考之后，决定转岗至高铁生产调试一线。他率领团队先后完成"复兴号"中国标准动车组、京张智能高铁等国家和企业重点项目的试制和调试攻关工作，取得数十项调试方法的创新，保证了动车组"零故障"出厂。

为了打破国外的技术封锁，罗昭强埋头苦干，最终成功研制出具备自主知识产权的动车组关键调试装备，将制造成本降低 90%。凭借高超的技能水平和创新能力，他将有着"工人院士"之称的"中华技能大奖"收入囊中。尽管荣誉满身，但他却并不满足，不断挑战新的难关，又研发出应用列车实时以太网技术的"列车网络培训系统"，对于中国高铁走向海外、延长产品价值链意义重大。他依托"模拟实训装置"主持完成的有关项目，填补了该领域国内外技术空白，在 2019 年国家科学技术奖励大会上，荣获"国家科技进步奖"二等奖，是仅有的两项央企技术工人获奖成果之一。他研制的"海外高端市场地铁列车模拟调试装置"深受海外业主的青睐，终结了该领域中国工人发明创造从未挤进海外高端市场的历史。

30年来,罗昭强勤耕不辍,用执着与坚守践行"产业报国,勇于创新,为中国梦提速"的高铁工人精神。他说,他最大的希望,就是经自己调试的列车能安全、平稳地从中国启航,驶向世界。

（引自：人民网,2020年12月,有改动。）

【讨论】通常来讲,全国劳动模范、院士都是常人遥不可及的目标。但工人出身的罗昭强,却以执着的钻研精神获得了这些称号。从罗昭强身上,你认为职业院校毕业生的成长方向在哪里?技术技能人才应该如何实现自己的价值?

三、养成良好的劳动习惯

古圣先贤有言,"与其坐而论道,不如起而行之""空谈误国,实干兴邦",意思就是与其坐着空谈大道理,不如行动起来,脚踏实地地劳动。大学学习是为将来的职业劳动做准备。青年大学生要成为新时代高素质劳动者,需从当下做起养成良好的劳动习惯。当下做起也就是从学校和家庭的日常劳动做起,从个人卫生、家庭卫生到寝室内务、校园劳动,践行"一屋不扫何以扫天下"的道理,躬身实践、勤于劳动,养成良好的劳动习惯,提升劳动能力。

对大学生来讲,最重要的劳动形式之一是刻苦努力学习,不断拓宽知识视野。是以严谨认真的态度参加实习实训,遵守实训室管理规范及其操作规程,训前认真准备、训中严把质量、训后物品归位,精益求精、追求极致。很难想象,一个不认真学习、马虎作业、敷衍做事的学生,走上岗位后能以严谨敬业的态度完成岗位工作。自律须从小事做起、从细节做起、从眼前做起,方可行稳致远。

习近平总书记勉励广大劳动者:"三百六十行,行行出状元。任何一名劳动者,要想在百舸争流、千帆竞发的洪流中勇立潮头,在不进则退、不强则弱的竞争中赢得优势,在报效祖国、服务人民的人生中有所作为,就要孜孜不倦学习、勤勉奋发干事。"我国广大劳动模范正是践行习近平总书记的勉励,才在平凡的劳动中创造出不凡的业绩,可谓"一勤天下无难事"。

【案例2-6】

大学生投笔从戎,退伍回校后继续拼搏,成功考研进清华

他在大学里报名参军成为驰骋火海的尖刀兵;他将深造机会让给战友,退伍回校奋战书山,又圆水木清华梦……他名叫安过,大学生退伍士兵、三峡大学水利水电工程专业2013级学生,"湖北省2018年大学生自强之星"。

2014年9月,安过成为武警森林总队的一名"森林卫士"。为做好内务,他凌晨四点起床练习叠被子,把每次的训练当成实战,练就了强健的体魄和过硬的本领,2014年获"爱警习武好战士"称号。

不出警的日子里，安过便积极参加执勤安保、消防安全宣传、训练新兵、文书处理等工作。不论哪项任务，他都严谨细致、潜心研究、保质保量完成。他严格自律、勤于思考的优良作风得到部队的认可。2015年获"优秀义务兵"称号，2016年安过所在的武警部队获"集体三等功"，安过获"嘉奖"。

两年军旅生活即将结束时，部队领导和家中父母都希望安过考取军校，留在军营，但他却选择继续完成学业，将留队的机会让给战友。回到校园，面临着专业学习的挑战，他迅速拟定计划：每天6:00起床，到操场锻炼；6:50吃早饭，随后到教室；每天挤1小时在图书馆，每周挤时间健身。备考研究生考试期间，每天学习10小时以上，将休息时间挤到极致。很快专业学习取得长足进步，英语四、六级均一次性通过，为考入清华打下了坚实基础。

学习之余，安过联合退伍老兵开展征兵宣传、军事拓展训练，并讲授军事理论课程，参加志愿者活动，为白血病患儿献血19次，提供了38次治疗的血量……

他坚持健身，选择深造，就是在为将来作准备。他意识到必须深造，才会在专业领域走得深远。机会总是会留给有准备的人，2019年安过以总分专业排名第一的成绩，被清华大学录取为研究生。

（引自：搜狐网，2019年6月，有改动。）

【讨论】大学生、武警战士、退伍大学生、清华研究生，安过身上的每一份标签都闪耀着奋斗的光芒，每一段经历都书写着不凡的青春，他为什么总是能够做到最好？请用文中的关键词还原安过奋斗的身影。

四、多途径提高劳动能力

习近平总书记指出："素质是立身之基，技能是立业之本。广大劳动群众要勤于学习，学文化、学科学、学技能、学各方面知识，不断提高综合素质，练就过硬本领。要立足岗位学，向师傅学，向同事学，向书本学，向实践学。三百六十行，行行出状元。任何一名劳动者，无论从事的劳动技术含量如何，只要勤于学习、善于实践，在工作上兢兢业业、精益求精，就一定能够造就闪光的人生。"

习近平总书记的话语给青年大学生指明了成长方向和路径。青年大学生在学习理论知识的同时，应当积极参加校内外实践，把理论知识转化为服务社会的本领，同时在这个过程中进行自我教育、自我管理、自我提高。这些实践活动包括青年志愿者行动、"三下乡"社会实践活动、日常志愿服务，以及担任班级、学校的学生干部，其中很重要的就是积极投身劳动，投身公益服务，在劳动中学会奉献、锻炼技能、提高本领。

当然，参加政府部门、行业企业组织的职业技能大赛、创新创业大赛也是青年大学生成长的重要渠道，是将知识转化为能力、培养实操技能的重要机会。不少企业和用人单位表示，愿意优先录用那些在各级各类比赛中的获奖选手，还有些企业开出了免试的录用通道，很重要的就是比赛的育人功能。台上一分钟，台下十年功，各类比赛赛的不仅是操作技能，更重要的是对待比赛的态度，在长时间准备过程中磨炼出的意志、对自己高标准严要求的精益求精，以及面对挑战与挫折的勇气、团队成员的沟通协作等。所以，每一奖项背后代表的是劳动付出的程度。技能既是劳动能力的基础，也在劳动中成就。

【案例 2-7】

从打工妹到国赛教练的华丽蜕变

17 岁，她还只是工厂里的打工妹；21 岁，已登上世界舞台为国争光；时隔一年，她又一次华丽转身，成为指导国赛选手的教练。仅仅 5 年时间，她不仅靠技能实现了脱贫，更看到了人生无限的可能。她叫罗丽萍，一位 98 后广东姑娘。

2019 年 8 月的第 45 届世界技能大赛，她代表中国队出战，获得"商品展示技术项目"的银牌，打破了欧洲国家长期以来的垄断。什么是"商品展示技术"？简单说，就是橱窗展示。看似简单，小橱窗里却藏着"大学问"：要熟悉 100 多种材料、工具，要掌握平面设计、展示设计、空间设计、市场营销等专业知识。此外，还藏着很多看不见的技术，如背胶技术测点误差不能超过 2 毫米，切板不能有毛边，刷墙不能有"泪痕"……

从工厂走到世赛舞台，背后要经历多少艰辛，如今她只用一句话轻轻带过："当时经常熬夜，头发一把一把地掉。一辈子不能就这样了。"小小年纪这么拼，原因只有一个：不认命。18 岁那年，她再次踏入技校的校门。3 年后站上世界比赛的领奖台。如今，她的生活发生了很大改变，不但个人生活有了保障，妹妹的学费也有了着落，原本贫困的家庭实现了脱贫。

在世赛赛场为国争光后，她选择了留校成为一名教练。"再小的个子，也能给沙漠留下长长的身影。意志力的高度，是我们面临一切挑战最有力武器。"这句话始终烙印在罗丽萍的心里，一次次让她坚定信念。此时的她对于"技能成才""技能报国"有了更深的感悟。

（引自：央广新闻微信公众号，2020 年 9 月，有改动。）

【讨论】出身贫困家庭的罗丽萍为何能改变自己的人生？在她成功的背后你看到了什么？找一找并讲一讲更多世界技能大赛优胜者的先进事迹。

📖 拓展阅读

世界技能组织简介

世界技能组织，是世界技能大赛的组织机构，属于非政府国际组织，成立于 1950 年，目前注册地为荷兰阿姆斯特丹。截至 2020 年 12 月，共有 85 个国家和地区成员。

其创立目的是感召青年人重视职业技能，引导社会和雇主重视职业技能培训。它们通过举办世界性的竞赛来实现目的，把世界技能大赛作为加强技能认同、促进技能发展的主要方式；鼓励世界技能组织成员和世界范围内的年轻人加强技能、知识和文化的交流等。世界技能大赛每两年举办一届。

中国在2010年加入世界技能组织，成为该组织的第53个成员。中国加入世界技能组织，参加世界技能竞赛，有利于我国学习借鉴世界各国促进技能培训和开展技能竞赛的经验，推动国内职业技能竞赛活动的开展，营造学习技能人才、尊重技能人才、争当技能人才的良好社会氛围。同时，参加世界技能竞赛，可以构建职业技术交流国际平台，为我国优秀技能人才展示才华绝技、展现技能成果创造条件，对宣传我国高技能人才工作和人力资源能力建设的成果，扩大我国在职业培训领域的影响力，培养造就具有国际水平的高技能人才队伍具有重要意义。

（引自：搜狐网，2019年7月，有改动。）

五、培养良好的职业道德

2025年4月印发的《新时代职业道德建设实施纲要》明确指出，加强新时代职业道德建设，是培育和践行社会主义核心价值观、推进社会主义精神文明建设的重要内容，是提高全民道德素质和社会文明程度的必然要求。

（一）什么是职业道德

职业，是人们参与社会分工，利用专门知识和技能创造物质或精神财富，并获取合理报酬的工作类别，是一个人社会地位的一般性表现，也是一个人的权利、义务、职责的集中体现。

职业道德是指从事特定职业的个人在职业活动中应当遵循的具有职业特征的道德规范和行为准则。职业道德是一种道德规范，是对职业人员在工作中应该具备的道德标准和行为规范的要求。它既是社会道德在职业领域的具体化，也是行业规范对从业者的基本要求，其核心在于将社会普遍认同的诚信、责任、公正等价值理念转化为职业行为的具体标准，引导劳动者在职业实践中正确处理个人与集体、权利与义务、利益与道德的关系。

（二）职业道德的特征

职业道德的特征主要表现在以下四个方面。

（1）职业性。职业道德是针对特定职业领域的道德规范，具有鲜明的职业特征。

（2）实践性。职业道德强调的是职业人员在工作中通过具体行为表现体现出的价值取向，而非抽象的道德原则，它强调知行合一。

（3）普遍性。职业道德构成了从业者普遍遵守的基本行为规范，如爱岗敬业、诚实守信等,这些规范在全球范围内具有普适性。

(4)继承性。职业道德是在长期实践中形成的传统,随着社会发展会不断融入新的内容。

(三)职业道德基本规范

良好的职业道德是从业者必须具备的基本品质,主要包含以下五个方面的内容。

(1)爱岗敬业。爱岗敬业是职业道德的基础,要求从业人员热爱本职工作,以恭敬严肃的态度对待工作,做到专注尽责、忠于职守。

(2)诚实守信。诚实守信是职业道德的精髓,强调从业人员实事求是、信守承诺、维护职业信誉,是职业活动和个人发展的根本准则。

(3)办事公道。办事公道是职业道德的重要原则,要求从业人员处理职业事务时公正透明、不偏不倚,尤其是对管理及公共服务人员至关重要。

(4)服务群众。服务群众是职业道德的核心,要求从业人员以服务对象需求为导向,持续优化服务质量和态度。

(5)奉献社会。奉献社会是职业道德的最高追求,要求从业人员履行职业行为应优先考虑社会利益,体现职业价值的终极目标。

【案例2-8】

匠心筑梦坚守维修一线,二十余载守护万家灯火

杨华峰,上海普陀区物业维修工,师从全国劳模徐虎,坚守维修一线20余年,作出突出贡献。比如,他自制"百宝箱"收纳废旧零件并借此解决维修过程中遇到的"疑难杂症";他根据虹吸原理用维修工具疏通鼠患地漏;台风天他冒险悬空拆除危险雨棚;除夕夜他带队工作15小时抢修配电箱,以便保障40余户居民用电。他带着"常学常新,初心为民"的信念延续了"辛苦我一人,方便千万家"的"徐虎精神",先后获得上海市劳动模范(2020年)、上海工匠(2024年)、全国劳动模范(2025年)等称号,并担任上海市党代表、人大代表,持续传递基层劳动者正能量。

(引自:百度百科,有删改。)

【讨论】杨华峰作为一名普通物业维修工,竟然取得了如此突出的成绩,获得了很多很多人都难以企及的荣誉。我们作为一名大学生,应该从杨华峰身上学习什么精神?我们应该如何更好地传承大国工匠精神?

(四)学习塑造良好的职业道德

大学学习阶段是养成良好职业道德的关键期,核心在于将道德认知转化为日常实践。首先,要在专业学习中树立规则意识,系统学习本行业的职业道德规范,如工程伦理、

医疗操守、商业诚信等,理解职业行为背后的社会责任,明确职业行为的底线与红线。其次,在实习实训中严格遵守企业的规章制度,包括考勤纪律、工艺标准、保密责任等,保持对制度的敬畏心,学习传承企业优良的文化传统。再次,注重日常行为养成,从按时完成课业、诚信考试等细节做起,培养严谨作风。定期反思自身的职业行为,主动对标行业标杆找差距,将"敬业""诚信""责任"等抽象价值转化为具体的职业习惯,形成稳定的职业人格,为未来职场发展奠定坚实的基础。

📖 **拓展阅读**

关于"科技与狠活"的相关报道

"科技与狠活"一词源于网络热梗,特指食品添加剂和人工合成技术在食品生产中的使用,常被用于描述夸大或隐蔽的操作。"科技与狠活"一词最早源于一位短视频博主在2022年"海克斯科技"系列视频中的标志性台词(如"那必是科技加狠活"),主要指通过食品添加剂合成日常食品的加工现象,曾引发公众对食品安全的广泛焦虑。权威媒体对此高度关注,侧重于揭露违法添加乱象、澄清科学误区并通报监管行动。

2024年6月,央视新闻频道专题节目批评该博主的"科技与狠活"内容缺乏科学依据,误导公众对食品添加剂的认知;北京大学食品科学专家王教授指出,该博主"只谈毒性不提剂量"的言论是对科研工作的亵渎,合法添加剂在标准用量下无害。节目强调,此类视频加剧了公众恐慌,需回归科学监管

央视新闻等权威媒体报道显示:"科技与狠活"争议已推动监管强化(如2024—2025年专项行动)和公众科普,但需警惕过度渲染添加剂风险导致的非理性恐慌。市场监管总局与央视等机构持续呼吁以科学为依据打击违法添加,维护食品安全。

⏱ **活动与训练**

谈谈身边的劳动模范

一、活动目标

学习劳动模范先进事迹,关注自己所学专业的发展前景,树立正确的职业理想。

二、活动时间

建议30分钟。

三、活动流程

(1) 提前布置学习任务:收集自己所在学校、所在区域、所在行业劳动模范的典型事迹。

(2) 以小组为单位,讲述自己收集的典型事例,并说说自己的心得体会。

(3) 挑选3～5名同学在班级进行讲述、分享。

(4) 教师点评。

🔍 **探索与思考**

1. 我国高质量发展和发展新质生产力对新时代劳动者提出了哪些新的要求?

2. 青年大学生怎样才能把自己培养成为适应社会需要的高素质劳动者?

单元三　劳动合同与权益保护

💡 **名人名言**

在民主的国家里,法律就是国王;在专制的国家里,国王就是法律。

——[德]马克思

🎯 **学习目标**

1. 掌握劳动合同的概念。

2. 认识签订劳动合同的重要意义。

3. 了解劳动争议的解决途径。

4. 能够正确运用法律武器维护自己的合法权益。

📑 **案例导入**

为保应届身份不签劳动合同? 劳动者工伤赔偿困难

2023 年 7 月,小张以应届生身份入职某科技公司任店长,上班一个月后,仍未签订书面劳动合同。同年 11 月,公司通过微信发送劳动合同电子版给小张,通知小张以新入职员工身份签订书面劳动合同,并询问其签订情况。小张为保留其应届生身份参加考试,则回复称"搞了吧",公司轻信其回复而未核查情况,导致实际一直未签订劳动合同。

2024 年 5 月,公司安排小张外出工作时发生交通事故,导致其受伤并住院治疗,之后因缺少劳动合同,无法申报工伤。根据小张提交的个人社保参保证明,其工伤保险等只缴纳到 2024 年 2 月。对此,小张称当时考虑到已购买农村合作医疗保险,于是向公司申请不购买个人社保。

小张因工作原因受伤却无法享受工伤待遇,便向武江区劳动仲裁院申请仲裁,请求确认其与该科技公司的劳动关系存续时间,同时要求公司支付医疗费、未签订劳动合同的两倍工资补偿等合计 8 万余元。经仲裁院裁决,确认双方劳动关系存续时间,并支持了小张两倍工资差额等共计 2 万多元。与此同时,小张向武江区人社局申请了工伤认定。

公司不服劳动仲裁院的仲裁裁决,遂向武江法院提起诉讼。承办法官收到案件后,认真研判了案情,发现未与劳动者签订书面劳动合同及未缴纳工伤保险并非用人单位故意为之,更多的是劳动者基于自身职业规划及利益考量所致,但劳动者因工受伤却是事实。

　　针对这一冲突，承办法官组织双方当事人当庭厘清本案纠纷的来龙去脉，积极向公司释明："自用工起，一个月内需与劳动者签订书面劳动合同，并依法缴纳社保，此为用人单位的法定义务，不因劳动者自愿申请等原因而减免。"对于小张所受工伤，承办法官参照工伤待遇的相关规定，对小张所主张的医疗费、停工留薪期工资、一次性伤残补助金等项目，组织双方进行有效沟通。

　　最终，在承办法官的努力下，小张与公司达成调解协议，确认双方的劳动关系存续时间，科技公司分期向小张支付两倍工资差额、工伤赔偿等共计4.1万元。

　　（引自：广东韶关市中级人民法院公众号，有删改。）

　　【分析】此案为劳动者和用人单位敲响警钟。案例中的劳动者为保留应届生身份而心存侥幸，拒绝签订劳动合同，实则是以牺牲社保、工伤保障等核心利益为代价，最终陷入"维权靠诉讼、赔偿难兑现"的被动困境。企业也须严守法律底线，主动核实合同是否签订，切莫轻信口头承诺或管理疏漏而埋下隐患。法律不会为"身份投机"开绿灯，亦不会对"用工失察"留盲区，唯有劳资双方共守诚信、依法行事，方能构建稳固的劳动关系，依法维护双方的合法利益。

一、劳动合同的概念

　　劳动合同是劳动者与用人单位确立劳动关系，明确双方权利义务的协议，是建立劳动关系的一种法律形式。具有如下法律特征。

　　（1）合同双方当事人中，一方必须是具有劳动权利能力和劳动行为能力的公民本人，另一方必须是企业等用人单位的法人组织，不能是企业的党团组织或工会组织。

　　（2）合同的当事人之间存在着职业上的从属关系，即作为合同一方当事人的劳动者，在订立合同后，就成为另一方当事人企业等用人单位的一员，用人单位有权指派劳动者完成劳动合同规定的属于劳动者职责范围内的劳动任务。这种职业上的从属关系，是劳动合同区别于其他合同的重要特征之一。

　　（3）劳动合同双方当事人的权利和义务是统一的，双方当事人既是劳动权利主体，又是劳动义务主体。劳动者有义务完成工作任务，遵守单位内部的劳动规定，用人单位有义务按照劳动者劳动的数量和质量支付报酬；劳动者有权享受法律法规及合同规定的劳动保险和生活福利待遇，用人单位有义务依法提供劳动保护条件。

二、劳动合同的签订

（一）劳动合同订立的时间

　　劳动合同订立是指劳动者和用人单位经过相互选择和平等协商，就劳动合同条款达成协议，从而确立劳动关系和明确相互权利义务的法律行为。

订立劳动合同可以强化用人单位和劳动者双方的守法意识,有利于妥善处理劳动争议。用人单位可以依据合同约定管理职工,职工可以依据合同维护自身利益,双方均不能随意解除合同。合同期满后,双方可以就是否续签合同进行商谈,客观上保证用人单位用人及劳动者求职的灵活性。

《中华人民共和国劳动合同法》(以下简称《劳动合同法》)规定:建立劳动关系,应当订立书面劳动合同。已建立劳动关系,未同时订立书面劳动合同的,应当自用工之日起一个月内订立书面劳动合同。用人单位与劳动者在用工前订立劳动合同的,劳动关系自用工之日起建立。用人单位招用劳动者时,应当如实告知劳动者工作内容、工作条件、工作地点、职业危害、安全生产状况、劳动报酬,以及劳动者要求了解的其他情况;用人单位有权了解劳动者与劳动合同直接相关的基本情况,劳动者应当如实说明。

(二)劳动合同必备条款

劳动合同应当以书面形式订立,并具备以下条款:劳动合同期限;工作内容;劳动保护和劳动条件;劳动报酬;劳动纪律;劳动合同终止的条件;违反劳动合同的责任;当事人可以协商约定的其他内容。

"协商约定的其他内容"是指劳动合同中的约定条款,即劳动合同双方当事人除依据本法就劳动合同的必备条款达成一致外。如果认为某些方面与劳动合同有关的内容仍需协调,便可将协商一致的内容写进合同。

劳动合同的必备条款中没有规定社会保险,原因在于社会保险在全社会范围内依法执行,不是订立合同的双方当事人所能协商解决的。

(三)订立劳动合同的原则

(1)合法原则。劳动合同必须依法以书面形式订立,做到主体合法、内容合法、形式合法、程序合法。只有合法的劳动合同才能产生相应的法律效力,任何不合法的劳动合同都是无效的,不受法律承认和保护的。

(2)协商一致原则。在合法的前提下,劳动合同的订立必须是劳动者与用人单位双方协商一致的结果,是双方"合意"的表现,不是单方意思表示的结果。

(3)合同主体地位平等原则。在劳动合同的订立过程中,当事人双方的法律地位是平等的。劳动者与用人单位不因为各自性质的不同而处于不平等地位,任何一方不得对他方进行胁迫或强制命令,严禁用人单位对劳动者横加限制或强迫命令的情况。只有真正做到地位平等,才能使所订立的劳动合同具有公正性。

(4)等价有偿原则。劳动合同明确双方在劳动关系中的地位作用,劳动合同是一种双务有偿合同,劳动者承担和完成用人单位分配的劳动任务,用人单位付给劳动者一定的报酬,并负责劳动者的保险金额。

（四）关于试用期

《劳动合同法》第十九条规定：劳动合同期限三个月以上不满一年的,试用期不得超过一个月；劳动合同期限一年以上不满三年的,试用期不得超过两个月；三年以上固定期限和无固定期限的劳动合同,试用期不得超过六个月。同一用人单位与同一劳动者只能约定一次试用期。试用期是指包括在劳动合同期限内,用人单位对劳动者是否合格进行考核,劳动者对用人单位是否符合自己要求也进行考核的期限,这是一种双方双向选择的表现。

需要注意的是,劳动合同期限长短不是约定试用期的唯一参照。《劳动合同法》对试用期劳动者的工资水平也做出了保障性规定：劳动者在试用期的工资不得低于本单位同岗位最低档工资或者劳动合同约定工资的80%,试用期工资不得低于用人单位所在地的最低工资标准。

试用期内需缴纳社会保险。《劳动合同法》第十九条第四款规定：试用期包含在劳动合同期限内。而在劳动合同期限内,用人单位为劳动者办理缴纳社会保险等"五险一金"是法定义务。

试用期包括在劳动合同期限内,即不管劳动合同当事人订立的是一年期限还是三五年期限的劳动合同,如果约定了试用期,劳动合同期限的前一段期限就是试用期,只签订单独的试用期合同是不合法的。《劳动合同法》规定：劳动合同仅约定试用期的,试用期不成立,该期限为劳动合同期限。

试用期是一个约定的条款,如果双方没有事先约定,用人单位就不能以试用期为由解除劳动合同,即用人单位和劳动者必须就试用期条款进行充分协商,取得一致,试用期条款才能成立。劳动合同法限定了试用期的约定条件,劳动者在试用期间应当享有全部劳动权利,包括取得劳动报酬的权利、休息休假的权利、获得劳动安全卫生保护的权利、接受职业技能培训的权利、享受社会保险和福利待遇的权利、提请劳动争议处理的权利等,用人单位不能以试用期的身份而加以限制。

【案例 2-9】

公司的做法合法吗

小邹进入一家公司工作,试用期已超过大半年,尽管平时做的工作与正式员工无异,但公司每月只发给他 1400 多元工资。本以为转正后工资会有所提高,但小邹得知,他还要经过 3 个月试用期才能转正,而且转正后公司才会为其办理社会保险。

【讨论】这家公司的做法合法吗？小邹为什么会出现这种情况？如果是你,应该如何维护自己的合法权利？

拓展阅读

试用期、实习期与见习期的区别

1. 试用期

同一用人单位与同一劳动者只能约定一次试用期。

以完成一定工作任务为期限的劳动合同或者劳动合同期限不满三个月的，不得约定试用期。

试用期包含在劳动合同期限内。劳动合同仅约定试用期的，试用期不成立，该期限为劳动合同期限。

2. 实习期

实习是指学生在校期间，到单位的具体岗位上参与实践工作的过程，其针对的是在校学生。关于实习，人力资源和社会保障部《关于贯彻执行〈中华人民共和国劳动法〉若干问题的意见》第 12 条规定："在校生利用业余时间勤工助学，不视为就业，未建立劳动关系，可以不签订劳动合同。"

学生在实习期间发生伤害事故，不属于工伤，不能享受工伤保险待遇，但可以按雇佣关系向用人单位主张权利，或由学校基于与单位之间的实习合同的相关约定主张权利。

实习期只适用于在校学生。一些用人单位为了逃避保险或最低工资的限制，故意与符合劳动者资格的非在校学生签订实习协议，这是违法的，也是无效的。实际上即便签订实习协议，用人单位和非在校学生也存在事实劳动关系。

作为用人单位，应该与实习生签订实习协议，或与实习生、实习生所在学校签订三方协议，明确实习生的实习时间、工作时间、实习费、实习内容等细节。同时用人单位可以为实习生购买商业保险，避免实习过程中发生因工受伤后产生经济赔偿纠纷。

3. 见习期

见习期是国家对大学毕业生分配派遣到用人单位之后的一种考核制度，即用人单位对刚刚接收来的毕业生有计划、有组织、有目的地进行考查和了解，进而在思想、业务等方面给予指导和帮助，使毕业生尽快适应工作需要的制度。见习期一般为一年。对入学前已从事一年以上有关专业实际工作的，经所在单位批准，可免去见习期。

（五）劳动合同签订应注意的事项

（1）合同要知情。签订劳动合同前，应尽量对用人单位以及企业文化、发展趋势、员工管理等进行全面了解，尽量与资质和声誉较好的单位签订合同，从源头上防范非法用工和侵害合同权益的情况发展。

（2）查清主体资格。事先应了解单位名称、法人代表姓名等，与具备用工主体资格的法人签订合同。

（3）必备条款要齐全。可向劳动保障部门索要规范的合同文本,避免遗漏重要条款。若单位事先起草了文本,要仔细阅读关于报酬、岗位、试用期、合同终止与解除等重要条款及岗位说明书、劳动纪律、工资支付等规章制度。

（4）补充条款要看清。劳资双方洽谈中,一些未尽事宜一般约定在补充条款中,补充条款与劳动合同具有同等法律效力,劳动者在签订补充条款时应认真查看相关内容,保护自身权益。

三、劳动合同变更

在履行劳动合同过程中,经常会出现合同变更的情况,一般是由工作任务、工作地点、薪资福利、工作时间、合同期限等调整及法律法规变更等造成。比较常见原因有两个:一是企业的生产经营和工作任务发生变化,一部分职工的工作岗位、工作内容可能发生变化,从而需要变更劳动合同;二是员工劳动力升值或者老化,企业需要重新根据其认定的劳动力价值给员工确定工资。另外,员工的薪酬、福利可能随着企业效益的变化而调整,也会引起劳动合同条款的变更。

（一）劳动合同变更的原则

《劳动合同法》第三十五条规定,用人单位与劳动者协商一致,可以变更劳动合同约定的内容。平等自愿、协商一致成为劳动合同变更的原则,即合同变更是当事人的意志自治。变更劳动合同,应当采用书面形式,合同文本由用人单位和劳动者各执一份。

【案例 2-10】

成功的降薪

某上市公司因市场影响而效益下滑,董事会决定减员 15%。经过多方做工作,减员达到了预期效果。

一个月后,董事会又有一个新的决定,平均每人降薪 10%。经过调用外界法律顾问的力量,总经理同意降薪 25%。随后,董事会召集副总们谈话,宣布董事会决定:副总以上管理团队,如果不愿意同舟共济、共渡难关,可以选择离开;愿意留下来的,需要降薪。最后商定,留下来的副总经理降薪 20%,并签订合同变更协议。采用同样的办法,各部门经理也相继降薪 15%,愿意留下来的员工降薪 10%,并逐一签订了劳动合同变更协议。

【讨论】从理论上讲,经营风险由投资人、雇主承担,劳动者只对劳动负责,只要完成了同样的工作,企业就应该按照约定支付相应的工资。该企业先裁员、后降薪,并签署劳动合同变更协议,符合《劳动合同法》的规定吗?假如你是该公司员工,面对这种情况,你将怎么办呢?

（二）劳动合同变更的常见问题

（1）不胜任工作导致的岗位调整。《中华人民共和国劳动法》（以下简称《劳动法》）规定：劳动者不胜任工作，要进行培训或调整岗位，如果培训或调整岗位以后仍然不胜任，可以解除合同。从这个意义上讲，如果员工不胜任工作，企业有权单方面调整其岗位，不用协商即可进行劳动合同变更。如果员工不服从岗位调整，则可解除合同。

（2）非胜任力原因的工作调整。企业在生产经营中会遇到各样的问题：产品滞销、产线调整、相关岗位取消或岗位变更等，应由企业内部管理机制来解决，不适合由劳动仲裁或法院办理。

（3）企业名称变更引起的调整。企业名称变更不需要变更劳动合同。企业新名称在行政管理部门备案即得到法律上的承认，原来与企业签订的劳动合同应继续履行，双方约定事项的本质没有发生改变。同样道理，职工姓名变更也不必跟企业签订变更合同。

（4）企业分立合并引起的调整。两个企业合为一个新的企业，严格意义上讲，职工的劳动合同可以不变更。合并以后的新企业应该将合并之前企业的所有债权债务及合同约定的权利义务全部承接下来，原合同原则上不作调整。分立是由一个企业分成两个新的企业，分立后的企业须承接原来企业对员工的义务，也可以享受原来合同约定的权利。

【案例 2-11】

调整岗位要合法

某企业在合同里约定某员工（乙方）的岗位职责，同时增加一个条款：甲方在履行合同过程中，可以根据生产经营的需要，随时调整乙方岗位，乙方应当服从。

企业认为有了这一条款可以随意调整员工岗位，但员工却不认账。

【讨论】用人单位和劳动者建立劳动关系后，用人单位购买的是劳动力的使用权和支配权，可以适当调整员工岗位和工作内容。但"合同中有约定就可以随意调整"的说法准确吗？

四、劳动合同解除

劳动合同的解除包括用人单位和劳动者双方协议解除、劳动者单方解除和用人单位单方解除三种情况。

（一）用人单位和劳动者双方协议解除劳动合同

协议解除即劳动合同经当事人双方协商一致而解除。《劳动合同法》第三十六条规定：协议解除劳动合同，即用人单位与劳动者在协商一致的情况下，可以解除劳动合同。

同时，《劳动合同法》第四十六条第二款规定：如果是双方协议解除劳动合同，且是用人单位向劳动者提出的解除合同，用人单位须向劳动者支付经济补偿金。此项规定明确排除了由劳动者向用人单位提出解除合同并由双方协商一致解除的情形，即在劳动合同的协商解除中，用人单位只对由自己单方提出并经劳动者同意后的解除支付经济补偿，不对由劳动者提出的协商解除承担补偿责任。

（二）劳动者单方解除劳动合同

单方解除即享有解除权的当事人以单方意思表示而解除合同。《劳动合同法》第三十七条规定：劳动者只要符合法定程序就可以解除劳动合同，不需特定的法定事实发生，但必须提前30日以书面形式通知用人单位。在试用期内解除劳动合同需提前3日通知用人单位。

《劳动合同法》第三十八条规定了劳动者即时解除劳动合同的六种情形，只要出现了法律规定的六种情形之一，劳动者无须向用人单位预告即可解除劳动合同，即：未按照劳动合同约定提供劳动保护或者劳动条件的；未及时足额支付劳动报酬的；未依法为劳动者缴纳社会保险费的；用人单位的规章制度违反法律、法规的规定，损害劳动者权益的；因本法第二十六条第一款规定的情形致使劳动合同无效的；法律、行政法规规定劳动者可以解除劳动合同的其他情形。

当然，用人单位以暴力、威胁或者非法限制人身自由的手段强迫劳动者劳动的，或者用人单位违章指挥、强令冒险作业危及劳动者人身安全的，劳动者可以立即解除劳动合同，不需事先告知用人单位。

（三）用人单位单方解除劳动合同

用人单位在过错性解雇、非过错性解雇、经济性裁员三种情况下可以单方面解除劳动合同。

（1）过错性解雇。过错性解雇又称即时辞退，指用人单位无须向劳动者预告就可以单方面解除劳动合同。过错性解雇一般由用人单位做出，可以立即生效，无须事先通知劳动者，而被解雇的劳动者也没有请求用人单位给付经济补偿金的权利。《劳动合同法》第三十九条规定，劳动者有下列情形之一的，用人单位可以解除劳动合同：在试用期间被证明不符合录用条件的；严重违反用人单位规章制度的；严重失职，营私舞弊，给用人单位造成重大损害的；劳动者同时与其他用人单位建立劳动关系，对完成本单位的工作任务造成严重影响，或者经用人单位提出，拒不改正的；因本法第二十六条第一款第一项规定的情形致使劳动合同无效的；被依法追究刑事责任的。

（2）非过错性解雇。非过错性解雇是指劳动者无主观过错，但基于某些客观原因，用人单位依法单方解除劳动合同的行为。非过错性解雇主要是因劳动者的身体原因和技能原因不能适应多次调整后的工作需要,用人单位在无法提供与劳动者身体或技能条件相适应的工作岗位的情况下,只能将劳动者解雇。为了保障劳动者的权益,立法对非过错性解雇做了严格的规定限制,而且还要求用人单位对被解雇的劳动者进行一定的经济补偿。

(3)经济性裁员。经济性裁员是指用人单位一次性辞退部分劳动者,以此作为改善生产经营状况的手段,其目的是保护自己在市场经济中的竞争和生存能力。经济性裁员实质上属于非过错性解雇,它是在市场经济发展中不可避免的一种现象,市场竞争导致一些企业不能清偿债务,可通过裁员来缓解企业的资金压力,以便进一步发展。因大量裁员可能造成大量劳动者失业,对社会稳定造成不利的影响,故一般对经济性裁员的立法态度是既要允许,又严格加以限制。同时,经济性裁员也属于非过错性裁员的一种,用人单位应当给予劳动者一定的经济补偿。《劳动合同法》对此做了比较具体的规定,如,依照破产法规定进行重整、生产经营发生严重困难等情形,用人单位可以进行经济性裁员,可以解除劳动合同,但用人单位应当给予劳动者经济补偿金。

【案例 2-12】

在校大学生能否与用人单位形成劳动关系? 法院这样判!

许某是某技术学院一名大三学生,预计 6 月份毕业,还未取得毕业证。利用毕业前的两个月过渡期,许某应聘了某科技公司,并成功通过面试。随后,许某与所在高校及某科技公司签订了"普通高校毕业生就业协议书",明确了许某的工作岗位、薪资等。几天后,许某入职该公司,负责数据维护工作。然而,在工作了一个多月后,公司以能力不足、违反公司规章制度为由将许某辞退,并拖欠了部分劳动报酬。

许某提起劳动仲裁,仲裁机构作出不予受理的决定。于是,许某诉至法院,要求确认其与该公司存在劳动关系,并支付拖欠的劳动工资、未签订劳动合同二倍工资差额、五一节假日两天加班工资及违法解除劳动关系经济补偿金。

庭审中,该科技公司认为许某是在校大学生,不具备劳动关系的主体资格,且双方只签订了普通高校毕业生就业协议书,与许某不存在劳动关系,不受劳动法的调整。

法院经审理认为:首先,许某为某科技公司提供劳动时已年满 20 周岁,具备与公司建立劳动关系的行为能力和责任能力。学生身份不限制许某为普通劳动者加入劳动群体,且公司在招聘许某时对其尚未取得大学毕业证是知情并认可的。其次,许某为某科技公司付出了劳动,从事的数据维护工作在公司的业务范围。最后,该科技公司向许某支付了一个月劳动报酬,许某经济从属于公司。

综上,法院认定双方存在劳动关系,并支持了许某的全部诉讼请求。

(引自:澎湃新闻,有删改。)

【讨论】在校大学生与用人单位是否存在劳动关系，需要具体情况具体分析。现行法律并未将在校大学生排除在劳动法适用主体之外，在校大学生的身份不能成为其作为劳动主体资格的限制。因此，以就业为目的，在实习期内到用人单位工作，即使未签订劳动合同，只要同时具备《劳动和社会保障部关于确立劳动关系有关事项的通知》（劳社部发〔2005〕12号）规定的情形，用人单位与在校大学生也可以存在劳动关系。查查法律条文，你怎样看待劳动关系？

（四）经济补偿金与赔偿金制度

为了保证劳动者的生活不受或少受劳动合同解除的影响，法律从经济补偿金和赔偿金两个方面对此做了规定。

（1）经济补偿金。经济补偿金是指劳动者在无过错的情况下，用人单位解除劳动合同后，企业应当承担的一项法定帮助义务。经济补偿金不是赔偿金，也不是违约金，而是劳动合同解除、用人单位依法履行对劳动者承担的一种法定的帮助义务。用人单位不需向所有被解除劳动合同的劳动者支付经济补偿金，而是只向被动接受提前结束劳动关系的劳动者提供。《劳动合同法》规定了用人单位应当向劳动者支付经济补偿金的七种情形。

《劳动合同法》规定：经济补偿按劳动者在本单位工作的年限，每满一年支付一个月工资的标准向劳动者支付。六个月以上不满一年的，按一年计算；不满六个月的，向劳动者支付半个月工资的经济补偿。劳动者月工资高于用人单位所在直辖市、设区的市级人民政府公布的本地区上年度职工月平均工资三倍的，向其支付经济补偿的标准按职工月平均工资三倍的数额支付，向其支付经济补偿的年限最高不超过十二年。月工资是指劳动者在劳动合同解除或者终止前十二个月的平均工资。

（2）赔偿金。赔偿金是指用人单位或劳动者不当解除劳动合同给对方造成损失时给付对方一定数量的金钱，是承担违约责任的形式之一，一般又称作损害赔偿或损害赔偿金。《劳动合同法》中的赔偿金制度，实际上是一种惩罚性质的赔偿制度。《劳动合同法》规定的赔偿金分为两类：一类是责令赔偿金，另一类是其他赔偿金。责令赔偿金主要针对用人单位违反《劳动法》规定的有关义务时，由劳动保障行政部门责令用人单位在履行原义务的条件下，加付给劳动者一定的金额。《劳动合同法》对劳动合同中的责令赔偿做了具体的规定。

（五）不允许解除劳动合同的情形

为了保护劳动者的合法权益，《劳动合同法》对用人单位不得解除劳动合同的情形也作了相应规定。例如，职工因公负伤并被确认丧失或者部分丧失劳动能力或患职业病的，女职工在孕期、产期、哺乳期的，等等，用人单位不得解除劳动合同。

📖 **拓展阅读**

《中华人民共和国妇女权益保障法》（2022 年修订）

第四十四条　用人单位在录（聘）用女职工时，应当依法与其签订劳动（聘用）合同或者服务协议，劳动（聘用）合同或者服务协议中应当具备女职工特殊保护条款，并不得规定限制女职工结婚、生育等内容。职工一方与用人单位订立的集体合同中应当包含男女平等和女职工权益保护相关内容，也可以就相关内容制定专章、附件或者单独订立女职工权益保护专项集体合同。

第四十五条　实行男女同工同酬。妇女在享受福利待遇方面享有与男子平等的权利。

第四十六条　在晋职、晋级、评聘专业技术职称和职务、培训等方面，应当坚持男女平等的原则，不得歧视妇女。

第四十七条　用人单位应当根据妇女的特点，依法保护妇女在工作和劳动时的安全、健康以及休息的权利。

妇女在经期、孕期、产期、哺乳期受特殊保护。

第四十八条　用人单位不得因结婚、怀孕、产假、哺乳等情形，降低女职工的工资和福利待遇，限制女职工晋职、晋级、评聘专业技术职称和职务，辞退女职工，单方解除劳动（聘用）合同或者服务协议。

女职工在怀孕以及依法享受产假期间，劳动（聘用）合同或者服务协议期满的，劳动（聘用）合同或者服务协议期限自动延续至产假结束。但是，用人单位依法解除、终止劳动（聘用）合同、服务协议，或者女职工依法要求解除、终止劳动（聘用）合同、服务协议的除外。

用人单位在执行国家退休制度时，不得以性别为由歧视妇女。

五、劳动合同终止

劳动合同终止是指劳动合同的法律效力依法消灭，亦即劳动合同所确立的劳动关系由于一定法律事实的出现而终结，劳动者与用人单位之间原有的权利和义务不复存在。我国《劳动法》规定，劳动合同期满或者当事人约定的劳动合同终止条件出现，劳动合同即行终止。《劳动合同法》规定，有下列情形之一的，劳动合同终止：劳动合同期满的；劳动者开始依法享受基本养老保险待遇的；劳动者死亡，或者被人民法院宣告死亡或者宣告失踪的；用人单位被依法宣告破产的；用人单位被吊销营业执照、责令关闭、撤销或者用人单位决定提前解散的；法律、行政法规规定的其他情形。

六、劳动争议解决

《劳动法》规定：劳动争议发生后，当事人可以向本单位劳动争议调解委员会申请调解；调解不成，当事人一方要求仲裁的，可以向劳动争议仲裁委员会申请仲裁。当事人一方也可以直接向劳动争议仲裁委员会申请仲裁。对仲裁裁决不服的，可以向人民法院提起诉讼。

（一）协商程序

协商是指劳动者与用人单位就争议的问题直接进行协商，寻找解决纠纷的具体方案。当事人不愿协商、协商不成或者达成和解协议后不履行的，可以向调解组织申请调解。当事人申请劳动争议调解可以书面申请，也可以口头申请。《中华人民共和国劳动争议调解仲裁法》（以下简称《劳动争议调解仲裁法》）规定：经调解达成协议的，应当制作调解协议书。自劳动争议调解组织收到调解申请之日起十五日内未达成调解协议的，当事人可以依法申请仲裁。

（二）仲裁程序

仲裁程序是劳动纠纷的一方当事人将纠纷提交劳动争议仲裁委员会进行处理的程序。劳动仲裁调解对象是特定单一的，适用于用人单位与职工之间劳动权利义务方面的纠纷。《劳动争议调解仲裁法》规定：发生劳动争议的劳动者和用人单位为劳动争议仲裁案件的双方当事人。劳务派遣单位或者用工单位与劳动者发生劳动争议的，劳务派遣单位和用工单位为共同当事人。劳动争议仲裁委员会收到仲裁申请之日起五日内，认为符合受理条件的，应当受理，并通知申请人；认为不符合受理条件的，应当书面通知申请人不予受理，并说明理由。对劳动争议仲裁委员会不予受理或者逾期未做出决定的，申请人可以就该劳动争议事项向人民法院提起诉讼。

（三）诉讼程序

《劳动法》规定：劳动争议当事人对仲裁裁决不服的，可以自收到仲裁裁决书之日起十五日内向人民法院提起诉讼。一方当事人在法定期限内不起诉又不履行仲裁裁决的，另一方当事人可以申请人民法院强制执行。诉讼程序具有较强的法律性、程序性，做出的判决也具有强制执行力。

🐞 活动与训练

模拟仲裁庭审理劳动纠纷案

一、活动目标

掌握劳动纠纷的解决途径及方法，学会依法保护自己的合法权益。

二、活动时间

建议 30 分钟。

三、活动流程

(1) 学生收集关于劳动合同签订、薪酬待遇、工资支付等发生的劳动争议案件。通过查阅资料,找到解决劳动纠纷的相关法律依据,并请学校法律顾问给予指导。

(2) 以小组为单位进行研讨,然后让同学分别饰演法官、律师、用工单位老板、劳动者、证人等角色,模拟仲裁程序,其余同学当观众。

(3) 教师点评。

🔍 探索与思考

1.有人认为,试用期就是老板想给你多少钱就给你多少钱。你赞同这种观点吗? 为什么?

2.解决劳动争议的途径有哪些?

意 蕴 篇

模块三　刚健有为，以劳树德

📖 模块导读

本模块主要包括两个方面的内容：一是中国传统文化中崇尚劳动、苦干实干的劳动美德，在劳动过程中锻造坚韧、刚健的人格品质；二是劳动要树立远大的理想，立高远之志、坚忍不拔之志，使之成为人生奋斗的指引和砥砺前行的动力，并通过劳动体验人生的幸福。

单元一　行　健　自　强

📑 名人名言

天行健，君子以自强不息。

——《周易》

🎯 学习目标

1. 了解中国传统社会对劳动的推崇。
2. 理解中华民族苦干实干精神的具体表现。
3. 从传统文化的角度理解劳动乃人生之根本的深刻内涵。

📋 案例导入

大禹治水的故事

传说在远古的尧帝时期，黄河流域经常洪水泛滥。尧帝派鲧负责洪水治理。鲧以"堵"的方式治水失败，最后被放逐到羽山而死。舜帝继位以后，任用鲧的儿子禹治水。

根据《尚书》《史记》等典籍记载。禹总结父亲的治水经验，采用"疏顺导滞"的方法，平息了水患，使人民群众安居乐业，天下得以太平。大禹为了治理洪水，长年在外与民众一起奋战，置个人利益于不顾，"三过家门而不入"，在自然条件非常恶劣的情况下，翻山越岭，淌河过川，规划水道，引洪水入海。禹为了治水，费尽周折，不辞辛劳，脸晒得漆黑，腿不仅没有任何赘肉，甚至连一点汗毛都没有，因为都在治水的过程中，消磨干净了，而双手双脚，则堆满了厚厚的老茧。大禹治水 13 年，耗尽心血与体力，终于完成了治水大业。

【分析】大禹治水发生在上古时期的原始社会,生产力落后,自然条件十分艰苦。但他一靠智慧,二靠勤劳,终于治水成功。今天,我们已经进入信息化、智能化时代,已不用"泥行乘橇,山行乘檋",但人们适应和改造自然的基本规律没有变,仍需我们弘扬大禹治水精神,以智慧和汗水去攻克行进路上的一个又一个难关。

一、尚劳崇勤是中国传统文化的重要内容

中华民族在长达数千年的历史进程中,形成了许多优秀的道德品质,其中,"勤劳"为最重要的高频词之一。上古时期的神农氏、尧、舜、禹就形成了重视劳动的优良传统,中国历代的礼仪制度、社会风俗、家训家风等都有许多重视劳动的记载。

（一）国家层面对劳动的推崇

"勤劳"一词最早见于《尚书·金縢》,是周成王对其叔父周公的称赞:"昔公勤劳王家,惟予冲人弗及知。"意思是从前周公勤劳王室,当时我尚年幼有所不知。

作为我国最早的一部历史文献汇编,《尚书》中有不少赞赏君王和官员勤于政务的记载。如称赞帝尧德行时说:"无教逸欲,有邦兢兢业业,一日二日万几。"意思是说治理国家的人不要贪图安逸和私欲,要兢兢业业,因为每天的情况都变化万端。周成王对周文王的旧臣说"尔知文王若勤哉",赞美文王勤劳。同时,国家也对民众的勤劳高度认同,商王盘庚希望臣下"若农服田力穑,乃亦有秋",意思是希望臣下对待国事（迁都）应像农民从事田间劳动,只有努力耕种,才会大有收成。

古代对劳动的重视在传统礼仪制度中也多有体现,《礼记·祭义》对天子、诸侯参与农业生产劳动也有明确的规定:"君子反古复始,不忘其所由生也,是以致其敬,发其情,竭力从事,以报其亲,不敢弗尽也。是故昔者天子为藉千亩,冕而朱纮,躬秉耒。诸侯为藉百亩,冕而青纮,躬秉耒,以事天地、山川、社稷、先古,以为醴酪齐盛,于是乎取之,敬之至也。"

天子或诸侯到了春耕的时候,都要戴上礼帽,亲自执犁耙在田地里耕作,耕田所得的收入,用来祭祀天地、山川、社稷和先祖。

这些价值取向和做法被历代君王承袭下来,重视劳作、鼓励勤劳成为中国优秀传统的一部分。

（二）民俗活动体现对劳动的重视

中国传统文化中以社稷指代国家,而"社"和"稷"原指土地神和五谷神。古代君王设有社稷坛,每年都要到郊外祭祀土地神和五谷神,祈求国事太平、五谷丰登。乡间百姓也可以立社祭祀土地神,民间祭祀土地神的"社日"成为睦邻欢聚的日子,同时还有各种欢庆活动,流传至今的"社戏""社火"就是例子。

除了祭祀活动，丰富的节日文化活动中更体现了民间对劳动的重视。

农历"二月二"，俗称"龙抬头"，还被称为"中国古代的劳动节"。从西周开始，每年二月二这天，国君就会带着文武大臣亲自下地，拿起农具开荒耕地，到了唐代，二月二被官方指定为"耕事节"或"劳农节"，成了"法定节日"。后来，民间就流传出一首打油诗，生动地反映了古代人民对二月初二"劳农节"的重视。

二月初二龙抬头，天子耕地臣赶牛。正宫娘娘来送饭，当朝大臣把种丢。春耕夏耘率天下，五谷丰登太平秋。

"清明"和"谷雨"也是传统的劳动节日。有农谚说"清明谷雨两相连，浸种耕田莫迟延"，侗族也有"清明下旱种，谷雨撒迟秧"的说法。这些谚语和诗句说明清明到谷雨这十几天因气候的原因特别适合劳作播种。

经历了春耕、夏耘，秋收也是一年之中的农忙之季。九月九大抵是结束一年劳作的日子。在收成看天的古代社会，重阳为"辞青"日。重阳的源头，可追溯到先秦之前，《吕氏春秋》中《季秋纪》记载：

"（九月）命冢宰，农事备收，举五种之要。藏帝籍之收于神仓，祗敬必饬。""是月也，大飨帝，尝牺牲，告备于天子。"

可见当时已有在秋九月农作物丰收之时祭飨天帝、祭祖，以谢天帝、祖先恩德的活动，到了后来就逐渐形成了民间传统的农俗之一——"晒秋"（农民晾晒农作物于田间地头、房前屋后、悬窗屋顶等场所）。

【案例3-1】

古代妇女的劳动节——乞巧节

每年的农历七月初七，就是传统的七夕节，因为有了"牛郎织女"的美丽爱情传说，使其被认为是中国最具浪漫色彩的传统节日，被称为中国的"情人节"。实际上，在古代，这一天更为重要的一个身份是"乞巧节"（图3-1）。

图3-1　乞巧节民俗

该节日源于汉代，这一天，穿着新衣的少女们在庭院向织女星乞求智巧，称为"乞巧"。据说，七姐是天上的织布能手，旧时妇女乞求她传授心灵手巧的织布技艺。乞巧，其实也是"斗巧"，女孩子们比赛穿针引线及蒸巧饽饽，以及用面塑、剪纸、彩绣等做装饰品等。谁的手艺好，谁就得巧。这一习俗在民间也经久不衰，代代延续。

【讨论】传统的七夕也是古代女孩子们乞求心灵手巧、争奇斗巧，展示自己劳动风采的时候。这一习俗蕴含着什么样的价值追求？在数字化、智能化的今天，它有什么新的意义？

（三）历代家训家风对劳动的提倡

勤劳是中华民族的传统美德，世代相传，成为历代家训家风中的一项重要内容。南北朝时期颜之推的《颜氏家训》影响深远。颜之推虽出身于官宦人家，但是非常重视农业生产，鼓励子弟参与劳动，培养他们热爱劳动、自强自立的品格。他说：

"古人预知稼穑之艰难，斯盖贵谷务本之道也。夫食为民天，民非食不生矣，三日不粒，父子不能相存。耕种之，薅锄之，刈获之，载积之，打拂之，簸扬之，凡几涉手而入仓廪，安可轻农事而贵末业哉！"

"民以食为天"，颜之推的这些看法看上去非常朴素和实际。这种以稼穑为先的重农思想，强调了对劳动品德的培养。

南宋著名诗人陆游在家训中根据自己的生活经历和经验，给儿孙提出了上、中、下三种人生道路：

"吾家本农也，复能为农，策之上也。杜门穷经，不应举，不求仕，策之中也。安于小官，不慕荣达，策之下也。舍此三者，则无策也。"

陆游把以农为本、勤力劳作作为儿孙安身立命的上等选择。作为诗人，陆游还以诗歌的形式传递崇尚劳动的家风，如春雨润物，成为古代家庭教育的一段佳话，如"吾家世守农桑业，一挂朝衣即力耕""畜豚种菜养父兄，此风乃可传百世""更祝吾儿思早退，雨蓑烟笠事春耕"……

清代朱柏庐也多次论及要勤做家务，积极参加生产生活劳动，其《朱子家训》开篇即言：

"黎明即起，洒扫庭除，要内外整洁。既昏便息，关锁门户，必亲自检点。"

晚清时期的曾国藩被认为是"立德、立功、立言"的"三不朽"圣人，也非常重视对子弟的劳动教育。他告诫家人要克勤克俭：

"凡仕宦之家，由俭入奢易，由奢返俭难，尔年尚幼，切不可贪爱奢华，不可惯习懒惰。无论大家小家、士农工商，勤苦俭约，未有不兴，骄奢倦怠，未有不败。"

在曾国藩看来，勤俭不仅关乎个人成长成才，而且关系到家族的振兴与延续。曾国藩以传统君子人格要求自己，以勤劳节俭约束自己，不但不觉得苦，反而在劳动中体会到快乐。他的这种严于律己、以身作则的精神也为传承勤劳节俭的家风做出了表率。

二、笃实奋进是中华民族的优秀品质

（一）知行合一的实干精神

"空谈误国，实干兴邦"，实干首先就要脚踏实地劳动、实践，拒绝虚化与浮华。这是根植于中国农耕社会文明的一种民族精神，是数千年来中华儿女生生不息、继往开来的重要保障。

孔子强调"敏于行""敏于事"，认为"力行近乎仁"。在他看来，人要身体力行做一个君子，竭力实践、勉力而行，就是接近于"仁"的美好品质。

墨子是一位伟大的劳动者、实践者，他强调笃实力行，高度重视劳动，认为劳动是生存的第一要义，提出"赖其力者生，不赖其力者不生"的观点，并强调"君子勤奋于事"。他的学生也积极从事劳动实践，"手足胼胝，面目黧黑"。

荀子的名言："道虽迩，不行不至；事虽小，不为不成。"（《荀子·修身》）强调踏实笃行。

历史上，众多有识之士都强调实干——"行"，如南朝刘勰"操千曲而后晓声，观千剑而后识器"（《文心雕龙》）；司马光"学者贵于行之，而不贵于知之"；陆游则在冬夜里告诫儿子："纸上得来终觉浅，绝知此事要躬行"；朱熹则曰："知之愈明，则行之愈笃；行之愈笃，则知之益明。"

实干者天不负，在长期的实践中，中华民族形成了以实为基础的文化观念，如诚实、踏实、务实，形成了重视实干、反对空谈的实践精神，这种精神在当代劳动生活中仍有着经久不衰的魅力。

（二）艰苦奋斗的苦干精神

中华民族历来崇尚艰苦奋斗，远古神话中感人至深的故事如夸父追日、精卫填海、愚公移山等都赞美一种为追求美好生活而持之以恒、艰苦奋斗的精神。

孟子言："天将降大任于是（斯）人也，必先苦其心志，劳其筋骨，饿其体肤，空乏其身，行拂乱其所为，所以动心忍性，增益其所不能。"

司马迁在《报任安书》中的这段话正是对孟子这段名言的生动注解：

"盖文王拘而演《周易》；仲尼厄而作《春秋》；屈原放逐，乃赋《离骚》；左丘失明，厥有《国语》；孙子膑脚，《兵法》修列；不韦迁蜀，世传《吕览》；韩非囚秦，《说难》《孤愤》；《诗》三百篇，大底圣贤发愤之所为作也。"

东汉的张衡在《应闲》中写道："人生在勤，不索何获"；唐代韩愈在《进学解》中提醒人们："业精于勤荒于嬉，行成于思毁于随。"宋代欧阳修在《伶官传序》中警示人们："忧劳可以兴国，逸豫可以亡身。"这些古代故事和名言警句都包含着艰苦奋斗、不懈努力的品质，值得我们反复品味和践行。

对于吃苦耐劳精神的解读，我国历史上有不少典故。例如，"韦编三绝"，相传孔子读了很多遍《易》，读来读去，以至于串联竹签的牛皮带子都被磨断了。再如，越王勾践卧薪尝胆，终能回国率臣民屯田练兵数十载，使越国富强，会盟称雄；东晋理论家葛洪以苦读为人所知，尽管"饥寒困瘁""先人典籍荡尽"，仍"负笈徒步"；匡衡"勤学而无烛"，于是"穿壁引其光，以书映光而读之"……这样的例子不胜枚举。

【案例 3-2】

中国教育史上的奇迹——西南联大

1937年"卢沟桥事变"后，京津地区的三所著名高校——"国立北京大学""国立清华大学"和"私立南开大学"被迫南迁，组成长沙临时大学，1938年4月又西迁昆明，改称"国立西南联合大学"（简称西南联大）。西南联大在云南整整8年，1946年解散，三校分别迁回北京、天津复校。西南联大堪称中国教育史上一座丰碑：在最艰苦的条件下，保存了最完好的教育方式，培养出了一批最优秀的人才。除了一流的学术水平，联大师生的道德和人格力量，特别是其艰苦奋斗精神，更是值得后世敬仰。

艰难困苦，玉汝于成。当年全体师生携带教材书籍实验器皿等辎重物资，在炮火中南下辗转迁徙，其中一路是200多名师生组成的湘黔滇旅行团。他们从长沙出发，历经68天跋涉，行走1650多公里，其中步行约1300公里，最终抵达昆明，其间的险恶艰难难以细数。西南联大办学经费奇缺，校舍简陋，仪器匮乏，图书不足，生活艰苦卓绝。吴大猷教授捡拾市场牛骨熬煮；牛圈大师华罗庚深夜奋笔疾书，跪在泥水中几十分钟寻找眼镜；文学大师朱自清披着云南跑马人的旧披毡；物理大师吴有训裸露着脚趾头……但就是在这样战火中简陋至极的条件下，只存在了8年的西南联大（图3-2），却从中走出了2位诺贝尔奖获得者、8位"两弹一星功勋奖章"获得者、5位国家最高科学技术奖获得者和173位"两院"院士，创造了教育史上的奇迹。

图3-2　西南联大大门

【讨论】结合其校训"刚毅坚卓"，说说在战火纷飞之际，在学习、生活、工作条件都极其恶劣的环境中，西南联大——这一教育史上的奇迹是如何发生的。当今社会的大学生还需培养"刚毅坚卓"的精神品质吗？

三、以劳润心是个人安身立命的首要基础

（一）劳动是生存自立的前提

"日出而作，日入而息。凿井而饮，耕田而食。帝力于我何有哉？"

这是古书中记载的我国远古尧帝时代的民歌《击壤歌》。劳动辛苦，但劳动也给了老百姓最充足的底气和豪气，一句："帝力于我何有哉？"何其自由，何其自豪！

劳动是生存自立之本。墨子教育弟子说，"故圣人作，诲男耕稼树艺，以为民食""食者国之宝也""民无食则不可事，故食不可不务也"。民不可无食，食必须通过劳动获得。

南朝梁代时期萧统的"一年之计在于春，一日之计在于晨，一家之计在于和，一生之计在于勤"为传世之佳句，提倡人应该勤劳。

元代理学家许衡提出"学者以治生最为先务"的著名论断，他认为学者首先要解决生存生活的问题，治生是治学的物质基础。

明代学者吕坤说："一年不务农桑，一年忍饥受冻。"

明末清初学者张履祥提出："治生以稼穑为先，舍稼穑无可为治生者。"他认为农事能使人保持良好品性，并有利于世道人心。

如果说以上是历代学者总结出来的深刻道理，那陶渊明的诗作《庚戌岁九月中于西田获早稻》，则是以诗歌的形式真切地描绘劳动实践的场面，抒写劳动带给自己的感受与体验。

> 人生归有道，衣食固其端。孰是都不营，而以求自安。
> 开春理常业，岁功聊可观。晨出肆微勤，日入负耒还。
> 山中饶霜露，风气亦先寒。田家岂不苦？弗获辞此难。
> 四体诚乃疲，庶无异患干。盥濯息檐下，斗酒散襟颜。
> 遥遥沮溺心，千载乃相关。但愿长如此，躬耕非所叹。

陶渊明辞官归隐后，举起锄头，躬耕南亩，成为一名地地道道的农民，在辛劳与汗水中享受人生的另一境界，田园劳动带给他离开官场后的人格独立与自由。

【案例3-3】

戏剧大师汤显祖的两首"学种田"诗

明代著名戏剧家汤显祖一生热爱劳动、亲近劳动大众。他曾在浙江遂昌任知县五年，重教化、课农桑，勤政恤民，口碑载道。每年春耕时节，他与农民一起劳作，并兴奋地在《班春》诗中写道："家家官里给春鞭，要尔鞭牛学种田。盛与花枝各留赏，迎头喜胜在新年。"

汤显祖不仅注重"班春劝农"，鼓励百姓投入农业生产，而且把教子务农、耕读传家看成是修身齐家的重要内容。他曾作诗《望耆儿》给儿子："雨过杏花寒食节，秣陵春色也依然。闲游不是儿家业，大好归来学种田。"教导儿子年轻人不可闲游，虚度时光，应该及时返回故乡"学种田"，重视农桑，参加劳动，这样才是正道。

【讨论】汤显祖是戏剧大师，创作了《牡丹亭》这样浪漫优美的传世之作。而这两首"学种田"却朴实无华，非常接地气。在汤显祖的时代，文学家、官员应为"劳心者"，但他却力主"劳力"，你怎么看待他的这一反差？

（二）劳动锻造刚健人格

劳动可以培养优良的品德和强健的身体。《国语》记载，春秋时期以贤惠著称的女性敬姜在教育儿子勤俭节约，不要贪图安逸时说：

"夫民劳则思，思则善心生；逸则淫，淫则忘善，忘善则恶心生。沃土之民不材，逸也。瘠土之民莫不向义，劳也。"

指出了劳可培善、逸则生恶的道德培养路径。

从古往今来的诸多事例中我们不难发现，劳动赋予劳动者坚忍不拔、积极乐观的品质，走近他们，就能真切地被感动并由衷地尊重他们。苏轼被贬黄州，为维系一家老小生活，开垦城东荒地，开始农夫生涯。经过艰苦劳动，他把一块荒废十年的坡地变为可以长出树木庄稼的田地，吃到了自己种植的大米。自此，苏轼就给自己取了一个日后响彻天下的名号——东坡居士。在城东坡地的辛勤劳作中不仅收获了粮食，更锤炼出一个坚韧、乐观、豁达的伟大灵魂。

明末清初思想家、教育家颜元揭露传统教育严重脱离实际的弊端，重视对学生进行劳动教育，认为劳动使人"正心""修身"、去除邪念，还可以使人勤劳上进、克服怠惰。清代学者汪辉祖在批判"幼小不宜劳力"观点时指出："欲望子弟大成，当先令其习劳。"他认为，古来成功的将相，没有一个是软弱而不耐劳苦的。

总的来说，劳动可以培养学生知难而进、克服万难、进取向上的善良品格，使人的心智得到充分的锤炼，从而不断丰富和提升自己。

📖 拓展阅读

勤为人之本

马　军

"勤"字为人生要义。

我们常说"一年之计在于春，一日之计在于晨"，但很少有人知道它后面的话。后面两句是"一家之计在于和，一生之计在于勤"，出自明朝《增广贤文》。古代戏曲《白兔记·牧牛》则说："春若不耕，秋无所望；寅若不起，日无所办；少若不勤，老无所归。"一个勤字，道尽兴旺发达、持盈保泰之道。

"勤"字，左"堇"，为黏土；右"力"，为筋，属六书中的形声字。《说文解字》云："勤，劳也。从力、堇声。"古人为注，或曰"勤者，劳力也"；或曰"勤，苦也"。可见，勤的本意就是做事不怕辛劳，不惜汗水，埋头苦干，持之以恒。由此可知，有勤万事可期；反之，则一事无成。

古人对此有极为深刻的理解和认识。

唐代文学家韩愈这样说："书山有路勤为径，学海无涯苦作舟。"他告诫莘莘学子，如果想要攀登知识的山峰，那勤奋就是成功登顶的唯一路径；如果想在无际的知识海洋里做弄潮儿，也只有勤苦力学才能抵达成功的彼岸。

宋真宗赵恒也有一首著名的《劝学诗》，他用极简的笔墨道出读书的诸多好处，虽然书中未必有黄金屋，也未必有颜如玉，但读书本身便是一件有意义的事。有志男儿，不论人生理想是什么，总是要先向书中求索一番，因此便有了战国苏秦锥刺股、西汉孙敬头悬梁、西汉匡衡凿壁借光、晋代车胤和孙康囊萤映雪苦读不辍的典故流传千年。

勤是一个化腐朽为神奇的魔法师，能将一切看似绝无可能的东西变成可能。

勤能补拙。曾国藩本是一个资质不甚出奇的平常人，曾有一个关于他读书不敏的故事，流传颇广。这个故事说的是，有一晚，十多岁的曾国藩在书房中背诵范仲淹的名篇《岳阳楼记》，恰有一小偷潜入房中，附在房梁上等他背完下手。哪知曾国藩背了一晚上还没背下来，倒是小偷却背下来了，可见曾国藩资质平常。

但曾国藩却能成就一番大事业，其中关键就在勤："一曰身勤：险远之路，身往验之；艰苦之境，身亲尝之。二曰眼勤：遇一人，必详细察看；接一文，必反复审阅。三曰手勤：易弃之物，随手收拾；易忘之事，随笔记载。四曰口勤：待同僚，则互相规劝；待下属，则再三训导。五曰心勤：精诚所至，金石亦开；苦思所积，鬼神迹通。"曾任职于曾国藩湘军总办营务处、光绪年间升任闽浙总督的何璟评价曾国藩"一钱一粟，非苦心经营，则不能得；一升一勇，非苦口训诫，则不能战"，极好地诠释了曾国藩以勤补拙、以勤大成的秘诀和根由。

勤能兴家。中国古代著名的治家经典《朱子家训》开篇即言："黎明即起，洒扫庭除，要内外整洁。"每天晨曦初露就要起床，先用水来洒湿庭院内外，然后不留死角彻底清扫一遍，使里里外外整洁干净，既有个焕然一新的感觉，又使全家精神一振。这看似微不足道的小事好像没什么，却能使家庭中的每个成员都习以为常地养成一个勤劳、不敢懈怠的好习惯。滴水可穿石，铁杵可成针，习惯成自然往往具有决定性意义。

《左传》有："民生在勤，勤则不匮。"百姓的日子都在勤字上，只要能够勤劳，舍得辛苦，就不会没有衣食。"农果力耕，虽有饥馑，必有丰年；商果积贸，虽有壅滞，必有通时。"农夫果真能够辛勤耕作，那么即便有饥馑之时也必定会有丰收之年；商人如果能够老老实实存货，即便遇有积压也必定会有畅销之时。总之一句话，只要勤劳肯吃苦，就一定有饭吃，有幸福的生活。

勤能致治。"勤"是中国古代重要的为官箴言。元朝有一本很有名的《吏学指南》，教授为吏之道，此书将勤看成是官吏的重要品质，"早入晏出，奉公忘私，虽休勿休，恪勤匪懈；呈押文字，发遣公事，务为敏速，耻犯稽迟；躬操笔砚，不仰小吏，手阅簿书，不辞劳役。"清朝《居官镜》也有："黾勉从公，夙夜匪懈。"官员一心为公，屏除杂务，勤于政事，从早到晚毫不懈怠，使事无积滞，则必政通人和，百废俱兴，万民安乐。

宋代政治家、思想家真德秀认为"当官者一日不勤，下必有受其弊者"。官员一日不勤，就免不了要受蒙蔽；而一贯懒散无为，尸位素餐，就会积弊丛生，问题百出，使许多事情发展到不可收拾的地步，懒政是要不得的。

"功崇惟志，业广惟勤。"成就不朽伟业者，未必有过人之智，但必有过人之勤。正所谓天道酬勤，一勤天下无难事。

（引自：中央纪委国家监委网，2021年4月21日。）

（三）劳动是健体养生之道

从古至今，劳动是人类生存和发展的重要基础，是强身健体的重要途径，是促进人们身心健康的重要保障。对于劳动健体养生，古人早有精辟论述。

唐代孙思邈在《千金方》中记述："养性之道，常欲小劳，但莫大疲及强所不能堪耳。且流水不腐，户枢不蠹。以其运动故也。"

宋代苏轼说："善养生者，使之能逸而能劳。"

我国流传甚广的《十叟长寿歌》中也有"服劳自动手"之说。

明末清初的学者颜元认为："养身莫善于习动，夙兴夜寐，振起精神，寻事去作，行之有常，并不困疲，日益精壮。"（《颜元集》）并提出"常动则筋骨竦，气脉舒"，意思是劳作使人身体强健。

除了学者们对劳动健体的论述，古代诗人们也用诗歌的形式生动地传递出了这一观点。大诗人陆游就写了不少反映注重劳动锻炼、强身健体的作品，如这首《灌园》：

八十身犹健，生涯学灌园。溪风吹短褐，村雨暗衡门。

眼正魔军怖，心安疾竖奔。午窗无一事，梨枣弄诸孙。

写出了陆游在80岁的时候还学着去浇灌田园，没事时与孙辈在梨枣树下嬉戏的情景，表达了诗人热爱劳动、热爱田园生活的闲情逸致。看得出来，长期从事劳动也是诗人高寿的原因之一。

因此，在劳动中我们可以陶冶情操、释放生活中的种种不如意，从而疏解压力，怡然自得健康，达到健康长寿的目的。

⏱ **活动与训练**

劳 动 体 验

一、活动目标

观察技能大师、技艺大师的工作过程，并亲自动手操作，体验成果的来之不易，感悟劳作之情。

二、活动时间

建议45分钟。

三、活动过程

（1）走访参观。组织学生到一手工制作类的非物质文化遗产基地或机械制造工厂进行参观学习，观察、感受制作者们高超的技艺水平、精雕细琢的工匠精神，体会他们身上的劳动品质。

（2）动手操作。参观之后，在相关人员的指导下，学生自己动手操作，体验劳动制作的过程并完成一个作品或某一生产环节。

（3）分享交流。将自己的作品与大师的作品进行比较，说说有何差别和自己的劳动感受。

🔍 **探索与思考**

1. 在信息化、智能化的今天，我们还需要弘扬大禹治水的精神吗？为什么？

2. 随着经济社会的发展，人们的生活条件得到极大改善，青年学生不就业似乎不会给家庭带来多大负担，于是有的家庭出现孩子大学毕业不就业、父母辛勤打拼供养子女的情况，你觉得合理吗？你怎么看待这一现象？

单元二　有 志 始 勤

👉 **名人名言**

古之立大事者，不惟有超世之才，亦必有坚忍不拔之志。

——（北宋）苏轼

🎯 **学习目标**

1. 理解青少年时期立志的紧迫意义。

2. 理解远大而坚定的志向在劳动成就中的推动作用。

3. 学会以劳践志，用辛勤劳动和艰苦奋斗实现自己的志向。

案例导入

少时文天祥参拜文庙立下大志

南宋政治家、民族英雄文天祥，从小就有远大志向。他是江西吉水人，七八岁时，有一天他去吉水的文庙参观。他见文庙中除供奉着孔、孟、颜、曾等古代圣贤以外，自己的同乡先辈欧阳修、杨邦义、胡铨也在那里受到供奉，这些先辈的神位上，都有带"忠"字的谥号。文天祥看后内心深受感动，从此就立志长大后也要做个后世敬仰的忠臣。他对人说："如果不成为其中的一员，那我就枉为大丈夫！"自从立定了远大志向后，他读书就更加勤奋刻苦了。

功夫不负有心人，18岁时，饱读诗书的文天祥获庐陵乡校考试第一名，20岁时前往京城临安（今杭州）会试，对策集英殿，写出万字长文，宋理宗亲点他为头名状元。当时的主考官王应麟说："文天祥的试卷引用历史典故为鉴戒，表现出了铁石一样的忠肝义胆，大宋能有这样的人才，真是大有希望了。"

【分析】文天祥是南宋著名的政治家、文学家、抗元名臣、民族英雄，年仅20岁就考取进士第一，后来在元军南下进攻南宋时起兵勤王，这与他少年时所立志向密切相关。志向是一个人积极进取、奋发有为的动力，它影响和决定着一个人的成长方向，早立志、立大志是人生取得大成就的基础。

一、年少立志是奋斗成才的重要基石

（一）为学须先立志

古代思想家、教育家历来重视为学，为学首先强调"立志"。

孔子在《论语·为政篇》有言：

"吾十有五而志于学，三十而立，四十而不惑，五十而知天命，六十而耳顺，七十而从心所欲，不逾矩。"

在这一段中，孔子自述了他学习和修养的过程。这一过程，是一个随着年龄增长，思想境界逐步提高的过程，而最基础的就是其年少时的立志。立志，是为学的动力，它解决"为什么而学"这样一个根本问题。

宋代大儒程颐治学时也十分重视立志，他说："志立则有本。譬之艺术，由毫末拱把、至于合抱而干云者，有本故也。"志向是治学的根本，就像树木成长一样，由极微小的种子破土生长，长至参天大树，无非是因为有了根本。

宋代理学家张载认为："人若志趣不远，心不在焉，虽学无成。"

明末思想家王阳明在《示弟立志说》信中谆谆教导：

"夫志，气之帅也，人之命也，木之根也，水之源也。源不浚则流息，根不植则木枯，命不续则人死，志不立则气昏。是以君子之学，无时无处而不以立志为事。"

王阳明将志向看作是气（可以把"气"理解为能量、生命力）的统帅，是人的性命、树木的根、水的源头。没有志向的人，就是无根之木、无源之水。可见，立志是为学、为人、为事的基础，这一点亦为古之有大成就者所实证。

【案例3-4】

少年陆游的家国情怀

陆游是南宋时期的文学巨匠和爱国诗人，以其深厚的文学造诣和激昂的爱国情怀而闻名于世。

陆游生活的时代正是宋王朝遭受外族入侵的艰难时世。他虽然出身在一个世代书香的家庭，但从小就经受了国家被侵略、民族遭受欺凌的巨大痛苦，他看到了无数百姓背井离乡、辗转沟壑的悲惨处境，他还目睹了长辈"言及国事，或裂眦嚼齿，或流涕痛哭"，宁愿牺牲生命也想恢复河山的悲愤之情。在这样的生活环境下，忧国忧民的思想根植在陆游心灵深处，他在少年时期就立下"扫胡尘""清中原"的宏愿，以报国为己任，决心以自己的文才武略为恢复中原的事业作出贡献。

有了这份使命感，陆游发奋读书，在四书五经上下狠功夫，以期一举中第，为国献策；他广交名士，与一众爱国志士畅谈救国经略；他从小习武，刻苦练习剑术。少年立志的陆游很快崭露头角。《宋史·陆游传》记载他"年十二，能诗文"；十五六岁，便小有名气；十九岁，被当时的大儒曾几收为弟子；二十八岁，临安应考，拔得头筹。

这份志向伴随其终身。虽然由于时代的原因，陆游（图3-3）壮志难酬，但他用豪荡雄伟的诗歌把爱国主义的主题高扬到前无古人的高度，成为传统文化中爱国主义精神的典范。

图3-3　陆游雕塑

【讨论】少年陆游为什么会有"扫胡尘""清中原"的宏愿？结合他的成长环境谈谈你的理解。你还知道哪些少时即立志的名人？你的心中有没有"宏愿"？你愿意为之做什么呢？

（二）志不强者智不达

智商天赋并不直接决定着一个人的成功与否。战国时期的思想家墨子有一句名言："志不强者智不达。"（《墨子·修身》）他认为意志不仅是重要的道德品质，而且对一个人的知识才能有着直接影响，志向不坚定者难以发挥其聪明才智，只有具备远大志向的人方能不断增长才干和智慧。

诸葛亮在《诫子书》中说："非学无以广才，非志无以成学。"

东汉著名学者徐干认为，在学习上如果没有志向，即便是天才也不能成功。他指出：

"虽有其才，而无其志，亦不能兴其功也。志者，学之师也，才者，学之徒也。学者不患才之不赡，而患志之不立。是以为之者亿兆，而成之者无几，故君子必立其志。"（《中论》）

苏轼幼时就有"发愤识遍天下字，立志读尽人间书"的宏大志向，纵然天资勃发，仍是从小苦读诗书，甚至还养成了抄书的习惯，学习《汉书》就曾三次手抄。而王安石笔下的"方仲永"则是令人叹息的另一典型，幼时方仲永通达聪慧，可惜却被父亲带着忙于名利，未能立下远大志向，最终泯然于众人之中。

清代学者王夫之认为："志立则学思从之，故才日益而聪明盛，成乎富有；志之笃，则气从其志，以不倦而日新。"意思是志向一旦确立，发愤学习、认真思考的劲头就会随之而来，因此才识一天比一天增长，智慧越来越充盛。志向确立不变，精神就会集中到努力追求的志向上来，从而做到全力以赴、孜孜不倦，深刻地阐述了"志"和"学"的关系。

（三）年少正是立志时

青少年时期处于理想酝酿、志向形成的黄金时期。一个人要有所作为，为社会做出一番贡献，在青少年时期就立下宏愿至关重要。

年少时期也是生命力勃发的鼎盛时期，最易立下远大志向。正如梁启超先生在《少年中国说》中所说："少年人常思将来，故生希望心，故进取，故日新。"历代不少诗人都曾写下描述年少时期壮志昂扬的诗句，如陶渊明的"猛志逸四海，骞翮思远翥"（《杂诗·忆我少壮时》）；曹植的"捐躯赴国难，视死忽如归"（《白马篇》）；杜甫的"会当凌绝顶，一览众山小"（《望岳》）；李白的"天生我材必有用，千金散尽还复来"（《将进酒》）；北宋神童汪洙的"将相本无种，男儿当自强"（《神童诗》）……均洋溢着朝气蓬勃的生命力和对未来的自信与追求。

王阳明在《教条示龙场诸生》中教导学生："立志而圣则圣矣，立志而贤则贤矣。"青少年志存高远，就能激发奋进潜力，青春岁月就不会像无舵之舟漂泊不定，就会努力提升自己、向目标迈进。

📖 拓展阅读

人生立志须趁早

赵九如

近来读书，历览前人事状，深刻体会到少时立志的重要性。有人说"成名要趁早"，其实，莫如说立志须趁早。

"夫志，气之帅也"。对个人而言，不患才不及，而患志不立。"宰相之杰"张居正写下"愿以深心奉尘刹，不予自身求利益"，躬身改革，不计毁誉，将个人得失置之度外；民族英雄林则徐树立救国为民的高远志向，在虎门销烟、抗击英军、安抚叛乱等历史事件中始终做到了"苟利国家生死以，岂因祸福避趋之"。注重立志，善养"浩然之气"，就能涵养从容内敛的气质，蓄积坚定自信的精气神。

立志非常必要，趁早立志尤为重要。晚清名臣左宗棠青年时代就志向笃定，于23岁时自题对联以明志："身无半亩心忧天下，读破万卷神交古人。"他也十分注重家风家教，告诫自己的孩子"志患不立，尤患不坚""小时志趣要远大，高谈阔论固自不妨"。纵观左宗棠的一生，从办理洋务、主持船政到收复新疆、抗击法军，他一以贯之地践行自己的志向；他的孩子长大后能够报效国家、不辱使命，也与其早立志、立长志的教导密不可分。尽早确立志向，明确人生奋斗的方向，可以助人避免随波逐流、亦步亦趋，不被诱惑所误导。

当然，美好的愿景不会自动实现，早立志仅仅是成长的起点。人生路途漫漫，如何坚守信念、矢志不渝，是生命历程各个阶段都需要作答的命题。特别是在屡遭挫折或逆境时，更加考验一个人意志和勇气。历史上，司马迁狱中遭受苦难不曾移志，坚韧中写就巨著；苏武异邦牧羊数十载不折其志，最终梦圆归乡。事实证明，一个人的志向如何，直接影响着成就的取得，也只有为志向执着付出，才能不断抵近心中的理想抱负。志向引领行动，行动考验志向，两者相辅相成，演绎着立志与逐梦的交响。

"取乎其上，得乎其中；取乎其中，得乎其下；取乎其下，则无所得矣。"立志当胸怀宽广、眼界开阔，大胆追求远大的志向。而这背后，离不开理想信念的支撑。人生如寄，何以才能不枉此生？每个人都会有自己的答案，但如果没有坚定的理想信念，人生就容易迷航。春秋战国时期，一些人感喟人生苦短，主张及时行乐者自成一派；魏晋时期，竹林七贤纵情山水、盛行清谈，逃避现实一时成风；当代西方社会也曾醉生梦死，"垮掉的一代"发人深省。

今天，为了"能被知识的亮光照到"，四川凉山州"悬崖村"的孩子曾在峭壁上留下瘦削的身影；为了触碰大山之外的世界，重庆双坪村村民用双手凿出一条"悬崖天路"……那些看不见的理想信念与志向追求，正迸发着强大的能量。

哲人有言："没有崇高的生活理想的人，像大海里的一片小舟一样，它时刻都会被狂风巨浪袭击而沉没海底。"扬起理想的风帆，握紧志向的罗盘，不为风雨所阻，不被颠簸所拦，人生这一叶轻舟才能自信驶过万重山。

（引自：《人民日报》，2017 年 8 月 25 日 04 版）

二、笃志不怠是劳动成就的根本动力

（一）立志应高远

诸葛亮说"志当存高远"。立大志，意志就能坚强，免于凡庸。

孟子提倡"尚志"，即树立远大的理想；张载说"志大则才大，事业大，志小则易足，易足则无由进"；王夫之说"夫人所就之业，视其器之所堪，器之所堪，视其量之所函，量之所函，视其志之所持"（《读通鉴论》），均强调所成就的事业与人的志向高低直接有关。

中国古代最伟大的史学家司马迁在《报任安书》中这样讲述了自己写作史书的志向：

"亦欲以究天人之际，通古今之变，成一家之言。草创未就，会遭此祸，惜其不成，是以就极刑而无愠色。仆诚以著此书，藏之名山，传之其人，通邑大都，则仆偿前辱之责，虽万被戮，岂有悔哉？然此可为智者道，难为俗人言也！"

司马迁继承父业，以撰写史书为志，可惜草创未毕，38 岁时因李陵事件惨遭宫刑。在慨然赴死和奇耻大辱之间，司马迁选择了后者。是什么给了他如此巨大的勇气做此抉择？那就是"究天人之际，通古今之变，成一家之言"的伟大抱负。出狱后的司马迁，发愤著书，创作了《史记》这部中国第一部纪传体通史。

远大的志向是人生道路上的灯塔和航标，也是坚强意志的原动力。有了它，才能够克服艰难险阻，勇往直前，即使身陷泥淖也会仰望星空。

（二）立志贵有恒

立下远大志向，还必须有坚韧不拔的毅力、永不言弃的恒心，才能学有所得，行有所就。孔子在教育学生时也强调立志在于有恒，引导学生要像松柏一样经得起严寒的考验："岁寒，然后知松柏之后凋也。"

荀子认为，一个人如果仅有远大的志向，而没有吃苦耐劳的精神，没有锲而不舍的勇气，志向就会成为虚无。他在《劝学》中有这么一段经典名言：

"骐骥一跃，不能十步；驽马十驾，功在不舍。锲而舍之，朽木不折；锲而不舍，金石可镂。蚓无爪牙之利，筋骨之强，上食埃土，下饮黄泉，用心一也。"

东晋著名思想家葛洪提出："坚志者，功名之主也；不惰者，众善之师也。登山不以艰险而止，则必臻峻岭矣。积善不以穷否而怨，则必永其令问矣。"（《抱朴子·广譬》）强调行事过程中坚守意志的重要。唐朝诗人王勃在《滕王阁序》中说道："穷且益坚，不坠青云之志。"激励人们在逆境中不改矢志。

（三）立志须笃行

笃行意在身体力行,学以致用。在古代思想家、教育家看来,志向的实现不能离开人们投身现实、奋发进取的努力。孔子认为,志向只有积极去实践,才会有实现的可能。孔子最讨厌那些说得多、做得少、言行不一、说大话唱高调的人。他说:"君子耻其言而过其行。"

《礼记•中庸》中的名言:"博学之,审问之,慎思之,明辨之,笃行之。"强调笃行的重要。

"力行"是墨子非常看重的个人品德修养,是成为君子的必备条件。他一再强调做人既要"志强",又要"力事",还"以行为本",要求学生树立"强力而行"的刻苦精神。

王阳明提出:"知是行之始,行是知之成。"他强调:"凡学之不勤,必其志之尚未笃也。"一个真正勤奋的人,是具有坚忍不拔之毅力、纷扰不烦之耐心、贞固不变之气质的人。

唐代高僧、佛学大师玄奘西行求法,往返十七年,行程五万里,大大促进了佛经的翻译工作和中外文化交流。明代杰出的医药学家李时珍为了完成《本草纲目》,"搜罗百氏",又"采访四方",经过 27 年的艰苦劳动,记载药物 1892 种,对药物学、分类学作出了巨大贡献。古往今来,众多功勋卓著之人莫不是在远大目标的指引下,身体力行,勇往直前,才取得瞩目的成就。

【案例 3-5】

志行天下的旅行家——徐霞客

徐宏祖（1587—1641 年）,字振之,号霞客,是中国古代著名的旅行家和地理学家,他的巨著《徐霞客游记》是系统考察中国地貌地质的开山之作,被称为"古今游记第一"。

他幼年好学,博览图经地志,立志从事旅行,一生行程几万里,跋山涉水、经险历难,把汗水洒在了大半个中国的土地上。几十年间,足迹所至,北至燕、晋,南及云贵两广,锲而不舍地献身于地理考察事业。在晚期考察中,曾两次遇盗,三次绝粮,饥渴劳顿,备尝艰辛,但处之泰然,勇往直前。他在去世前一年才从山川中归来。这时"两足已俱废",由人从云南护送回家。据说他躺在病榻上仍念念不忘考察,风趣而不无遗憾地说:"今而后,唯有卧游而已。"

综观古今,像徐霞客这样"置身物外,弃绝百事",不惜牺牲一切,一生都奔走在外,尤其是考察地形地貌,"亘古以来,一人而已"。

（引自:潘耒《徐霞客游记•序》。）

【讨论】《明朝那些事》的作者当年明月曾这样评价徐霞客:我之所以写徐霞客,是想告诉你,所谓百年功名、千秋霸业、万古流芳,与一件事情相比,其实算不了什么。这件事情就是——用你喜欢的方式度过一生。你如何理解"喜欢的方式"?你怎样看待徐霞客执着于地形地貌考察?在"喜欢"和"这样度过一生"之间起决定作用的是什么?

三、以劳践志是幸福人生的基本路径

劳动，是志向一步步变为现实的基本路径。劳动创造不仅带给我们生存的物质基础，在这个过程中还可以体验到人生的幸福，到达一种美好的精神境界。

（一）劳动中体验愉悦过程的幸福

"民生在勤，勤则不匮。"从采集、渔猎，到农耕种植，古时的许多农耕劳动场景在今天尽管已经不复再现，但是，我们仍然可以从诗书中去追溯过去的劳动生活，感受劳动中蓬勃的生命力，体会到传统劳动文化中的创造之美，收获之美。

《诗经》中有不少讴歌劳动之美的诗篇。《魏风·伐檀》中的"坎坎伐檀兮，置之河之干兮"，展现的是古代热火朝天的伐木劳动；《豳风·七月》中的"七月流火，九月授衣。一之日觱发，二之日栗烈。无衣无褐，何以卒岁？三之日于耜，四之日举趾。同我妇子，馌彼南亩，田畯至喜"，描绘出一幅瑰丽的农耕图。

《周南·芣苢》："采采芣苢，薄言采之。采采芣苢，薄言有之。采采芣苢，薄言掇之"，则是女子们采摘车前子时所唱的歌谣，生动又热烈，节奏明快，表现出妇女们充满生机的劳动情景。

唐代诗人刘禹锡的《竹枝词九首·其九》：

> 山上层层桃李花，云间烟火是人家。
>
> 银钏金钗来负水，长刀短笠去烧畲。

在描绘了桃李漫山开遍的自然美景后，展现出了山村中男耕女炊的劳动场景，洋溢着美好的生活气息。

宋代范成大在《四时田园杂兴》中描述农民通宵打稻的情景："新筑场泥镜面平，家家打稻趁霜晴。笑歌声里轻雷动，一夜连枷响到明。"写出了农民劳动和收获的愉快，描摹出了丰收的幸福景象。

宋代诗人王禹偁的《畲田词·其一》：

> 大家齐力劚孱颜，耳听田歌手莫闲。
>
> 各愿种成千百索，豆萁禾穗满青山。

在欢快的歌声中辛勤劳作，等到秋天收获的时候，就能看到劳动的丰硕成果。从古人的诗韵中，我们可以感受到勤劳质朴的人们充满着对劳动的热爱，对美好明天的憧憬和向往。

（二）劳动中体验和合共融的美好

中国传统文化强调天、地、人三位一体、交互作用。作为一个拥有数千年农耕文明的古国，劳动强调遵循自然法则，维护生物与环境的和谐统一。

在农业生产中，春种、夏长、秋收、冬藏，是遵循自然法则、依据"二十四节气"开展农耕生产的节奏和规律。这种农事节律影响和决定着劳动人民的生活节奏，一些节气与民间文化相融合，演变成为固定的生活习俗。"清明"要踏青、插柳、荡秋千，还要祭祖和扫墓。"冬至"除北方吃饺子、南方吃汤圆的习俗以外，也是重要的祭祀祖先的节日。

我国古人对二十四节气有着难言的亲切，文人墨客为之挥毫，写下了无数绝美的诗词，如唐代元稹就写了二十四首诗分别歌咏二十四个节气。

日出而作，日落而息；春夏耕耘，秋冬收藏，在共同创造成果的过程中，人与人之间和谐共处、相互协作、增进了解，从而建立起质朴、美好的情谊。归隐田野的陶渊明在躬耕生活中与乡间农户结下了深厚的友情，在《移居》一诗中可以感受这种快乐。

> 春秋多佳日，登高赋新诗。过门更相呼，有酒斟酌之。
>
> 务农各自归，闲暇辄相思。相思则披衣，言笑无厌时。
>
> 此理将不胜？无为忽去兹。衣食当须纪，力耕不吾欺。

移居之后，诗人与邻人融洽相处，忙时各纪衣食、勤力耕作，闲时随意来往、言笑无厌的兴味。诗中充溢着温暖与欢欣的气氛，感情真挚淳朴。

南宋辛弃疾的这首《清平乐·村居》就是通过描绘一个普通农村家庭的生活画面（图3-4)，展现了质朴的劳动人民享受着简单的人情之美、和谐之趣。

> 茅檐低小，溪上青青草。
>
> 醉里吴音相媚好，白发谁家翁媪？
>
> 大儿锄豆溪东，中儿正织鸡笼。
>
> 最喜小儿亡赖，溪头卧剥莲蓬。

再如，这首南宋范成大的这首《田间》：

昼出耘田夜织麻，村庄儿女各当家。童孙未解供耕织，也傍桑阴学种瓜。

描绘了村庄儿女"昼耕夜绩"这一和谐美好的劳动生活景象。

图3-4　南宋农村生活画面

【案例3-6】

二十四节气之美

作为人类非物质文化遗产的二十四节气（图3-5)，记录着大自然的寒来暑往，四季更迭，春山采茶，夏林寻荫，秋月对影，冬雪探梅，天时与物候，情感与世事，在斗转星移间律动着相同的节奏。

"春雨惊春清谷天，夏满芒夏暑相连。秋处露秋寒霜降，冬雪雪冬小大寒……"

古人在没有任何气象观测仪器的年代，仅凭肉眼观察、身体感受和加以思考，就知晓了气节变化并总结出了这样完美的规律。

还有那些充满诗意的名称：芒种、惊蛰、清明、谷雨……更是让人喜爱，也诞生了很多以二十四节气为主题的国画和诗歌作品，有的还谱成了旋律动听、意境优美的歌曲。

图3-5　二十四节气

【讨论】二十四节气是古代劳动人民生产的经验、智慧的结晶，既是指导农业劳动的实用经验，也是中国人"天人合一"文化理念的优美体现。生活中还有哪些劳动经验是人和自然和合共融的体现？请列举一二。

（三）劳动中体验自得忘我的境界

晚清名臣曾国藩在给儿子曾纪鸿的信中说："勤俭自持，习劳习苦，可以处乐，可以处约，此君子也。"他教育儿子把劳动作为生活的一部分，在劳动中得到人生快乐，成就君子人格。

李大钊说："我觉得人生求乐的方法，最好莫过于尊重劳动。一切乐境，都可由劳动得来，一切苦境，都可由劳动解脱。"

劳动其实可以成为一种理想的生活方式——自食其力、自力更生。一分耕耘，一分收获，在劳动中获得生存，在劳动中获得尊严和自由，享受那份悠然自得。陶渊明的《归园田居》（其三）：

种豆南山下，草盛豆苗稀。晨兴理荒秽，带月荷锄归。
道狭草木长，夕露沾我衣。衣沾不足惜，但使愿无违。

抒写了对田园生活的热爱以及享受田园劳作的惬意。"带月荷锄归"成为千百年来最著名的辛勤劳动而又怡然自乐的农夫剪影。

除了自得的快乐，劳动还能让人体会到一种忘我的境界。孔子曾说过一句著名的话："发愤忘食，乐以忘忧，不知老之将至。"形容一个人从专注读书中体味到的那种忘怀世事的乐趣。

《庄子·达生》中讲了一个《梓庆削木为鐻》的故事：

梓庆削木为鐻，鐻成，见者惊犹鬼神。鲁侯见而问焉，曰："子何术以为焉？"对曰："臣工人，何术之有！虽然，有一焉。臣将为鐻，未尝敢以耗气也，必斋以静心。斋三日，而不敢怀庆赏爵禄；斋五日，不敢怀非誉巧拙；斋七日，辄然忘吾有四枝形体也。当是时也，无公朝，其巧专而外骨消；然后入山林，观天性；形躯至矣，然后成见鐻。然后加手焉；不然则已。则以天合天，器之所以疑神者，其是与。"

此木匠的手艺之所以能够达到"惊鬼神"的地步，是因为他在工作穿越了三个阶段：忘记利益，忘记名誉，忘记自己，最后"以天合天"，达到最佳状态，从而能做出打动人心的好东西。这个朴素的道理和我们今天倡导的工匠精神在本质上是一致的。

活动与训练

我为校园美丽作贡献

一、活动目标

参与校园劳动体验，学习绿化美化技巧，感悟劳动过程和结果。

二、活动时间

建议 40 分钟。

三、活动流程

（1）劳动准备。教师联系学校相关部门，划定劳动区域，根据班级学生人数划分劳动小组，制定小组劳动考核标准。

（2）劳动实施。各劳动小组在后勤部门专业人员的指导下，对自己负责的区域进行卫生打扫、枝叶修剪、浇水施肥，要求小组同学全体参与，每个同学都有劳动任务。

（3）分享交流。各小组展示自己的劳动成果，交流自己的劳动体会和感受。

（4）教师点评。教师根据各小组劳动表现和交流情况进行评分评价。

探索与思考

1. 近年来，国家高度重视职业教育，不断提高技能人才待遇。面对产业转型升级的迫切需求，我们该如何立志？应立定什么样的志向？

2. 读了少年陆游以及徐霞客的事迹后，你有何感想？

模块四　勤俭重信，以劳敦行

📖 模块导读

本模块包括两个方面内容：一是传承勤俭节用、艰苦奋斗的劳动传统,珍惜自己、他人和社会的劳动成果,拒绝奢侈浪费的不良风气,在生产生活中倡导绿色环保、节能低碳行动；二是守义践诺,树立求真务实的劳动品质,做事时履职尽责,交往时待人以诚,报国时勇担使命,科学劳动、知行合一,脚踏实地、真抓实干,为进入职场和未来成长奠定坚实基础。

单元一　节 用 绝 奢

💭 名人名言

历览前贤国与家,成由勤俭破由奢。

——（唐）李商隐《咏史》

🎯 学习目标

1. 认识勤俭劳动在个人修身立德中的重要作用。

2. 理解艰苦奋斗在民族精神中的重大意义。

3. 树立绿色环保的劳动新观念。

📑 案例导入

季文子俭德

季文子,春秋时期鲁国的正卿,执掌鲁国朝政三十多年,力行节俭,开一代俭朴风气,促进鲁国改革发展。他在鲁国执国政33年,辅佐了鲁宣公、鲁成公、鲁襄公三代君主,大权在握,一心安社稷,忠贞守节。

《史记·鲁世家》记载:季文子当政时,"家无衣帛之妾,厩无食粟之马,府无金玉"。孟献子的儿子仲孙很瞧不起季文子,于是就讥讽他:"你身为鲁国之正卿大夫,可是你的妻子不穿丝绸衣服,你的马匹不用粟米饲养。难道你不怕国中百官耻笑你吝啬吗? 难道你不顾及与诸侯交往时会影响鲁国的声誉吗? "季文子回答:"我当然也愿意穿绸衣、骑良马,可是我看到老百姓吃粗粮穿破衣的还很多,我不忍心看着老百姓忍饥挨冻,自己和家人却锦衣玉食。我只听说人们品德高尚才是国家的荣耀，没听说过炫耀美妾良马会为国争光。"孟献子知道这件事后，一气之下将儿子幽禁了七天。受到管教的仲孙，惭愧改过，亦仿而学之。消息传开，在季文子的倡导下，鲁国上下奢靡之风得到有效遏制，崇尚俭朴的人慢慢多起来。

【分析】季文子出生钟鸣鼎食的贵族世家，以当时的观念和他的权势而论，过上锦衣玉食的显赫生活是无可厚非的事情。但他甘于清廉，怜惜百姓穿破衣吃粗粮之贫困，拒绝奢华享乐，追求自身内在的品德修养，从而带动崇尚俭朴社会风气的形成。今天，我们依靠劳动提高生活品质无可厚非，但任何劳动成果都来之不易，需传承勤俭节约之美德，倡导绿色消费新风气。

一、勤俭节用是谨身自律的试金石

从劳动中来，人人皆可树德立志；到劳动中去，事事当需谨身敦行。勤俭是劳动乃至为人处世的自律品行。《尚书·大禹谟》云："克勤于邦，克俭于家。"勤劳可成就富强，节俭可延续富强，二者互为拱卫。开源与节流相辅相成，方能兴邦富国。今天，人民生活水平越来越高，社会发展速度越来越快，但铺张浪费、虚化浮夸的社会现象仍然存在，当代大学生应做踵事增华、扬清激浊的时代劳动先锋。

（一）谁知盘中餐，粒粒皆辛苦

中华文明史就是一部恢宏的创业史、劳动史。中华民族历经五千年沧桑巨变，凭着勤劳勇敢、乐观坚韧战胜了一个又一个艰难困苦。"民以食为天"，但中国的可用耕地一直不足，当下中国的人均耕地面积在全球排名百位以后，所以我们总是想方设法在有限的土地资源里，用辛勤劳动换取更多的成果。劳动是人生第一课，与那些语重心长的先贤教诲相比，诗词中的劳动咏叹也许更容易打动我们的心。"谁知盘中餐，粒粒皆辛苦"是我们孩提时候的咿呀学语，其实这首妇孺皆知的《悯农》诗还有姊妹篇：

> 春种一粒粟，秋收万颗子。
> 四海无闲田，农夫犹饿死。
> ——（唐）李绅《悯农》其一

李绅和同时代的大诗人白居易都是"新乐府运动"（唐中期的诗文革新运动）的倡导者和参与者，他们同情春耕夏耘、辛苦劳作的老百姓，抨击不劳而获、坐享其成的达官贵人，同时将劳动场景真实地呈现在读者面前。

> 田家少闲月，五月人倍忙。夜来南风起，小麦覆陇黄。
> 妇姑荷箪食，童稚携壶浆。相随饷田去，丁壮在南冈。
> 足蒸暑土气，背灼炎天光。力尽不知热，但惜夏日长。

复有贫妇人，抱子在其旁。右手秉遗穗，左臂悬敝筐。

听其相顾言，闻者为悲伤。家田输税尽，拾此充饥肠。

今我何功德，曾不事农桑。吏禄三百石，岁晏有余粮。

念此私自愧，尽日不能忘。

——（唐）白居易《观刈麦》

　　读来不禁使人慨叹，"一粒粟"要变成"万颗子"，是多么艰难。四季耕耘的农人，珍惜自己的劳动成果自不必说，不事稼穑的人，又怎能忍心去随意挥霍这来之不易的饭食？《朱子家训》中有一句名言："一粥一饭，当思来之不易；半丝半缕，恒念物力维艰。"真是说尽了节俭之道。

【案例4-1】

苏轼东坡耕种，房梁挂钱

　　一说到北宋大文豪苏轼，人们总是喜欢亲切地称呼他"苏东坡"，但这个别号背后还有一段曲折的历史。由于政治上的分歧，苏轼的诗文被敌对派官员有意曲解，弹劾他讥讽皇帝、诋毁朝廷，炮制出震动朝野的"乌台诗案"。苏轼因此身陷囹圄，后经亲朋好友竭力营救才减轻罪责，被贬黄州。

　　谪居黄州期间，苏轼生活窘迫，就向官府申请了东门外的荒坡废地，带领全家耕种（图4-1），自号"东坡居士"。苏轼在劳动中怡然自乐，也体会到劳作的艰辛，格外珍惜劳动所得，实行计划开支，这就是后来曾国藩都为之效仿的"房梁挂钱"。据说，苏轼将钱平均分成12份，每份又平均分成30小份，用麻绳串挂在房梁上，每天取下一串交给妻子王闰之，作为当日的生活开支。精打细算后如有结余，就把它们存在一个竹筒里，以备意外之需。

　　《节饮食说》记载，苏轼平时吃饭，不过一荤一酒；自己请客或别人请吃饭，也不能超过三个肉菜，否则就不赴宴。苏轼的用意是："一曰安分以养福，二曰宽胃以养气，三曰省费以养财。"

图4-1　苏轼带领全家耕种画面

【讨论】人生总是起起落落,有春风得意之日,也有失意沮丧之时,笑看风云勇敢面对说来容易,实行起来却并非人人能够做到。大文豪苏东坡"房梁挂钱"的故事,与今天个别大学生"寅支卯粮"形成鲜明对比。你认为今天还有必要"房梁挂钱"吗?你怎样增强生活开支的计划性?

（二）知足者常乐,知不足者自明

"知足常乐"是一种恬淡冲和的人生态度。最早出自《道德经》,老子说:"故知足不辱,知止不殆,可以长久。""罪莫大于可欲,咎莫大于欲得,祸莫大于不知足。故知足之足,常足矣。"意思是说,获取充足的知识,拥有足够的智慧,懂得克制自己的欲望,知道满足,才是真正长久的富足。求知多多益善,生活节制私欲,这样才能获得人生的平安喜乐。

韩非子也说:"贪如火,不遏则燎原;欲如水,不遏则滔天。"(《韩非子·六反》)个人的贪欲就像疯狂燃烧的烈火、决堤泛滥的洪水,不加节制就会成为可怕的反噬力量。宋代学者林逋说得更为透彻:"知足者贫贱亦乐,不知足者富贵亦忧。"(《省心录》)这句话的意思是知足少欲的人即使贫贱,也能安康快乐;欲求不满的人即使富贵,也总是忧虑难安。

正常的物质文化需求无可厚非,但人的欲望是无穷的,如果不加以遏制,任其肆意滋长,就会从欲到贪,最终酿成不可挽回的后果。贪婪通常是开启灾难的潘多拉魔盒。当今社会屡禁不止的"网贷""校园贷"悲剧以及"月光族"群体,都印证了贪婪之可怕、节俭之可贵。

幸福是一种心境,它绝不是物质条件的简单堆砌,而是取决于在劳动创造中对自身认可而带来的获得感、满足感。这方面,我们须静心聆听先贤教诲,更多追求精神上的富足,舍弃物质享乐的过度追求。

（三）由俭入奢易,由奢入俭难

厉行勤俭节约需从细微处着手、从生活点滴做起。"千丈之堤,以蝼蚁之穴溃;百尺之室,以突隙之烟焚。"(《韩非子·喻老》)千里堤坝能经受惊涛骇浪的拍打,却抵挡不住小小蚂蚁经年累月的啃食;百尺高楼看似巍峨耸立,却因缝隙火星而焚毁坍塌。传承勤俭美德需要润物无声,节制欲望更要防微杜渐。

司马光《训俭示康》记载,北宋有个高官名叫张知白,他在宋真宗朝廷为宰相时,生活非常简朴,旁边的人就劝他随俗一些,不要过于刺眼,让别的官员难堪忌恨。张知白说道:"吾今日之俸,虽举家锦衣玉食,何患不能?然人之常情,由俭入奢易,由奢入俭难。吾今日之俸,岂能常有?身岂能常存?一旦异于今日,家人习奢已久,不能顿俭,必致失所。岂若吾居位,去位,身在,身亡,常如一日乎?"张丞相真是深谙节俭自律并惠及子孙的睿智之人，也是一个在生活上对自身严格要求、思虑长远之人。

三国蜀主刘备临终前留给其子刘禅的遗诏中就反复叮嘱："勿以恶小而为之，勿以善小而不为。"（陈寿《三国志·蜀志》）可惜后主刘禅并没有将父亲的话听进去，在历史上只落得"此间乐，不思蜀"的笑柄。

二、艰苦奋斗是攻坚克难的掘进机

（一）艰苦奋斗助力披荆斩棘

艰苦奋斗是中华民族的传统美德。从传说中炎黄部落的融合，到小康社会的全面建成，上下五千年悠悠历史，成就了世界上唯一一个传承至今的文明古国。在为此骄傲的同时，我们不禁要审视历史，中华文明凭借什么能够历经磨难却还绵延不绝。答案当然有多样，但其中有一个重要的原因，一定是中国人的坚韧不拔、奋斗不止的精神。

"艰苦奋斗"这个词包含着两层意思。奋斗是一种努力实干、拼搏进取的精神状态，艰苦是奋斗过程中的客观环境和条件，艰苦奋斗就是不断克服客观困难，最大限度地激发主体潜力，努力实现理想目标的劳动行为。可见，艰苦和奋斗在现实中往往相伴相随，艰苦既是奋斗的阻碍，又是奋斗的动力。既要奋斗，就必定要正视艰苦，无惧艰苦，最终战胜艰苦。

先祖们唯恐子孙后代对此不以为意，于是在史书典籍里再三嘱咐。从"天行健，君子以自强不息"（出自《周易》），到"筚路蓝缕，以启山林"（出自《左传·宣公十二年》）。从"明知不可为而为之"的孔子，到"生于忧患死于安乐"的孟子，再到历朝历代的仁人志士，无不是以言励之、以行范之。

（二）艰苦奋斗成就伟大事业

艰苦奋斗是中国共产党一以贯之的优良作风。1921 年 7 月 23 日至 30 日，13 名共产党员代表全国 50 多名党员，在上海兴业路 76 号、浙江嘉兴南湖的游船上参加中国共产党第一次全国代表大会，宣告中国共产党的正式成立，为饱受屈辱掠夺的旧中国播下了民族独立解放的火种。

当初几十人为之奔走相护的星星之火，如今早已燎原神州大地。拥有过亿党员的百年大党，带领中国人民从近现代受压迫受剥削的苦难中逐步站起来、富起来，如今正坚定行进在强起来的新征程中。这一辉煌和荣光的背后，是自强不息的奋斗精神，更是艰苦卓绝的探索历程。

井冈山、长征、延安、南泥湾、西柏坡这些特殊坐标，宣扬着艰苦奋斗精神。新中国建设时期，大庆、红旗渠、"两弹一星"这些特殊字眼，浸润着艰苦奋斗精神。改革开放四十年，抗洪抢险、抗震救灾、抗击疫情这些特殊经历，传承着艰苦奋斗精神。我们要永远铭记历史，回望来时的路，才能走好未来的征途。

【案例4-2】

延安大生产运动

"花篮的花儿香,听我来唱一唱……"一唱起《南泥湾》,便让人想起抗战时期延安轰轰烈烈的大生产运动。1940年,抗日战争进入敌我对峙时期,延安地区遭到敌军大规模扫荡。贫瘠的陕北高原资源匮乏,生产力落后,周围强敌环伺,日寇和国民党对延安展开严酷的经济封锁。140万人民群众和上万名战士,乃至革命事业都面临着生死存亡的考验。1942年,毛泽东在《经济问题与财政问题》的报告中曾这样记述:"我们曾经弄到几乎没有衣穿,没有油吃,没有纸,没有菜,战士没有鞋袜,工作人员在冬天没有被盖。"

面对绝境,党中央领导了"自己动手,丰衣足食"的大生产运动。毛泽东等中央领导人带头参加垦荒、积肥、纺线,部队、机关、学校努力实现自给,边区农民采取互助组、合作社等方式发展生产,涌现出一批先进单位和大批劳动英雄。八路军将士发扬艰苦奋斗作风,在120师359旅旅长兼政委王震的率领下,奉命进驻荒无人烟的南泥湾。官兵们披荆斩棘,开荒垦地（图4-2）,仅用时两年,南泥湾的生产自给率就达到了100%,还有结余上交边区政府。南泥湾精神极大激励了解放区人民,大生产运动热潮迅速成燎原之势。1944年,八路军走出边区开始反攻,5年后取得了革命的最终胜利。

图4-2　延安大生产运动

【讨论】艰苦奋斗成就伟大事业,延安大生产运动这段火红的革命岁月是否让你对这句话有了更深刻的理解?请你结合课内外所学,谈谈还有哪些类似的革命历史让你铭记于心?在科技发达、生活优渥的今天,青年大学生还有必要面对"艰苦环境"的挑战吗?

（三）艰苦创业精神永不过时

百年奋斗路,启航新征程。在全面开启中国式现代化新征程的今天,我们的物质生活水平相较战争年代和新中国建设时期有了巨大的进步。但是，越是在和平富足的年代，越需要警惕安逸享乐、不思进取、得过且过的不良现象。"艰苦奋斗"不是物质匮乏时代的产物，而是在任何时候都要坚持和发扬的优良传统，越是技术发达、资源丰沛，越需要以艰苦奋斗精神突破发展瓶颈、应对各种不可预见的未知挑战。

今天，我们比历史上任何时期都更接近、更有信心和能力实现中华民族伟大复兴。但中华民族伟大复兴，绝不是轻轻松松、敲锣打鼓就能实现的，需要我们随时准备付出更为艰巨、更为艰苦的努力。当今世界百年未有之大变局加速演进，气候变化、技术壁垒、贸易霸权等风险随时都可能涌现，无论是突破芯片制造"卡脖子"难题的科研团队，还是面对国际竞争逆势突围的新能源企业，其成功密码都在于"迎难而上、永不言弃"的奋斗意志。中国航天团队在月球采样返回任务中，通过上万次模拟实验攻克地月通信技术难关；华为公司十年投入近万亿元研发经费，在5G领域实现从跟跑到领跑。这些案例无不揭示：没有艰苦奋斗的韧性，便无法在危机中育新机、于变局中开新局。

📖 拓展阅读

朱子家训

（清）朱柏庐

黎明即起，洒扫庭除，要内外整洁；既昏便息，关锁门户，必亲自检点。一粥一饭，当思来之不易；半丝半缕，恒念物力维艰。

宜未雨而绸缪，毋临渴而掘井。自奉必须俭约，宴客切勿流连。器具质而洁，瓦缶胜金玉；饮食约而精，园蔬愈珍馐。勿营华屋，勿谋良田。

……

祖宗虽远，祭祀不可不诚；子孙虽愚，经书不可不读。居身务期简朴；教子要有义方。勿贪意外之财，勿饮过量之酒。

与肩挑贸易，勿占便宜；见穷苦亲邻，须加温恤。刻薄成家，理无久享；伦常乖舛，立见消亡。兄弟叔侄，需分多润寡，长幼内外，宜法肃辞严。听妇言，乖骨肉，岂是丈夫？重资财，薄父母，不成人子。

嫁女择佳婿，勿索重聘；娶媳求淑女，勿计厚奁。见富贵而生谄容者，最可耻；遇贫穷而作骄态者，贱莫甚。居家戒争讼，讼则终凶；处世戒多言，言多必失。勿恃势力而凌逼孤寡；勿贪口腹而恣杀牲禽。乖僻自是，悔误必多；颓惰自甘，家道难成。狎昵恶少，久必受其累；屈志老成，急则可相依。轻听发言，安知非人之谮诉？当忍耐三思；因事相争，焉知非我之不是？须平心暗想。

施惠勿念，受恩莫忘。凡事当留余地，得意不宜再往。人有喜庆，不可生嫉妒心；人有祸患，不可生喜幸心。善欲人见，不是真善；恶恐人知，便是大恶。

见色而起淫心，报在妻女；匿怨而用暗箭，祸延子孙。家门和顺，虽饔飧不济，亦有馀欢；国课早完，即囊橐无余，自得至乐。

读书志在圣贤，非徒科第；为官心存君国，岂计身家。守分安命，顺时听天；为人若此，庶乎近焉。

三、绿色低碳是时代发展的新要求

（一）健康劳动

劳动是社会发展进步的基础，健康的体魄影响着劳动质量和劳动效率。现代著名教育家、原北大校长蔡元培先生强调："殊不知有健全之身体，始有健全之精神；若身体柔弱，则思想精神何由发达？或曰，非困苦其身体，则精神不能自由。然所谓困苦者，乃锻炼之谓，非使之柔弱以自苦也。"这段话深刻揭示了健康体魄与劳动能力之间的内在联系，坚强的意志需要健康的体魄作为支撑。在绿色低碳的时代背景下，健康劳动不仅关乎劳动者的个人福祉，更是实现社会可持续发展的重要前提。

首先，健康劳动的核心在于保障劳动者的身心健康，创造安全、健康的劳动环境，减少有害物质排放，不断改善劳动条件。例如，在工业生产中，应积极采用清洁能源和环保技术，减少粉尘、噪声和有毒气体的产生。按规定采用必要的劳动保护装备，如防护服、口罩、耳塞等，避免在劳动过程中受到不必要的伤害。定期开展健康检查，及时发现和解决劳动者的身心健康问题。

其次，健康劳动还强调劳动方式的科学化和人性化，遵循正确的劳动规律，不断优化劳动流程，合理安排工作时间，减少劳动者的体力消耗和精神压力，避免过度劳累和无效劳动。

最后，健康劳动还体现在劳动工具的改进和劳动技能的提升上，主动应用智能化、自动化工具，减轻劳动者的体力负担，提高劳动的安全性和效率。例如，使用智能机械代替人工进行高空作业，推广使用节能环保设备，等等。劳动者应不断学习掌握新技能、运用新设备，以适应绿色低碳劳动的需求。

对青年大学生来讲，在校学习期间要养成合理锻炼的习惯，学习掌握劳动的新标准、新技能，不断提高身体素质和劳动能力。青年时期的毛泽东一直重视劳动和体育锻炼，坚持冷水浴、游泳、爬山、远足等多种形式的运动，曾和湖南第一师范的同学萧子升结伴，徒步在湖南境内调研考察。延安时期的他向来访的美国记者埃德加·斯诺谈及这些事时，认为自己能够战胜革命生涯中的无数重大困难，很大程度得益于体格锻炼对意志的磨炼。

（二）节能劳动

节能劳动是实现绿色低碳发展的重要途径。在资源日益紧张、环境压力不断加大的今天，节能劳动不仅关乎经济效益的提升，更是推动社会可持续发展的重要举措。党的十八大以来，党中央鲜明提出"创新、协调、绿色、开放、共享"的新发展理念，绿色发展的重点就是节能减排，通过发展高新科技、降低生产成本等手段实现资源利用最大化。

节能劳动首先是劳动工具的节能化。随着科技的进步，越来越多的节能型工具和设备被应用于劳动过程之中。例如，在工业生产中，采用高效电机、智能控制系统等技术，减少能源浪费。以制造业为例，许多企业开始使用节能型机床和自动化生产线，在保证生产效率的同时，能够根据实际自动调节能耗，避免不必要的能源消耗。在农业领域，电动拖拉机、太阳能灌溉系统等普遍使用，无人机喷洒农药、智能温室控制系统等智能农业设备逐步普及，提高了农业劳动的节能性和精准性。

其次是劳动过程的节能优化。劳动过程的节能优化是实现节能劳动的关键环节。通过科学规划和管理，优化劳动流程，减少不必要的能源消耗，可以在不降低劳动效率的前提下实现节能目标。在工业生产中，可以通过优化生产线布局、改进工艺流程、减少中间环节等方式，降低能源消耗，汽车制造企业的精益生产模式便是典型。在建筑行业中，现代绿色建筑技术通过采用预制构件、模块化施工等方式，不仅缩短了施工周期，还减少了能源消耗。

节能劳动不仅是绿色低碳的时代要求，更是每一位劳动者应尽的责任。青年大学生在校期间应积极学习节能知识和技能，养成节能习惯。在日常生活中，节约用水用电，减少资源浪费。同时，还应关注节能技术的发展，积极参与节能创新实践，为绿色低碳建设贡献力量。

（三）环保劳动

荀子言"山林者，鸟兽之居也。山林茂而禽兽归之，山林险则鸟兽去之，树成荫而众鸟息焉，无土则人不安居，无人则土不守"（《荀子致士》）。意思是山林茂盛鸟兽才会栖息繁衍，土地和人相互依存，无土地人无法安居乐业，无人土地也无法守护。孟子说"数不入池，鱼鳖不可胜食也；斧斤以时入山林，材木不可胜用也"（《孟子·梁惠王上》）。也就是说不能在鱼类繁殖、树木生长之际进行捕捞或者伐木，反对人类对自然资源的过度开采。可见我国自古以来就重视自然环境和生态系统的保护。

在环境问题日益严峻的今天，环保劳动不仅关乎生态保护，更是推动社会可持续发展的重要途径。环保劳动首先是劳动材料的选择，选择环保材料不仅能够减少对环境的污染，还能提高资源利用效率，推动循环经济发展。例如，在建筑行业中，选择现代绿色建筑材料，如再生混凝土、竹木复合材料等，不仅生产过程中能耗低，而且还能有效减少对自然资源的消耗。在制造业中，生物降解塑料、再生金属等，不仅在使用性能上不逊于传统材料，还能在使用后自然降解或回收利用。

其次是对劳动废弃物的科学处理。在工业生产中，许多企业通过建立废弃物分类回收系统，将可回收材料与不可回收材料分开处理，不仅减少了废弃物对环境的污染，还实现资源的循环利用。在餐饮服务业中，许多餐厅引入厨余垃圾处理设备，将厨余垃圾转化为有机肥料或生物燃料，不仅减少了垃圾填埋的压力，还为农业生产提供了有机肥料。

青年大学生在校期间应积极学习环保知识和技能，了解专业所涉环保技术发展新趋势、新动态，养成良好的环保习惯。在实验实训中，正确使用化学试剂，按规定进行废弃物处理。在日常生活中，减少一次性用品使用，积极参与垃圾分类。同时，还应关注环保技术发展，积极参与环保创新实践，在选择劳动材料时优先考虑环保型产品，这不仅是个人责任的体现，更是对绿色低碳理念的践行。

【案例4-3】

"中国民间环保大使"田桂荣

田桂荣是河南新乡一名普通的农村妇女，但作为中国环保劳动事业的先锋人物，她的名字却在国内外媒体中熠熠生辉。

20世纪90年代初，人们的环保意识普遍薄弱，对废旧电池随意丢弃。田桂荣因做生意接触到了电池行业，当她了解到废旧电池污染环境的严重后果后，这个朴实的农村妇女决定为改善环境尽一己之力。自1998年以来，田桂荣自掏腰包，东奔西走，自费回收废旧电池百余吨。2002年，她创办中国首个农民发起的环保志愿者协会。2005年，田桂荣以环保为主题竞选村干部，提出让村民喝干净水、呼吸新鲜空气的环保理念。成功当选新乡县合河乡范岭村民委员会主任后，她带领村民大力植树造林、整治村容村貌、建造村文化大院、创办绿色企业和农民夜校，组织妇女开展绿色家庭创建、生态农业培训等。2010年，她又成立田桂荣生态农业专业合作社，承包了100亩耕地，带动村民发展生态农业、观光农业、绿色养殖等，获得经济效益和生态效益的双丰收。

田桂荣多次荣获福特国际环保奖和格雷特曼等国际大奖，被联合国环境规划署誉为"中国民间环保大使"，获评2005年首届"绿色中国年度人物"（图4-3）。

图4-3　绿色中国年度人物田桂荣

【讨论】作为一名普通的中国农村妇女，田桂荣为何能够获得如此多的国际大奖、如此高的社会声誉？国际社会看重的是她什么样的贡献？

活动与训练

月度生活费瘦身挑战

一、活动目标

适当压缩生活费金额，增强经费开支计划性，养成勤俭节约的好习惯。

二、活动时间

建议 1～2 个月。

三、活动流程

（1）统计近两个月生活费总额，列出月度消费清单，当月底进行自查，找出不必要或可压缩的消费项目。

（2）压缩当月生活费的 15%～20%，结合自身实际合理分配下月预算，并记录每天消费明细，下月月底统计总额未超预算，即宣告挑战成功。

（3）行动结束后进一步总结完善，形成自己的节俭理财心得。

探索与思考

1. 党和国家大力倡导"厉行节约，反对浪费"的社会新风尚。在物质条件较为充盈的今天，还需要节约吗？大学生应如何为节约型社会建设作贡献？

2. 自己和身边同学有无浪费行为。请列举 10 条大学生活中常见的浪费现象，并提出改进措施与建议。

单元二　守义践诺

名人名言

言必诚信，行必忠正。

——（三国）王肃《孔子家语》

学习目标

1. 正确认识求真务实对科学劳动的重要意义。

2. 理解刻苦学习、勤修技能、爱岗敬业的重要内涵。

3. 认清诚信劳动对个人品质塑造的意义，努力践行诚信美德。

案例导入

商鞅立木取信

商鞅令既具，未布，恐民之不信己，乃立三丈之木于国都市之南门，募民有能徙置北门者予十金。民怪之，莫敢徙。复曰："能徙者予五十金。"有一人徙之，辄予五十金。民信之,卒下令。

（引自:《史记·商君列传》。）

【讨论】商鞅变法对秦国经济发展、国力强盛起到了至关重要的作用,进而打破了战国七雄相互制衡的政治格局,使秦国从中脱颖而出,最终由秦始皇统一天下。但商鞅的变法之路是艰难的,贵族因怕损害既得利益而百般阻挠,老百姓将信将疑而踌躇不前。商鞅为了树立威信,展示诚信,想了很多办法推行赏罚分明的新政,"南门立木"即是其一。可见,诚信是赢得他人信任、争取团结力量、实现预期目标的重要基础。

一、求真务实是科学劳动的基础

中华民族历来推崇守义重诺,这种品行在劳动过程中更能彰显其价值。诚信应从每个人做起,推动实事求是、风清气正社会环境的营造。

（一）遵循科学客观的劳动规律

道家学说的核心思想"道",是指万事万物的本源,也就是自然的客观规律,"人法地,地法天,天法道,道法自然"(《老子·第二十五章》)。与老子的简洁文风相比,庄子更擅长使用故事和寓言来解说"道",其中"庖丁解牛"的故事可谓家喻户晓。庖丁（姓丁的厨师）在杀牛分牛的过程中,因为掌握了分解技巧,做起来得心应手、游刃有余,其他厨师没多久就要换刀,庖丁的刀几乎没有磨损。这个故事生动地说明了在劳动中应遵循客观规律的道理。

诸子也有类似的论述,如:"天行有常,不为尧存,不为桀亡。"(《荀子·天论》)"悬衡而知平,设规而知圆。"(《韩非子·饰邪》)"不以规矩,不能成方圆。"(《孟子·离娄章句上》)诸多学者都提到了尊重自然法则及遵循客观规律的道理。遵循科学客观的劳动规律,既可节省资源,也可提高劳动效率,还能更好地取得劳动成就。

（二）遵循公平公正的法治观念

公平公正的法治观念是保障劳动秩序、促进社会和谐的重要基石,也是劳动中须遵守的基本原则。正如法家代表人物慎到所言:"法非从天下,非从地出,发乎人间,合乎人心而已。"(《慎子·逸文》)法律是对人心的尊崇,遵循公平公正的法治观念,是守义践诺的体现,也是推动诚信劳动、构建和谐社会的关键。

公平公正的法治观念为劳动关系的建立和运行提供坚实的制度保障。法律的存在使得劳动者的权益得以有效保护,劳动过程有章可循。正如慎到所言:"官不私亲,法不遗爱,上下无事,唯法所在。"(《慎子·君臣》)法律以公平公正维护劳动关系的和谐,通过明确双方的权利义务关系,引导劳动者和企业自觉遵守劳动规范,践行诚信原则。在劳动合同的签订和履行过程中,双方应诚实守信,不得随意违约。管仲曾言:"治国使众莫如法,禁淫止暴莫如刑。"(《管子·明法解》)只有在法治的框架下,诚信劳动才能真正落实。

公平公正的法治观念有助于引导劳动者和企业自觉遵守劳动规范,践行诚信原则。正如韩非子所言:"法不阿贵,绳不挠曲。"(《韩非子·有度》)法律不偏袒权贵,就像墨线不迁就弯曲的木料一样。法治观念有助于规范劳动行为,法律通过惩戒机制,对违法劳动行为进行制裁,维护劳动市场的公平正义。同时,法律也通过激励机制,鼓励企业和劳动者积极参与诚信劳动。劳动者和企业应自觉遵守法律法规,依法开展生产劳动和经营管理行为。

(三)遵循守义践诺的社会公德

中国社会在千百年来的历史发展中,诚实守信、守义践诺已成为重要的公序良俗和社会公德。正如《论语》所言:"人而无信,不知其可也。"(《论语·为政》)诚信是社会公德的核心,守义践诺则是诚信劳动的具体体现。"童叟无欺""市无二价""言而有信""君子一言,驷马难追"等传统美德,已经得到人们的普遍认可和自觉遵守。《孟子》有言:"诚者,天之道也;思诚者,人之道也。"(《孟子·离娄上》)诚信是天道,追求诚信则是人道的体现。在劳动过程中,诚实守信、守义践诺具有强大的社会影响力。"童叟无欺"可以帮助商家赢得顾客的信任,"言而有信"往往是企业市场开拓的潜在力量。

在现实生活中,常会出现这样的情况,有人不时做出不诚信的行为,或为贪利,或为推责,短期内可能获得一些利益,但长期来看,其人品和信誉将大打折扣,同事和上司对他的信任也会逐渐丧失,最终失去合作机会甚至被边缘化。《左传》言:"失信不立。"(《左传·成公八年》)即失信之人难以在社会中立足(图4-4)。因此,在劳动中,遵循公序良俗,践行诚信原则,不仅是对个人品德的锤炼,更是社会发展的必然要求。诚信劳动才能让我们更好地感受到社会的温暖和力量。

图4-4　宣传漫画

📖 **拓展阅读**

失信惩戒机制关系你我他

2014 年 1 月，中央文明办、最高人民法院、公安部等八部门联合出台了《"构建诚信　惩戒失信"合作备忘录》，建立健全针对失信人员的惩戒机制，大力推动社会诚信建设。《备忘录》于 3 月 20 日正式实施。失信人在社会生活中将受到诸多领域的行为限制，部分限制内容如下：

- 限制其申请政府补贴资金和社会保障资金支持；
- 限制其被招录（聘）为公务员或事业单位工作人员，已在职的，其评先评优、晋职晋级、申请入党或转正等将受到负面影响；
- 限制其乘坐列车软卧、高铁、飞机等交通工具；
- 限制其住宿星级以上宾馆饭店；
- 限制其参加团队出境旅游，以及享受相关旅游服务；
- 限制其新建、扩建、高档装修房屋，购买车辆；
- 限制子女就读高收费学校。限制失信被执行人及失信被执行人的法定代表人、主要负责人、实际控制人、影响债务履行的直接责任人员以其财产支付子女入学就读高收费私立学校。

二、实干求真是劳动作风的内容所在

（一）秉持实干求真的劳动作风

诚信劳动离不开实干求真的劳动作风。自古以来诚信做人、踏实做事就是社会和国家平稳发展的基础，诚信实干是个人道德修养、社会人际交往、国家治理体系每个层面都必不可缺的言行守则。

老子说："图难于其易，为大于其细。天下难事，必作于易；天下大事，必作于细。是以圣人终不为大，故能成其大。夫轻诺必寡信，多易必多难。是以圣人犹难之，故终无难矣。"（《老子·第六十三章》）孔子说："君子耻其言而过其行。"（《论语·宪问》）荀子曰："闻之而不见，虽博必谬；见之而不知，虽识必妄；知之而不行，虽敦必困。"（《荀子·儒效》）墨子："言不信者行不果。"（《墨子·修身》）

诸子百家对待诚信实干的观点惊人一致，后世历代学者也有众多相似的论述。历史证明，言必信、行必果的劳动态度往往是成功的秘诀。反之，夸夸其谈言过其实终将自食其果。

【案例4-4】

李冰开凿都江堰

被誉为"天府之国"的成都是一座深受旅游者喜爱的网红城市，成都的繁华富足历史悠久，这要归功于两千多年前"天府之源"的总设计师——秦蜀郡郡守李冰，他领导开凿的都江堰是世界上目前唯一留存的无坝引水工程，将之前饱受洪涝之苦的成都平原变成了"水旱从人，不知饥馑，时无荒年"的天府之国。直到今天，都江堰（图4-5）还在发挥着巨大的水利功用。

据史书记载，建造都江堰整整花费了二十年时间。其间，李冰父子（图4-6）几经钻研，经过不断地科学实践攻破了重重难关。为了使岷江改道成都，必须凿开玉垒山，在没有火药的年代仅靠人力费时太久，李冰父子和工人们经多次现场实验后，发明了火烧水淬而后锤凿的方法，将工程时间从三十年缩短为八年。开凿出的山口遗迹即如今都江堰的"宝瓶口"和"离堆"。

图4-5　都江堰

图4-6　李冰父子雕像

此外，李冰还摸索出一套科学治水策略，比如：都江堰的三大主体工程"鱼嘴""飞沙堰""宝瓶口"因地制宜，相互配合，具有"分四六，平潦旱"的分洪灌溉功能；"深淘滩、低作堰"的岁修制度解决了水利治沙难题；"遇湾截角，逢正抽心"的八字真言保护堤坝。这些治水原理直至今天都是非常实用的科学方法，让人不禁惊叹于古人的智慧。

当代著名学者余秋雨曾在《都江堰》一文中赞叹道："此后中国千年官场的惯例，是把一批批有所执持的学者遴选为无所专攻的官僚，而李冰，却因官位而成了一名实践科学家。这里明显地出现了两种断然不同的政治走向，在李冰看来，政治的含义是浚理，是消灾，是滋润，是濡养，它要实施的事儿，既具体又质朴。他领受了一个连孩童都能领悟的简单道理：既然四川最大的困扰是旱涝，那么四川的统治者必须成为水利学家。"

【讨论】李冰留给后人的，不仅是一个伟大的水利工程和一个繁华千年的城市，更是一笔宝贵的精神财富。两千多年前的古人创造出如此辉煌的成果，凭借的是什么？李冰父子的功绩给我们留下了什么可借鉴的宝贵经验？

（二）倡导爱岗敬业的劳动风尚

中国传统文化历来重视尽忠职守的道德品质。孔子云"不在其位，不谋其政"（《论语·泰伯篇》），从侧面说明"在其位就要谋其政"的政治操守。蜀国丞相诸葛亮呕心沥血践行了"臣鞠躬尽力，死而后已"的报国承诺。北宋王安石除了文学上的成就外，他更看重自己的宰相职责，希冀通过变法实现强国富民，终其一生为之殚精竭虑，"任重者其忧不可以不深，位高者其责不可以不厚"（《节度使加宣徽》），从这番言论可以看出他对职责的忠贞态度。

"爱岗敬业"是社会主义核心价值观中对公民个人层面提出的要求，也是每一个劳动者必须恪守的道德规范和行为准则。爱岗敬业不仅是劳动作风的体现，也是劳动效率的保障，只有具备爱岗敬业精神的员工，才会全身心地投入努力，积极主动地、创造性地完成任务。在现代社会，每个人的岗位都是其中一个齿轮，只有每个岗位的员工都全身心地投入工作，社会的齿轮才能正常运转。因此，我们每个人都应把履职尽责作为职业道德的基本标准。

（三）涵养敢于担当的劳动情怀

中华民族是一个具有强烈社会责任感、使命感和担当精神的民族，儒家"以天下为己任"的报国思想深深地融入了每一个中国人的血脉之中，世代相传，无有间断。从"知其不可为而为之"的孔子到"穷则独善其身，达则兼济天下"的孟子，从"先天下之忧而忧，后天下之乐而乐"的范仲淹到"位卑未敢忘忧国"的陆游，从"天下兴亡，匹夫有责"的顾炎武到"苟利国家生死以，岂因祸福避趋之"的林则徐，都以对时代的担当、对祖国的担当、对人民的担当而为世人景仰。

敢于担当不仅是劳动中的一种态度，更是劳动价值的升华。担当，本质上是对责任的践行，既是对自身职责的履行，更是对社会责任的承担。只有勇于担当、敢于担当，才能不断地激发创新的潜能，勇敢地面对未知世界的挑战，不断突破自我，为社会创造更多的财富和福祉。历史上在抗击自然灾害的过程中，许多劳动者坚守岗位、挺身而出，理解和践行"办法总比困难多"，谱写了一曲曲动人的英雄赞歌。行进在中华民族伟大复兴征程上的年轻一代，更应该初心不改，继往开来，以时代使命为己任，敢于担当、勇于作为、乐于奉献，成为社会主义的优秀劳动者和建设者。

【案例4-5】

中国探月工程群体里的坚强团队

2020年12月30日，"嫦娥五号"导航制导与控制团队被共青团中央授予"中国青年五四奖章集体"称号。该团队主要承担我国探月工程导航制导与控制任务，他们解决了月球轨道自主停靠、月面自主定姿（定位）、自主月面上升等一系列关键技术，保证了"嫦娥五号"在20多天飞行各阶段的正常飞行，实现了近月制动、月面软着陆、月面起飞、月球轨道交会对接和再入返回等操控。该团队由156名成员组成，是一支以青年科技骨干为主体、老中青结合的坚强战斗集体，团队有35岁以下青年98人，占研制队伍总人数的63%。

成功发射"嫦娥五号"的文昌航天发射场科技人员团队中最年轻的女指挥员周承钰年仅24岁。她2018年毕业，在参加工作两年半的时间内就参加了5次测发任务，从一级连接器配气台、二级连接器配气台、后端工作站，再到动力箭上、连接器指挥。据媒体报道，文昌航天发射场科技人员团队平均年龄只有30.9岁。

参与研制"嫦娥五号"对接与月壤样品转移机构的王曙群团队事迹，光荣入选中央宣传部、全国总工会联合发布的2020年"最美职工"先进事迹。从神舟八号到神舟十一号，从天宫到天舟，该团队先后参与了7次飞行试验考核，圆满完成了13次交会对接试验任务。王曙群带领团队所提供的对接机构战功赫赫，在大家心目中他是对接机构中国制造的"代言人"。在"嫦娥五号"相关产品研制任务中，他们以"特级技师＋青年技能人员"的模式合力参与总装研制，让新生代技师得以迅速成长，3年累计培养了42名高级工、17名技师。

【讨论】我国"两弹一星"、载人航天、北斗导航、月球探测等辉煌成就，积淀起深厚博大的航天精神。请问，航天精神与敬业担当有何内在一致性？年轻一代的航天科技人员身上表现出了什么样的精神品质？

三、诚实劳动是个人发展的品格要求

（一）诚实劳动是个人立身之本

诚实劳动不仅是社会发展的基石，更是个人立身之本。诚实与诚信虽有关联，但更强调内在的真实与坦荡，是一种对自我、对他人、对社会的真诚态度。正如《礼记·大学》所言："所谓诚其意者，毋自欺也。"诚实劳动就是在劳动中不欺人、不自欺，老老实实干活、实实在在做事，以真实的态度对待劳动过程和劳动成果。

诚实劳动是在劳动中要真实、坦荡，不弄虚作假，不虚华浮夸，表现在商业领域，就是以真实的产品和服务赢得客户的信任；表现在职场，就是把领导和同事交办的工作落实好、完成好，争取实现预期目标，如实汇报工作进展，不夸大成绩、不隐瞒问题、不虚功揽过；表现在公共服务领域，就是以真实的态度对待民众诉求。可以说，诚实体现在生活的时时处处、方方面面，诚实劳动既是一种劳动态度，更是一种劳动品质。

📖 **拓展阅读**

女 工

……

浦小提炒了头两个主顾——宁夕蓝和白二宝的鱿鱼，也不再光顾将军精心筑起的小巢。她开始寻找新的工作。需要保姆的人很多，特别是城市籍的下岗女工，很受欢迎。比起不谙世事的乡下妹子，雇主更喜欢人到中年的女性。觉得她们受过失业的煎熬，更懂得珍惜来之不易的工作，对于家用电器，也精通和爱护些。

浦小提手脚麻利，做事井井有条且一丝不苟。她善用工具，街上最新出现的强化洗涤剂、玻璃清洁剂、油污净、地板精，都被她一网打尽。她会寻找出最物美价廉的牌子，推荐给主顾用。主顾一一采纳，她就去批发，小小的房间堆满了瓶瓶罐罐，如同仓库，从中也可小赚一笔。浦小提干活不惜力，特别是第一次，她会趴进床铺地，扫出蒲公英一般的尘絮，她会搬开暖气罩子，找到装修工人遗留下的破袜子，在女主人惊呼当中，把犄角旮旯收拾得干干净净。新官上任三把火，新的小时工上工，也要一个下马威。浦小提不偷懒不耍滑，口碑鹊起，不几天找她干活的人就排得满满。刚开始雇她打扫卫生，很快她的业务就扩展到买菜做饭。浦小提总是有言在先，她只在超市买净菜，这主要是为了雇主的健康，绿色无污染，再说她也没法到自由市场讨价还价。私心里还有另一个原因，就是怕雇主怀疑她克扣菜金。小贩那里的菜没个谱，今天便宜了，明天就贵了，谁也说不准。超市的菜都是明码标价，浦小提会把所有菜价的标签都整整齐齐地贴在一张纸上，雇主对于这样的安排都很满意。浦小提很快就以她精湛的家常厨艺赢得了更多的主户，后来，她索性不再接普通的小时工的活儿，专司做饭，收入成倍地增加。

（引自：毕淑敏中篇小说《女工》。）

（二）先劳后获是睿智的劳动态度

先劳后获是一种睿智的劳动态度，它强调通过辛勤劳动获得回报，而非不劳而获或急功近利。这种态度不仅体现了对劳动的尊重，更彰显了对生活规律的深刻理解。《尚书·大禹谟》言："克勤于邦，克俭于家。"强调勤劳是立身之本、节俭是持家之道，共同构成了先劳后获的智慧内核。

先劳后获，强调劳动，是获得回报的前提和基础。正如《墨子·非乐上》所言："赖其力者生，不赖其力者不生。"只有通过辛勤劳动，才能获得生活的保障和精神的满足，没有春耕夏耘，就难有秋收冬藏。早期的诗歌中就有对坐享其成剥削阶级的怒斥："硕鼠硕鼠，无食我黍！三岁贯女，莫我肯顾。"（《诗经·硕鼠》）把不劳而获、贪婪狡黠的剥削阶级比喻为硕大的老鼠。宋代王谠道："吾闻不勤而获犹谓之灾，士君子所慎者，非常之得之。"（《唐语林·补遗三》）不通过辛勤劳动就得到的东西其实是灾祸，品德端正的君子要谨慎，不要谋取不当之利。

从另一层面讲，先劳后获也是一种劳动美德、一种劳动智慧。说其为"美德"，是其表现出了劳动中需具有的责任感和奉献精神，把劳动和奉献放置于前，而不是首先考虑获取和利益。说其为"智慧"，是强调在劳动中要有耐心和毅力，不急功近利，不贪图捷径。正如《论语》所言："无欲速，无见小利。欲速则不达，见小利则大事不成。"在劳动中，只有脚踏实地、循序渐进，才能取得真正的成功。

（三）诚信友善是劳动交往的原则

"诚信友善"同样是对劳动者的道德诉求，它与"爱岗敬业"相辅相成、相得益彰。古人常说的"一诺千金""一言九鼎"就是对这种道德品质的形象比喻，前文"商鞅立木取信"也为诚信的实例。另外一个反面案例就是东周时期的"烽火戏诸侯"，周幽王为了取悦宠妃褒姒，听从身边佞臣的主意，将国家危急之时报警求助才能升起的烽烟，随意点燃以博美人一笑，视国事如儿戏，最终在外敌入侵时再点烽火已无人理会。

所以，诚信是劳动交往的基石，它要求个体在与人交往中做到言行一致、信守承诺。《论语·学而》所言"与朋友交，言而有信"，讲的也是这个道理。劳动的诚信体现在对工作认真负责、对同事坦诚相待以及对合作方信守承诺，在团队合作中不推诿、不敷衍，从而赢得对方的信任与支持；在商业合作中，严格履行合同条款，不欺诈、不违约，推动长期合作关系的建立。

友善是社会交往的润滑剂，它能够化解矛盾，增进理解，促进人与人之间关系的和谐。《孟子》言："君子莫大乎与人为善。"友善不仅是君子的美德，更是社会交往中不可或缺的情感纽带。在劳动中，友善体现在劳动过程中对同伴的关心与支持、对对方的理解与尊重，以及对社会的关怀与奉献。友善让我们主动帮助遇到困难的同事，在对方需要的时候递上热情的双手。诚信友善的交往方式，有助于在劳动中构建和谐的劳动关系，推动社会的进步与发展。

【案例4-6】

"永不离退休的老党员"周永开

周永开是四川巴中一位年过九旬的老党员。入党70多年来，他始终牢记共产党人的使命与担当，无私奉献，以对党和人民的无比忠诚，不断用实际行动践行着入党时的庄严承诺。

他在1949年以前从事川北地下党工作，中华人民共和国成立后担任巴中县委书记期间，为解决当地人民群众的生活困难，他跑遍全县，磨破了10多双草鞋，被群众亲切地称作"草鞋书记"。后来历任川北各地干部职务直至1992年离休。"共产党员没有离退休"，是周永开常念叨的一句话。他放弃安逸清闲的晚年生活，来到万源花萼山自然保护区,带头组建了退休干部义务护林队,并带动村民义务植树护林,带头植树1000余亩,建成花萼山省级自然保护区。

他不遗余力地弘扬红色文化,创建了大巴山红色教育基地,拍摄《巴山教魂》专题片,编纂《热血》丛书。他经常到机关、学校上党课（图4-7）,并积极捐资助学,在当地几所小学倡导设立了"共产主义奖学金",因为"这是培养我们事业接班人的大事"。

图4-7　周永开在做报告

这位朴实无华的老人真正践行了"为共产主义奋斗终生"的铮铮誓言,"老骥伏枥,志在千里。烈士暮年,壮心不已"正是他的晚年写照。2004年中组部授予周永开"全国离退休老干部先进个人"称号。2019年,四川省委授予他"四川省优秀共产党员"称号。2020年,中共中央授予他"全国优秀共产党员"称号。2021年6月29日,庆祝中国共产党成立100周年"七一勋章"颁授仪式在人民大会堂隆重举行,中共中央总书记、国家主席、中央军委主席习近平为周永开等29名共产党员颁授了党内最高荣誉——"七一勋章"。

【讨论】"永不退休的共产党人"周永开是共产党员的先锋和榜样。请你结合周永开的光荣事迹,说说党的二十大报告中提出的"在全社会弘扬劳动精神、奋斗精神、奉献精神、创造精神、勤俭节约精神"有何现实意义?作为青年大学生,你如何用实际行动响应党的号召,在学习和生活中践行这些宝贵精神?

活动与训练

诚信公约制定

一、活动目标
增进对诚信的理解与共识,在日常学习生活和班级建设中自觉践行诚信的良好品德。

二、活动时间
建议45分钟。

三、活动流程

（1）确立诚信班级的建设目标；

（2）每位同学围绕诚信主题，提一条合理化建议；

（3）班委收集汇总，讨论确定符合班级实际、具有操作性的建议 10 条，形成班级《诚信公约》；

（4）推广实施《诚信公约》，定期总结，不断深化。

探索与思考

1.诚信是中华民族的传统美德，在我们今天的社会中，还有诸多不诚信的行为。请你列举出来，并提出自己的解决办法和建议。

2.结合自身实际，谈谈如何在专业学习、实习实训中践行"爱国、敬业、诚信、友善"的社会主义核心价值观。

模块五　和合鼎新，以劳汇智

模块导读

本模块包括两个方面的内容：一是阐述团结协作的精神内涵、团结协作的重要作用，并结合当今社会实际，分析大学生如何在劳动中发扬团结协作精神；二是解读创新精神、创新方法和创新内容，阐述创新精神对于劳动的重要意义，探讨大学生在劳动教育中培养创新精神的路径方法。

单元一　团结协作

名人名言

二人同心，其利断金。同心之言，其臭如兰。

—— 《周易·系辞上》

学习目标

1. 了解中国传统文化中团结协作的内涵。
2. 理解团结协作在大学生劳动品质培养中的重要意义。
3. 在劳动实践中培养团结协作、共创成果的劳动素养。

案例导入

国王的遗嘱

《魏书·吐谷浑传》记载这样一个寓言故事：从前吐谷浑国的国王阿豺有 19 个儿子，个个都很有本领，难分上下。可是他们自恃本领高强，都不把别人放在眼里，认为只有自己最有才能，常常明争暗斗。阿豺临终前把十九个儿子叫到跟前，叫他们分别取一支箭折断，又叫母弟慕利延折箭一支，都很容易折断。然后他又叫慕利延取十九支箭折之，慕利延不能折。国王阿豺告诉他们，一支箭易断，十九支箭团结一致则不易摧垮，子女们应同心协力。

【分析】吐谷浑国的国王阿豺通过折箭的比喻，向儿子们揭示了单支箭易折、多支箭团结一致坚不可摧的道理。一个家族如此，一个国家、一个单位、一个团队亦是如此。在劳动中，个人能力固然重要，但只有团结协作，才能汇聚智慧、形成合力，达到 1+1>2 的效果。

一、团结协作的丰富内涵

中华民族自古以来在生产生活中就强调团结互助、合作共赢，形成了团结协作的理念。这一理念在传统文化中蕴含着丰富的精神内涵，主要体现在和谐人际观、集体主义观和协作互助观等方面。

（一）追求和谐的人际观

人与人和睦相处，安定团结，共同致力于劳动生产，国家才能兴旺、民族才能昌盛。和谐的人际关系可以使劳动集体产生强大的凝聚力、战斗力和创造力。中华民族自古以来就有"以和为贵""团结奋斗"的文化传统，形成了"和谐"的人际观。

《道德经》中老子描绘了他的理想中的社会：人与人和谐相处，宽大为怀，人人"甘其食，美其服，安其居，乐其俗"。

《国语·郑语》提出："夫和实生物，同则不继。以他平他谓之和，故能丰长而物归之。"意思是说，和谐是创造事物的原则，不同个体应相互尊重、平等相处。

孔子主张"礼之用，和为贵""宽厚处世，协和人我""四海之内皆兄弟"，就是要创造和谐包容的人际关系。"己欲立而立人，己欲达而达人"是一种博施济众的仁爱；"己所不欲，勿施于人"则是宽恕待人的准则，体现博大、宽容、尊重他人的精神和理念。

孟子曰："天时不如地利，地利不如人和。""人和"就是人与人之间的和谐、协调。孟子希望借助仁爱之道予以实现，所以"老吾老，以及人之老；幼吾幼，以及人之幼"，是儒家泛爱大众思想的表现。

墨家提出"兼相爱"，主张不分人我、不分亲疏，无差别地把爱施展到所有人，做到"爱人若爱其身"。"有力者疾以助人，有财者勉以分人，有道者劝以教人"，使"天下之人皆相爱，强不执弱，众不劫寡，富不侮贫，贵不敖贱，诈不欺愚"。

朱熹在为"四海之内皆兄弟"作注时说："苟能持己以敬而不间断，接人以恭而有节文，则天下之人皆爱敬之，如兄弟矣。"（《论语集注》）人和人之间需要相互团结、和睦共处。

在传统文化看来，国和则强，家和则兴，邻和则睦，国和、家和、邻和才是真正的和谐社会。要做到"和"，则要加强个人修养，儒家提出温、良、恭、俭、让、仁、义、礼、智、信等道德要求作为为人处世的基本准则。

（二）强调整体利益的集体观

中国传统文化强调个人是集体的一部分，社会整体的幸福是个人幸福的保证。传统的中国人是向心式个体，是社会导向的，是个体归属感特别强烈的族群。古代神话中，诸多主人公以家国天下为己任，不计个人得失，鞠躬尽瘁、死而后已，体现出强烈的集体主义精神。无论是开天辟地的盘古临死化身，还是神农遍尝百草最后因断肠草殒命，抑或是大禹三过家门而不入，均表达出了在家国利益、集体利益面前的舍己为人、大公无私、先人后己精神。

《诗经》中提出"夙夜在公"，《书经·周官》提出"以公灭私，民其允怀"，都体现着一种整体精神。《礼记·礼运篇》里讲到"大道之行也，天下为公"；儒家提出德行的基本要求是"修身、齐家、治国、平天下"。正是这种强调国家和社会是一个整体的道德观念，培育了一代又一代、一批又一批"临患不忘国""图国忘死"（《左传》）的爱国志士。先贤们从内心深处发出的"捐躯赴国难、视死忽如归"（曹植《白马篇》），"以国事为己事，以国权为己权，以国耻为己耻，以国荣为己荣"（梁启超《爱国论》），"国家兴亡，匹夫有责"等呼声正是这种整体精神的体现，在今天仍然令人振聋发聩。

历史上以整体利益、以民族利益和国家利益为出发点来考虑和处理问题的例子不胜枚举：为了国家利益、团结同僚，蔺相如忍让廉颇，有了著名的将相和故事；西汉的李广、霍去病，南宋著名的民族英雄岳飞，他们在个人利益与国家利益相冲突时，毅然选择服从国家利益。汉朝贾谊"国而忘家，公而忘私"，范仲淹"先天下之忧而忧，后天下之乐而乐"以及鲁迅的"我以我血荐轩辕"等爱国情操，核心是把国家利益、集体利益摆在第一位，并以自己的时间、精力乃至生命付出维护国家和民族利益。这既是中华民族经久不衰的精神力量，也是在新时代劳动中需要传承和发扬的可贵品质。

（三）团结互助的协作观

团结互助是劳动中不可或缺的协作观，它强调在劳动中个体之间相互支持、共同进步，以实现集体的目标。团结互助是集体力量的源泉，通过相互之间的协作，弥补个体的不足，达成集体的力量。农民互助合作社就是一个典型，单个农户很难形成竞争优势，但通过互助合作社整合资源，则会形成一定的产业合力。在工业生产中，新产品开发、解决技术难题需要跨车间、跨部门协同，大家分工合作、各司其职。任何一个单位都需要部门之间的合作才能高效运行，职场"分工不分家"的说法，说的正是这个道理。团结互助也是攻坚克难的关键，《诗经》有言："兄弟阋于墙，外御其侮。"在面对外部挑战时，只有团结一致，才能战胜困难，我国在"5·12汶川大地震"、承办奥运会、抗击疫情等关键时期的举国体制优势，其本质是在党中央的领导下形成高度的团结统一，集中力量办大事。

汉代刘安的《淮南子》中对团结协作、各尽其才有精辟的论述：

"故千人同心则得千人力，万人异心则无一人之用。将卒吏民，动静如身，乃可以应敌合战。故计定而发，分决而动，将无疑谋，卒无二心，动无堕容，口无虚言，事无尝试，应敌必敏，发动必亟。故将以民为体，而民以将为心。"

在民间，古代农村早就有互相协作的传统。宋朝著名诗人王禹偁为陕西农民共同劳动、互相协作的优良传统所感动，写出著名的《畬田调五首》加以歌颂。

其一如下：

北山种了种南山，相助力耕岂有偏。愿得人间皆似我，也应四海少荒田。

这里说的是北山种完了，再种南山，大家互相帮助，努力种田，哪有什么偏心。如果人间都像我们这样互助协作，共同劳动，所有地方都不会有荒废的农田。

【案例5-1】

临潭县城元宵节"万人拔河"活动

临潭县位于甘肃省甘南藏族自治州，古称洮州，该县元宵节每年一度的"万人拔河"赛（扯绳）已有六百多年历史，已成为当地民俗文化活动的重要内容。

临潭万人拔河在每年农历正月十四、十五、十六日晚上举行，每晚三局，三晚九局。不分男女老少，不分汉、回、藏民族，不设裁判，也不分队，只简单地区分为上片和下片——以县城西街为界线，以北属上片，以南属下片，参加人数近十万人，其场面之壮观，令人赞叹不已。

比赛时，所有人都忘记了自己的民族、年龄、职业，忘记往日的辛劳、疲惫、忧愁、烦恼，充分显现出大西北人的粗犷、豪放与执着，那绳如巨龙流动、蛟龙出水，忽上忽下，或动或静，相争相持，气势如虹。真乃"人心齐、泰山移"！

临潭县城元宵节"万人拔河"活动（图5-1）在参赛人数，扯绳的重量、直径、长度上不仅是历史之最，也堪称世界之最，被载入吉尼斯世界纪录。

图5-1 临潭县城元宵节"万人拔河"活动

【讨论】临潭"万人拔河"早期是为了"占年岁丰歉"，现已发展为年复一年的重要民俗活动。"万人拔河"体现的是凝心聚力、团结协作，大家心往一处想、劲往一处使。你认为在拔河比赛中如何才能发挥最大的力量？对我们的劳动可有什么启发？

二、团结协作在劳动中的特殊意义

（一）团结协作汇聚力量与智慧

中华民族对于团结精神有着深刻地理解,格外重视团结的力量。荀子认为人在本质上是群居的生命体,有团体的力量,并强调"和则一,一则多力",如《荀子·王制》所言:

"(人)力不若牛,走不若马,而牛马为用,何也? 曰:人能群,彼不能群也。人何以能群? 曰:分。分何以能行? 曰:义。故义以分则和,和则一,一则多力,多力则强,强则胜物。"

汉代韩婴《韩诗外传》云:"独视不若与众视之明也,独听不若与众听之聪也,独虑不若与众虑之工也。"强调群体的力量远大于个人。

据《三国志》记载,孙权曾说:"能用众力,则无敌于天下矣;能用众智,则无畏于圣人矣。"意思是如果有能力充分发挥和利用众人的力量与智慧,就可以所向无敌、无所畏惧。

晋葛洪在《抱朴子·务正》中说:"众力并,则万钧不足举也;群智用,则庶绩不足康也。"北宋石介《上范经略书》强调:"明堂所赖者唯一柱,然众材附之乃立;大勋所任者唯一人,然群谋济之乃成。"强调依靠集体的智慧和努力才能完成大任。

清代魏源《默觚下·治篇》云:"倾厦非一木之支也,决河非捧土之障也。"意思是倾斜的大厦不是一根木头就能支撑得住的,决了口的大河不是一捧土就能堵塞得住的。

除了古代贤哲的论述,民间关于团结协作的谚语也非常丰富,比如"人心齐,泰山移""芦柴成把硬,大家拾柴火焰高""猛兽不如群狐""单丝不成线,孤木不成林",蒙古族谚语"杂草多的地方牛羊壮,群众多的地方智慧广",维吾尔族谚语"群众在哪里,哪里就有胜利的歌声",彝族谚语"一人难挑千斤担,众人能移万座山"等,讲的都是这个道理。

（二）团结协作方能打造强大团队

《尚书·泰誓》记载武王伐纣时曾说:"受有亿兆夷人,离心离德。予有乱臣十人,同心同德。虽有周亲,不如仁人。"他认为商纣王荒淫无道,虽然人数众多,但是离心离德;而自己虽然只有十个人,但是同心同德,一定能成就大事业。于是,武王的军队势如破竹,以弱胜强,打败了强大的商朝军队。

"上下同欲者胜。"(苏武《孙子兵法》)"欲"指的不是欲望,而是方向和信念,如果一个群体方向一致,力往一处使,所有人的力量和本事都能发挥到淋漓尽致,产生超出预期的效果。民间俗语"上下同心,其利断金""同舟共济海让路",也是此理。

抗倭英雄戚继光统帅的戚家军取得赫赫战功,这和他们昂扬团结的团队精神是密不可分的。正如戚继光在其所作军歌《凯歌》中所唱："万众一心兮，群山可撼。"

《西游记》中的唐僧师徒四人，身份不同，出生时间不同，经历不同，但是他们把到西天取得真经作为共同的目标，就逐渐成为一个紧密的团队，克服重重阻碍，最终完成取经大业。

除了有共同的奋斗目标，领导者的阔大胸怀也至关重要。管仲在《管子》中有一句名言："海不辞水，故能成其大；山不辞土石，故能成其高。"在一个团结和谐的团队中，领导者一定有"海纳百川"的豁达胸怀，能广泛听取各方意见，善于使用各类人才，才能使大家各展所长，形成合力。

此外，成员之间还需坦诚相见、彼此理解、相互信任。《诗经·秦风》中著名的《无衣》就是这样一首关于直面苦难、团结互助的热情赞歌。

> 岂曰无衣？与子同袍。王于兴师，修我戈矛，与子同仇。
> 岂曰无衣？与子同泽。王于兴师，修我矛戟，与子偕作。
> 岂曰无衣？与子同裳。王于兴师，修我甲兵，与子偕行。

凝聚力作用于个人与群体之间，最终可以形成一个我为人人、人人为我的风气，使得集体在每个个体的强大推动中形成力量，个体也在集体力量中受益。

📖 拓展阅读

狼性精神永远不会过时

任正非曾说，狼有三大特性：一是敏锐的嗅觉；二是不屈不挠、奋不顾身的进攻精神；三是群体奋斗。企业要扩张，必须有这三要素。

……

狼不仅有着敏锐的嗅觉和百折不挠的奋斗精神，更重要的是，狼具有群体战斗精神和为群体牺牲的精神。在捕杀猎物的时候，狼也会单打独斗，但是在面对比自己强悍或者体形庞大的猎物时，狼会选择群体攻击，前后包抄，多路围击，不管猎物有多厉害、体形多大，都难逃狼群的攻击。

狼群面对强大的猎物时，即便采取群体攻击也难保狼群毫发无损。但是在围击猎物的时候，任何一只狼都不会在战斗中丢下同伴逃掉，即使是牺牲自己也要帮助同伴捕杀猎物。

企业也是一样，无论面临多大的打击和困难，只要大家团结起来，共同奋斗，一定会解决难题，迎接成功。在这个过程中，任何人都不会丢下同伴，自寻出路，而是共同面对，奋力拼搏。这不仅仅是狼的精神，也是企业要宣扬的精神。

任正非在《致新员工书》一文中强调："华为的企业文化是建立在国家优良传统文化基础上的企业文化，这个企业文化黏合全体员工团结合作，走群体奋斗的道路。有了这个平台，你的聪明才智方能很好发挥，并有所成就。没有责任心、不善于合作、不能群体奋斗的人，等于丧失了在华为进步的机会。"

群体精神不只是共同面对，同甘共苦，还代表了协同合作，互利互助。即使狼崽捕捉食物，它们不会因为同伴的虚弱就把同伴丢弃，相反它们会加倍照顾同伴，一起生存下去。

狼群的这种群体精神正是企业团队合作的典范，无论什么时候、面临什么样的困难，大家共同前进，相互帮助，不担心任何一个同伴拖后腿，而是共同扶持，相互鼓励，大家一起奋斗，一起成长，共同走向成功。狼群的这种群体精神是华为人一直坚持贯彻的奋斗精神，也是国内很多企业缺乏的精神。

（引自：黄继伟. 华为管理法 [M]. 北京：中国友谊出版公司，2019.）

（三）团结协作乃成就事业的基本保障

《韩非子·观行》中说："虽有尧之智而无众人之助，大功不立。"意思是说虽然有尧帝一样的智慧，但没有众人的帮助，大的功业也是不能建立的。

古往今来，不论是造就天府之国的都江堰水利工程，还是开凿气势恢宏的京杭大运河、建造巍峨蜿蜒的万里长城，无不体现出劳动人民团结协作的伟大力量与智慧。炎帝和黄帝结盟，共同击败蚩尤。炎帝和黄帝被尊奉为华夏初祖。刘邦认为，"夫运筹帷幄之中，决胜于千里之外，吾不如子房；镇国家，抚百姓，给馈饷，不绝粮油，吾不如萧何；连百万之众，战必胜，攻必取，吾不如韩信"，其识人、用人、凝聚人心，最终打败项羽，因为"项羽有一范增而不能用"。

从国家、民族的发展来看，我国建立起统一的多民族国家，实现了民族大融合、大发展。近代以来，强敌入侵，家国飘摇，依靠团结精神，中华民族书写了抵抗外侮、保家卫国的壮丽诗篇。中华人民共和国成立之后，国家一穷二白、百废待兴，依靠团结精神，在改革开放的伟大实践中取得了令人瞩目的发展成就……

从家庭、个人的发展来看，团结和睦是最强大的保障和后盾。正如《礼记》所讲："父子笃，兄弟睦，夫妻和，家之肥也。"《曾国藩家书》也说："夫家和则福自生。若一家之中，兄有言弟无不从，弟有请兄无不应，和气蒸蒸而家不兴者，未之有也。"家人团结齐心，个人的成就、家族的成就才会聚集而来。

【案例 5-2】

中华人民共和国的两大奇迹之一——红旗渠

从 20 世纪 50 年代开始，河南安阳林县人民在艰难困苦的岁月里，用 10 年时间，克服各种艰难险阻，创造了奇迹：十万人开山修渠，绝壁穿石，削平 1250 座山头，架设 152 个渡槽，打通 211 条隧道，建起全长 4000 多公里的"人工天河"红旗渠。在太行山上修建红旗渠，改写了当地缺水的历史。建成一、二类水库 48 座、塘堰 345 座、提灌 45 座，共计兴利库容 6000 余立方米，兴建小型水力发电站 45 座，形成"引、蓄、提、灌、排、电、景"相结合的大型灌区。

红旗渠成了水利史上的奇迹。周恩来总理曾自豪地向国际友人介绍："新中国有两大奇迹，一个是南京长江大桥，一个是林县红旗渠。"

后来有记者对话当年修建红旗渠的刘胡兰突击队队长李改云，问她回想当年修建红旗渠，印象最深的是什么？李改云回答：印象最深的就是，那时候人们在非常艰难的情况下，目标一致，万众一心，说干就干，不怕困难，坚决把这个事情给办成，毫不动摇。

图 5-2 所示为庆祝中华人民共和国成立 70 周年大型成就展——红旗渠。

图5-2 红旗渠展览

【讨论】什么是"红旗渠"精神？在信息化时代产业转型升级阶段，"红旗渠"精神对我们有哪些启发？

三、团结协作与大学生劳动素养培养

（一）坚持终极价值的理想追求

集体主义思想强调个人对于社会的责任和义务，社会的人重于个体的人，这与传统的"天下兴亡、匹夫有责"的家国情怀一脉相承。当代大学生应把个人理想和国家梦想、个人价值与国家发展结合起来，树立远大理想。

"为中华之崛起而读书""苟利国家生死以，岂因祸福避趋之"，曾是许多志士仁人神圣的人生理想和价值取向，他们在终极价值理想上毫不犹豫地选择了人民幸福、国家利益，自觉地为之奉献自我、追求不止。马克思在《青年在选择职业时的考虑》中写道："如果我们选择了最能为人类福利而劳动的职业，那么重担就不能把我们压倒。"这一论断深刻揭示了劳动价值的终极指向——个体的生命意义只有融入国家和民族的事业，才能超越狭隘的功利主义，实现精神境界的升华。

例如，黄大年喊出"振兴中华，乃我辈之责"的铮铮誓言，展现出将个人生命融入国

家事业的崇高境界。对当代大学生来讲，需要有这种强烈的担当精神，在实习实践中不避艰苦，主动承担情况调研、资料整理、设备调试、工艺优化等基础工作；面对新兴产业技能缺口，能主动学习新标准新技术，关键时刻顶得上去；在乡村振兴事业中，能在农民农村中扎下根来，立足乡情民情，将课堂所学转化为农民增收实效。唯有以家国情怀为灯塔，才能激发持续奋斗的动力，在团结协作中突破极限。

（二）保持宽容心态促进团队合作

当今社会，分工更加精细复杂，科学技术日新月异，知识信息呈爆炸级增长。这更加需要人与人之间的分工合作，也更需要具备良好的与人相处能力。《周易·系辞上》有言："二人同心，其利断金。"这一凝聚千年的东方智慧，在智能制造的精密流水线、乡村振兴的田间实验室、技能竞赛的协同攻关中依然彰显强大力量。

《论语》有言"君子和而不同，小人同而不和"，品德高尚的君子能够在保持和谐的同时，尊重彼此差异；品德低下的小人表面一致，内心却彼此不认同，甚至"脚下使绊子"。真正的团队精神不是消除差异，而是尊重专业分工，倾听多元观点，将个体特长转化为集体优势。在智能制造转型升级中，擅长硬件的同学可能更关注结构的稳定性，而有软件优势的同学则聚焦系统优化升级，实现效率与创新的突破。

《薛文清公读书录》中"唯宽可以容人，唯厚可以载物"的训诫，揭示了团队协作的本质是利他情怀。劳动中的团队合作，要求个体超越"争当主角"的功利心态，甘做支撑全局的"螺丝钉"。《礼记》指出："独学而无友，则孤陋而寡闻。"顾全大局、相互协作、彼此配合，既能保证团队的有效运转，也能让我们更有效地学习和创造，在和谐友好的环境中实现个人成长和事业突破。

【案例5-3】

团队协作力，成长的助推器

社团是大学生活的重要组成部分，更是提高大学生多项能力和综合素质的训练营。以下是两位来自不同高校的同学对自己社团经历的叙述。

1. 李佳星，女，青岛工学院，英语专业

在大学期间，我参加了武术社，在当时这是一个只有5名成员的小团队。人数虽然少，但是我们相处得很愉快，大家有共同的爱好和生活轨迹，并且都怀着共同的目标。在那一年里，我每天早上6点起床，晚上10点才回宿舍，除了上课时间整天都和团队在一起。为了增加我社的影响力，我们策划了一场大型晚会，为此我们从早到晚一起做宣传活动、武术练习并拉赞助，虽然很累，但是我们大家因为有了同一个目标所以都很有激情与信心去克服困难并完成目标。最后晚会得到了师生一致好评。这件事给我最大的感触是：在这个团队中每个人都不是独立存在的，一旦我们发挥出团队的能量，就可以达到1+1>2的效果。

2.张海林,男,西南大学,包装工程专业

在大二的这一年,我成为万学ACT集英社Beat-team的队长,在此期间我有了第一次拍微电影的经历。我被选为导演,负责统筹安排这次微电影创作、拍摄、后期制作等。首先,我精心挑选了七八位同学参与我们的团队,并对整个剧组进行了分工,有编剧、后期、道具组、摄影师等。在拍摄过程中大家各司其职、井然有序。但也遇到了很多困难,但通过大家一同研究学习、分工合作,最终达到了预期效果。在这部微电影制作成功后,我们团队已经扩大至三十余人的团队,并成功击败另外6部作品获得了第一名的成绩。这次经历让我非常感动,我深刻感受到没有什么困难能打败一颗颗坚持胜利的决心,没有什么艰难能够阻挡一个紧密而协调的团队。

【讨论】任何事业都不是一帆风顺的,年轻人的成长过程就是在挑战中不断学习成长为专业选手的过程,团队和团结协作是我们重要的依靠力量。根据案例,结合自身经历和感受,说说如何成为一位优秀的团队组织者和如何组建一个强大的团队。

🎯 **活动与训练**

取 队 名

一、活动目标

凝聚小组共识,增进小组成员的团结协作。

二、活动时间

建议20分钟。

三、活动过程

(1) 学生每4～6人划分为一个小组,每个小组通过讨论为自己取一个队名,画上队徽,设计一句口号;

(2) 每个小组介绍自己的队名、队徽和口号的寓意;

(3) 同学进行打分,评出最佳小组,教师点评。

🔍 **探索与思考**

1.《孙子兵法》说:“上下同欲者胜。”你怎样理解这句话?

2.在人工智能时代,很多想法都可以同DeepSeek、Kimi讨论交流,很多工作都能够被机器替代,人与人之间的协作还有那么重要吗?

单元二　吐 故 纳 新

🧠 **名人名言**

苟日新,日日新,又日新。

——《礼记·大学》

学习目标

1. 理解中国传统文化中创新精神的内涵。

2. 认识兼容并包在创新精神培养中的促进作用。

3. 自觉通过劳动实践发扬创新精神、培养创新品质。

案例导入

田兆元：黄道婆的创新精神，也是上海的灵魂

如果选择一位历史人物作为上海历史上科学家的代表，他会是谁？华东师范大学民俗研究所田兆元教授给出的答案是"黄道婆"。

"上海历史上，春申君是政治家的代表；陆机、陆云是文学家的代表；黄道婆是科学家的代表，是创造财富的代表，她引导民众脱贫致富，形象非常突出。"越是深入了解上海的棉纺织历史，田兆元越是认为，改良了棉纺织技术的"先棉"黄道婆，当之无愧是一位科学家，"因为她的科学创新，使上海这个地方摆脱了原来边地比较贫寒的状态，走向富裕之路，为现代城市的诞生奠定了重要物质基础、技术基础。"

历史记载的黄道婆，又称黄婆。生于南宋末年淳祐年间（约公元 1245 年），是松江府乌泥泾镇（今闵行区华泾乡）人。

元朝时期，黄道婆从海南崖州归来，从黎族学习并改良了棉纺织技术，并传授给当地百姓。

黄道婆之前，中国也有棉纺织技术，但比较落后，效率很低，丝绸价格昂贵，普通百姓还是穿麻为主。黄道婆改进纺织工具，改良纺织技术，全面解决了脱棉籽、弹棉花、纺纱、织布四道主要工序的技术难题，还发明了三锭纺车。

利用黄道婆发明的设备和技术，松江府迅速发展成为棉纺织业的重要区域，最终赢得了"松郡棉布，衣被天下"的美誉。

【讨论】 黄道婆是中国纺织史上一位非常重要的女性，因为她引进纺织技术并改进纺织工具，全面提升了上海地区的棉纺织水平，并使之走向富裕。这一创新不仅在于技术突破，更在于实现了"以技富民"的价值导向。真正的创新绝非闭门造车，而是善于发现生产生活中的现实问题，引进或改进技术以实现突破。

一、中国传统文化中蕴涵的创新元素

（一）创新思想

中国传统文化以《周易》为源头提出："通其变，使民不倦；神而化之，使民宜之。《易》穷则变，变则通，通则久。""富有之谓大业，日新之谓盛德。生生之谓易。"由此奠定了追求创新的思想基础。这种变革、创新精神由先秦诸子直接继承，催生出战国时期

"诸子蜂起，百家争鸣"的壮丽景观。诸子百家不同学派的形成与发展，本身就是个性张扬、理论创新的集中体现。

《诗经·大雅·文王》云："文王在上，於昭于天。周虽旧邦，其命维新。""其命维新"表达的意思是：周王室虽然是旧的邦国，但其使命在革新。

《论语》载："譬如为山，未成一篑，止，吾止也。""譬如平地，虽覆一篑，进，吾往也。"强调进德修身要持之以恒，不可须臾停步，揭示出了中华民族不断进取、不断创新的积极人生态度。

《礼记·大学》指出，早在商汤时期，"盘铭"上就刻着"苟日新，日日新，又日新"的字句，揭示求新是一个持续不断的过程。

近代维新变法的思想家康有为提出："夫物新则壮，旧则老；新则鲜，旧则腐；新则活，旧则板；新则通，旧则滞，物之理也。法既积之，弊必丛生，故无有百年不变之法也。"这种革故鼎新的变易思想成了人们倡导变法、力主创新的理论依据。

（二）创新方法

学思结合，注重实践。创新是一个认识与实践相互作用、不断提高的过程，既要理性思考，又要大胆探索、勇于尝试。孔子提出："学而不思则罔，思而不学则殆。"强调善思和勤学的结合，这也是追求创新的基础。墨子被后世称为"科圣"，集科学家与工程师于一身，依靠精湛的技艺技巧，设计并制造出领先时代的掷车、转射机、连弩车等防御武器。墨子反对"述而不作"，提出"吾以为古之善者则述之，今之善者则作之，欲善之益多也"（《墨子·耕柱》），可见其极富创新实践精神。

取长补短，善于学习。中国传统文化中表现出来的认识自我、改变自我的思维方式对个体自我完善与自我实现具有巨大的指导作用。孔子说："见贤思齐焉，见不贤而内自省也。"（《论语·里仁》）"三人行，必有我师焉。"（《论语·述而》）孟子说："大舜有大焉，善与人同，舍己从人，乐取于人以为善。"（《孟子·公孙丑上》）他们都号召取人之长，补己之短，以开放的思想接纳比自己优秀的人，向身边的人学习，以此反躬自省、不断进取。

温故知新，由此及彼。孔子曰"温故而知新"，墨子主张"以往知来，以见知隐"，对原有的东西要继承，能师法过去，融汇新旧，产生新的发现和创造。孔子又提出："举一隅，不以三隅反，则不复也。"就是我们今天讲的"举一反三"，通过一件事情类推到其他事情，从而获得新知识，产生新的见解，实现创新。举一反三的能力和水平，反映的是个体对于知识融会贯通和综合运用的水平。这点对我们当代大学生尤有指导意义，技能背后反映的是我们对知识的理解与运用，需将知识转化为能力，运用知识解决实际问题，而不是简单地"依样画葫芦"。

【案例5-4】

蔡伦改进造纸术

蔡伦是东汉时期的一位宦官。他看到当时写字用的简牍太笨重，绢帛太昂贵，而已有的麻纸又不适宜写字，就下决心造出一种既便宜又便于写字的纸来。

蔡伦先仔细研究了前人造纸的经验，知道了制造麻纸的原理就是把麻的纤维捣烂，压成薄片。但麻里面还有不少粗纤维捣不烂，所以做成的纸仍然不适宜于写字，并且把能用来织麻布的麻来造纸，成本很高。蔡伦想，麻能造纸，是因为它有纤维，能粘在一起，那么破布、破渔网、树皮、麻头等不值钱的东西也都含有纤维，是不是也能用来造纸呢？于是，他把破布、破渔网、树皮、麻头等东西收集起来，先泡在水里，洗去污垢，再放在石臼里捣烂成浆，然后压成片，经过多次加工做成了纸。

蔡伦把制出来的纸连同制作工艺一同献给汉和帝。汉和帝一看非常高兴，命令全国大力开发。因为原料简单且容易寻找，制作工艺也不复杂，这种纸很快就得到了全国百姓的推崇。为了纪念蔡伦的造纸术，人们把制作出来的纸命名为"蔡侯纸"。

【讨论】蔡伦造纸术的发明揭示了"创新"的什么道理？对人类文明的发展产生了什么积极影响？你还知道哪些发明也是在前人经验与自我创新相结合的基础上产生的？

（三）创新内容

中国传统文化中蕴含的创造力和创新精神体现在制度创新、科技创新、艺术创新等诸多领域，对当时经济社会发展产生了极大的推动作用。

早在春秋时期，齐国的政治家管仲，从改革赋役入手，采用"均地分立"的办法，将齐国的生产方式从奴隶制变为一家一户的个体生产。这一创新大幅调动了人民的生产积极性。商鞅在秦国"废井田，开阡陌"，使秦国迅速走上了富强的道路。曹操创设屯田制，较好地解决了军粮问题。北宋时期的王安石变法、明朝的张居正改革等都是国家面临危机时的改革创新。另外，在我国的历史发展中，税收制度、人才选拔制度、军事制度总是适应一定时期的经济社会形势变化而不断完善，以达到改善人民生活及促进经济社会发展的目的。

创新驱动发展的关键是科技创新。中华民族在世界科技创新的历史上曾经有过辉煌的成就，培根、马克思等思想家都指出，正是来自中国的造纸术、印刷术、指南针、火药四大发明及其他科技发明推动了世界近代历史的进程。除了四大发明（图5-3），中国在农业、冶铸、土木、水利、建筑、园林、航海、数学、天文、医学、药学等方面都有一系列成果，展现出古人创造和综合利用先进技术的非凡能力。水稻依靠中国人发明新的种植技术而实现高产，最早的陶器也出现在约16000年前的中国，殷商中期的早期青铜器距今已逾

3000年，当时中国冶炼和制作青铜器的水平在世界上是最高的。

中国传统文化中，个性解放与创新精神在艺术领域始终受到高度重视并得到充分发展。中国文学史上诗、词、曲、赋等形式变迁与风格更迭，中国书法中金、篆、隶、楷等书体的创新及演变，都可以作为中华民族追求特性、崇尚创新的象征。

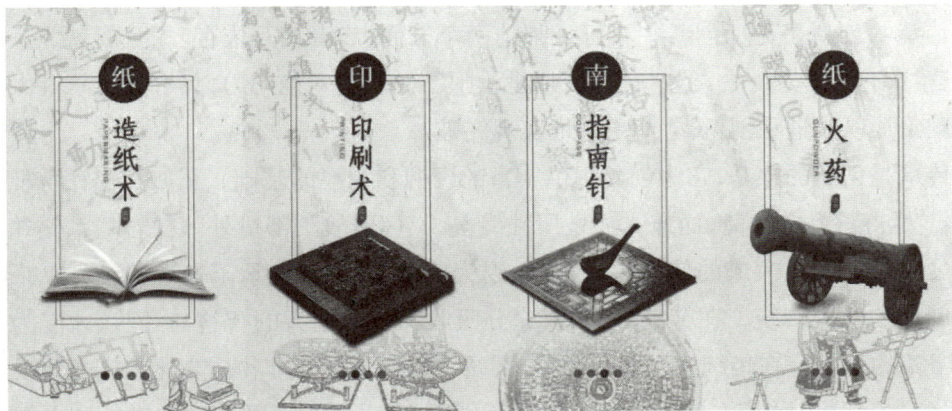

图5-3　中国古代四大发明

二、兼容并包是劳动创新的重要前提

（一）兼收并蓄促进创新发展

兼收并蓄是中国传统文化的重要内容，它强调在广泛吸收和包容中实现创新。唐代学者韩愈在《进学解》中提到："玉札丹砂，赤箭青芝，牛溲马勃，败鼓之皮，俱收并蓄，待用无遗者，医师之良也。"这是说高明的医师会把不同类型的东西都收存起来以备不时之需，有兼而有之、兼容并包之意。兼收并蓄是一种胸怀，体现在文化上就是保持开放心态，积极借鉴人类文明的一切优秀成果，博采众长、为我所用。习近平总书记指出，"中华文明具有突出的包容性""决定了中华文化对世界文明兼收并蓄的开放胸怀"。兼收并蓄对劳动创新具有重要意义，它要求我们在广泛吸收多元知识和经验的基础上实现创新与进步。

早在先秦时期，人们就很重视兼收并蓄的思想，齐国的"稷下学宫"汇集了诸子百家的思想精华，成为当时学术创新的重要阵地，不仅推动了思想的交流与碰撞，还为劳动创新提供了丰富的思想资源。在劳动中，只有广泛吸收不同的经验和智慧，才能打破固有思维的局限，实现劳动方式、劳动技术、劳动工具的更迭。

兼收并蓄不仅是思想上的包容，更是实践中的创新路径。在劳动中，兼收并蓄要求我们善于利用各种资源，充分发挥其价值。西汉时期张骞出使西域，带回大量农作物新品种的种子，如核桃、葡萄、石榴等，这些外来物种经过劳动者的精心培植，逐渐成为中国人餐桌上的重要食材，不仅丰富了人们的物质生活，还推动了农业技术的创新与发展。

中国古代但凡盛世，无不体现出乐于接纳外来事物的雍容气度。唐代长安城作为国际大都市，汇聚了来自世界各地的商人、学者和艺术家，形成了开放包容的文化氛围，极大地推动了当时的经济繁荣和文化交流，也为后世的劳动创新提供了宝贵的精神财富。

（二）传承和创新相互成就

传承与创新是劳动创新中不可分割的两个方面，二者相互依存、相互成就。正如杜甫所言："不薄今人爱古人""转益多师是汝师"（《戏为六绝句》），只有在继承前人成果的基础上加以改进和创新，才能更好地实现突破。

传承是创新的根基，它为创新提供丰富的资源和深厚的基础。正如元稹评价杜甫时所说："尽得古今之体势，而兼人人之所独专矣。"（《唐故工部员外郎杜君墓系铭并序》）杜甫之所以成为集大成的伟大诗人，正是因为他博采众长，继承了自《诗经》以来我国诗歌创作的优秀传统。在劳动中，只有充分吸收和传承前人的智慧与经验，才能为创新奠定坚实的基础。在传统手工艺作品中，蜀绣、剪纸、皮影等非物质文化遗产是重要的组成部分，数字时代对其工艺、材料、技法进行创新，须以深刻了解其文化内核和关键工艺为基础。

创新是传承的动力，传承的目的是更好地创新，或者通过创新使传统技艺焕发新的生命力。书法大家颜真卿在继承王羲之、王献之和张旭等前人书法精髓的基础上，突破传统，开创了别具一格的颜体。在劳动中，只有通过创新，才能使传统技艺更好地适应时代需要，实现可持续发展，并能更好地发展。许多传统技艺通过融入现代设计理念和技术手段，焕发出新的活力。成都一刺绣团队将蜀绣与法式刺绣相结合，创造出独具特色的新作品，不仅保留了蜀绣的传统技法，还赋予了它新的艺术表现形式。陕西汉中的藤编技艺通过与西班牙罗意威品牌的合作，设计出风靡全球的桃心小扇，大大提升了传统技艺的附加值。

【案例 5-5】

大成都市井风情长卷民乐 + Rap《醉成都》MV 刷红网络

大家试想，如果把盛唐的"音乐之都"成都装进一幅古画，该是一幅怎样的景象？估计你想不到，一首国风音乐原创短视频作品《醉成都》（图 5-4）在网络上迅速走红。这首作品将古琴、古筝、琵琶、竹笛与 Rap、流行音乐相结合，众多成都元素把"音乐之都"的历史韵味展现得淋漓尽致。

整首 MV 像是一幅长长的成都市井风情长卷。只不过这一次，画里的人物不仅动起来了，还唱起了 Rap，奏起了传统乐器。短短 3 分 36 秒的视频，借助多个古今交融的生活小剧场形式，比如边看 iPad 边吃兔头的"杜甫"，自拍中的唐代"川妹子"，随处可见的火锅、串串、冰粉；更让人耳目一新的是，一曲国风改编版的赵雷创作的《成都》，让整个视频都充满悠扬自在的生活感。其中很多地道的成都元素，让不少成都人看了都大呼经典。

《醉成都》的制作班底来自上海，这支创作团队名叫"自得琴社"，与"微成都"新媒体平台一起完成了这支 MV 的创作。

图5-4　短视频作品《醉成都》

【讨论】通过古代元素和现代元素的结合，《醉成都》为什么能迅速走红网络并得到大家的认可？其成功的秘诀是什么？你是否有类似的作品推荐给大家？这对新时代的劳动有何启发？

（三）开放共享是创新发展的基础

开放共享不仅体现了中华文化中谦逊包容的道德修养，更是推动社会进步的重要力量。正如《周易·系辞上》所言："劳而不伐，有功而不德，厚之至也。"有功劳而不夸耀，有功德而不自矜，才是最高境界的德行。在劳动创新中，开放共享的精神能够促进知识的传播与融合，更好地激发创新的活力。

开放共享强调在劳动中尊重他人、共享成果，这需要谦逊包容的态度。《战国策·赵策二》有言："贤者任重而行恭，知者功大而辞顺。"贤能之人肩负重任而言行谦恭，睿智之人功勋卓著而言行和顺。这种态度不仅体现了君子的风度，更为劳动创新提供了良好的文化氛围。在当今科技创新领域，许多重大突破都源于知识的开放与共享。以包容的心态让成果惠及他人，并接受他人的批判，才能更好地推进科技创新。开源软件的兴起，正是开放共享精神的体现。

开放共享要善于利用各种资源，充分发挥其价值。正如清代申居郧在《西岩赘语》中所言："君子不矜己善，而乐扬人善。"君子不夸耀自己的优点，而乐于宣扬别人的善行。正是这种开放的态度，促进了知识的传播与融合，激发出创新的思维。在现代制造业中，许多企业通过开放技术平台，与合作伙伴共享技术资源，推动了技术的快速迭代与创新。在教育领域，许多学校通过开放课程资源，促进了教育的公平与质量。

在全球化背景下，各国之间的文化交流日益频繁，开放共享的精神显得尤为重要。正如中国当代著名社会学家费孝通所说，"各美其美，美人之美，美美与共，天下大同"，这一思想体现了处理不同文化关系的最佳解决方案。它要求增强自身文化自信，尊重他人或他国文化，促进国家之间、民族之间的文化交流，最后达到百花齐放的境地。

作为新时代的劳动者，我们应继承和发扬这种精神，欣赏自己，欣赏他人，在劳动中广泛吸收多元知识和经验，推动创新实践，为社会进步贡献自己的力量。

📖 拓展阅读

人人都是发明家（节选）

我们并不要求每个人都会编程，都可以去做管理，也不要求每个人都有各种各样奇怪的想法。因为社会的需求是多方面的，我们想让他们知道去寻求不同的答案，知道并不是所有的东西都有标准答案。比如说，发声原理、光和颜色、声音强弱、触发，这些都是确定的知识点，不确定性的东西在哪里呢？思维发散。

不同的组合带来不同的变化。比如说，一个蜂鸣器加上一个灯，再加上一个开关，我们可以把它做成一个声控灯。这三个组合起来，我们还可以把它做成简易电子琴、防丢器、噪声器，甚至可以做出更有意思的东西。

同学们的创造力是非常丰富的。用一个MP3播放器可以组成各种各样的形状：小狗、沙漏、小包，甚至包括纸折的玫瑰花，筷子搭的塔，还有魔方、金鱼、玩偶，都可以组合在一起。可能我们在这之前根本就没有想到。这不是一个标准答案，是同学们自己发散取得的一些经验。

一个MP3播放器，再加一个碰撞开关，组成一个不倒翁的形状，它就变成一个不倒翁闹钟了。把它变成一个瓶塞，就成了一个智能药盒。将它做成一个蛋糕的形状，就变成一个奶酪闹钟。

这些都是同学们的一些创意的表现，并且你会发现其中不乏一些非常好的作品。实际上这些好的作品就是可以被商业化的案例。

（引自：美科科技创始人王镇山所做的一次演讲，有删改。）

三、在劳动实践中培养创新精神

（一）劳动是创新的基础

劳动是创新的源泉，任何创新都离不开劳动的积累与实践。人们在劳动实践中积累经验、发现问题，并尝试用新的方法解决问题，从而催生创新。中国古代的四大发明无一不是劳动人民在长期实践中总结和创新的成果。创新需要在实践中检验，通过实践检验的创新成果才会有持久的生命力，并在实践中不断改进、完善和提高，实现创新的积累和进步。

同时，创新的过程是一个持续学习和探索的过程，需要正确面对创新中可能有的失败与挫折，不断地总结、反思、改进，才可能实现创新的预期目标。劳动是学习的途径，也是教育的手段，通过劳动磨炼人们的意志，培养人们的自信心和责任心，以及意志品质，学会在劳动中思考，在艰苦中磨砺，在动脑与动手相统一中进行创造。

（二）领悟传统文化中的创新精神

中华优秀传统文化蕴含着丰富的教育资源和创新智慧，能够为学生提供科学的学习方法，培养其创新精神和创新能力。正如《中庸》所言："博学之，审问之，慎思之，明辨之，笃行之。"这一经典论述系统阐述了治学创新的完整过程：广泛学习、深入追问、谨慎思考、明晰判断、坚定实践。

扬雄在《法言》中指出："学以治之，思以精之。"也就是学习需要思考来深化和提炼。孟子更提出"尽信书不如无书"，强调对知识的批判性思考。南宋思想家陆九渊进一步指出："为学患无疑，疑则进也"，将质疑精神视为学问进步的关键。这些思想无不体现了传统文化对创新思维的重视。

创新不仅需要方法，更需要道德情操和社会责任感的支撑。中华传统文化中蕴含的自强不息精神，为创新提供了持久动力。张衡发明地动仪，祖冲之计算圆周率，都是这种精神的生动写照。当代科学家钱学森、袁隆平等正是传承了这种精神，才创造出造福人类的重大成果。也就是说，创新要放在人类、时代、国家、民族的视角去思考、去推动，才会彰显更大的价值。

（三）在劳动实践中培养创新能力

劳动实践是培养创新能力的根本途径，正如《荀子·劝学》所言："不登高山，不知天之高也；不临深溪，不知地之厚也。"此话深刻揭示了实践对于认知和能力培养的决定性作用。劳动实践不仅能让学生掌握具体技能，更能培养其发现问题、解决问题的能力。正如王夫之在《尚书·引义》中提出的"知行相资以为用"，强调知识与实践的相互促进、相互提高的道理。在劳动实践中，青年大学生们将书本知识转化为实际能力，这一转化过程本身就是创新思维的培养过程。例如，在农业劳动实践中，学生不仅学习作物生长理论，更要观察实际生长情况，根据环境变化调整种植方法，从中发现问题、总结规律，经过一段时间的积累便可能产生新的方法、新的技术。

劳动实践形式多种多样，可以通过生活技能实践如烹饪、维修等培养自己解决问题的灵活性；通过工艺制作实践如木工、陶艺等，培养自己精益求精的工匠精神；通过科技创新实践如机器人制作、软件编程等，培养自己系统思维的能力；通过公益服务实践如社区服务、环保活动等，培养自己的社会责任感。不少高校开设"创新工坊""24小时实验室"，正是给学生更多自主探索空间，增强其自主学习能力，在劳动实践中培养创新思维，探索创新路径。

【案例5-6】

好玩又富有劳动教育意义，这个"劳模创新工坊"启动了

心肺复苏实操训练、鲁班锁拼装、蝴蝶结制作、石头彩绘……一场由劳模指导、面向社会服务的大学生创新创业项目于日前在虹口区百联曲阳购物中心"邻聚里"党群共享空间如火如荼地举行。

活动中，"劳模创新工坊"启动仪式暨劳动教育工作坊举行了授牌仪式。创新工坊包括"匠客工场工作坊""创意木艺制作工作坊"、智慧康养工作坊、"木作工作坊"等，由劳模指导、在商场面向社会服务兼运营，其工作人员均由学生组成。

本次在百联曲阳购物中心的"劳模创新工坊"包含六个劳动教育体验课程：全年龄段适宜的心肺复苏实操训练，能够让人"穿越"未来、提前体验老年人身心状态的高龄体验项目，中华民族千年工匠技艺的结晶——鲁班锁拼装，沉淀心灵培育美感的蝴蝶结制作，兼具二十四节气传统知识学习和空间设计感的布贴画，以及独特的艺术表达——石头彩绘等。

韩文明介绍，本次活动旨在通过丰富的实践课程，让不同年龄段的人群感悟劳模"爱岗敬业、争创一流、艰苦奋斗、勇于创新，淡泊名利、甘于奉献"的精神，让劳动精神、劳模精神、工匠精神在社会中弘扬下去。

【讨论】 这样的劳动体验课为什么总是能得到学生的欢迎和社会的认可？体现了什么样的教育规律？请设计一个类似的劳动体验课程。

活动与训练

发明小尝试

一、活动目标

理解发明创造的基本规律，学会针对日常生活开展发明创造。

二、活动时间

建议45分钟。

三、活动流程

（1）发明成果介绍。学生每4～6人划分为一个小组，每组自行选择一项发明成果进行介绍，教师进行点评、总结。各组选择的发明成果要贴近学生实际，重点介绍成果的发明创造内容、创新点、有针对性地解决了什么问题，引导学生理解创新的过程和意义、方法。

（2）发明小尝试。每位同学试着做一个生活用品或学习用品的小创造、小发明，可以是全新创造,也可以是在原有物品基础上的改造和改进,要求要有一定的创新点。

(3) 开展发明成果分享会,同学们展示自己的发明成果,介绍自己的创新点和发明方法。

🔍 探索与思考

1. 劳动和创新之间的关系是怎样的?

2. 中华优秀传统文化中有哪些关于创新的思想值得我们传承和借鉴?

精　神　篇

模块六　劳模精神

📖 模块导读

　　本模块主要包括两个单元,分别讲授劳模精神的内涵与时代意义、新时代如何学习和弘扬劳模精神,引导大学生充分认识到劳动模范是工人阶级的优秀代表,是时代的引领者,应积极学习他们爱岗敬业、争创一流,艰苦奋斗、勇于创新,淡泊名利、甘于奉献的精神,让劳模精神成为指引大学生学习、工作、生活的风向标,以劳模精神为引领奋勇向前。

单元一　劳模精神的时代意义

💭 名人名言

劳动模范是民族的精英、人民的楷模,是共和国的功臣。

——习近平

🎯 学习目标

1. 理解劳模及劳模精神的内涵与特征。

2. 正确认识传承劳模精神的重要意义。

3. 培养对劳动模范的情感,将劳模精神转化为学习行动。

📑 案例导入

电力医生——陈国信

　　多年奋斗在一线,陈国信先后荣获省部级技术成果奖 18 项,拥有发明专利 21 项、实用新型专利 39 项,发明成果创造的直接经济效益过亿元。曾获全国劳动模范、全国五一劳动奖章、中华技能大奖等荣誉称号。

　　今年 54 岁的陈国信是国网厦门供电公司输电运检室四级职员兼带电班副班长,从学徒蜕变为"大国工匠",从一名普通的电力工人成长为全国首批输电线路技术技能带头人、享受国务院政府特殊津贴的高技能人才,"专心致志以事其业",陈国信用 32 年的耕耘奋斗诠释着它的含义。

1992年，技校毕业的陈国信主动选择安全风险大、技术要求高的高压带电作业工种，在这个"苦、脏、累、险"岗位一干就是32年。为练好基本功，他利用两条打成圆环的绳索在光溜溜的水泥杆上攀爬20多米，每天爬十几个来回；制作钢绞线拉线头，将手指粗的钢绞线拗弯成圈，再用10号铁丝徒手绑扎，一天扎几十米长；检修线路，他在晒得烫手的高压铁塔上一待就是几小时……

厦门市1700多公里输电线路、5000多座高压铁塔，哪里有需要，哪里就有陈国信的身影。身背三十斤器具，爬上百米高塔，与高压电线"亲密接触"……雨天一身水，晴天一身汗。这是他日常工作的写照（图6-1）。

图6-1　陈国信工作场景

陈国信深知，在技术日新月异的当下，必须随时更新自己的技能，这也是支持他30多年来奔跑在创新前线的原因。"把问题变成课题，把想法变成办法。我的追求，就是在各式各样平台上发挥好引领作用，推动劳模身边再出劳模，工匠身边再出工匠，让劳模精神工匠精神传承接力不息。"陈国信创新工作室成立于2012年，他创建了一个点子培育出7个成果的"7N法则"和创新智慧库，不断解决电网带电作业技术难题，实现了以技术创新促进人才培养。陈国信最常说的一句话是："这样还不行，还要继续改进！"一路走来，这个创新平台先后被全国总工会授予"全国示范性劳模和工匠人才创新工作室"，被人力资源和社会保障部授予"陈国信技能大师工作室"。"把我的技术分享给大家，这样就会有更多的工匠一起守护城市电力，大家都一起来热爱这个岗位。"陈国信坚定地说，"我想带着一群人奔跑！"

（引自：学习强国，有改动。）

【分析】陈国信作为一名"电力医生"，常与"钢丝"为伴，为输电线路、高压铁塔"望闻问切"，只为点亮万家灯火。同时也是电力系统的"发明家"，在工作中不断攻克难题、创新做法，创造了巨大的经济效益。他从技师学院走出来，在平凡的岗位拼出了不平凡的人生。如何在平凡岗位上创造不平凡的业绩？这是无数人面临的人生课题。陈国信用行动给出了答案，那就是持续地热爱和钻研。

一、劳模与劳模精神

（一）劳模的含义和分类

劳模是社会风尚的引领者，是时代的风向标，是一座城市的"主角"。中华民族是勤劳的民族，依靠劳动书写辉煌，依靠劳动演绎革新。在"辉煌"与"革新"中，劳模们无疑是"中国奇迹"最强有力的创造者、"中国震撼"交响乐最强有力的演奏家。

（1）劳模的含义。社会学家艾君在《劳模永远是时代的领跑者》一文中指出，劳动模范是时代永远的领跑者。

劳模是"劳动模范"的简称，是在职工民主评选的基础上，经过有关部门审核和政府审批后，给予其在社会主义建设事业中成绩卓著的劳动者的荣誉称号。全国劳动模范称号由党中央、国务院授予，评选表彰工作每5年一次。他们的贡献、人品、态度和业绩都堪称典范，在社会主义事业建设事业中给亿万人民树立了标杆和榜样。1950年9月25日，在中华人民共和国成立一周年之际，全国工农兵劳动模范代表会议在北京召开，标志着全国范围内劳模评选和表彰工作正式启动。70余年来，一代又一代劳动模范干一行爱一行，钻一行精一行，他们在各自的岗位上成绩卓著、贡献突出，他们的每一个故事都彰显着力量，每一个事迹都传递着能量。

劳动模范的推荐人选一般要求如下：热爱祖国，坚决拥护中国共产党的领导和中国特色社会主义制度，带头学习贯彻习近平新时代中国特色社会主义思想；与党同心，跟党奋斗，模范遵守党纪国法，积极参与全面深化改革；爱岗敬业、创新创造，踊跃投身以高质量发展推进中国式现代化的火热实践，为全面推进强国建设、民族复兴伟业做出突出贡献，在群众中享有较高威信。

（2）劳模的类型。劳模的类型按表彰单位的层次可分为以下三类。

一是全国劳动模范。由中共中央、国务院授予的为社会主义建设事业做出重大贡献的劳动模范，是全国劳动者的最高荣誉称号。获得者在各自领域内做出了杰出的贡献，是全国人民学习的榜样。

二是省部级劳动模范。由各省、自治区、直辖市以及中央各部委授予的荣誉称号。这些劳动者在地方或行业内部具有广泛的影响力和示范作用，是推动地方和行业发展的重要力量。

三是地市级劳动模范。由各地级市、自治州等授予的荣誉称号。这些劳动者在各自的岗位上兢兢业业，为地方经济社会发展做出了积极贡献。

党的十八大以来，我国劳动模范大致分为三种类型：科技型劳模、工匠型劳模和服务型劳模。科技型劳模如"九天揽星人"孙泽洲，强调创新；工匠型劳模如"深海钳工第一人"管延安,强调技艺精湛;服务型劳模如"贫困群众的亲闺女"刘双燕,强调服务精神。

📖 拓展阅读

2025 年全国劳动模范

2025 年全国劳动模范是由中国共产党中央委员会、中华人民共和国国务院主办的荣誉称号。2025 年 4 月 28 日,在中国北京市人民大会堂举行庆祝中华全国总工会成立 100 周年暨全国劳动模范和先进工作者表彰大会,由李强担任主持人,习近平总书记发表重要讲话。2025 年全国劳动模范授予在社会主义建设事业中做出重大贡献的工人、农民、科教人员、管理人员及其他劳动者。在推荐评选工作过程中,主责单位抽调 56 名骨干人员组成评审工作组,集中开展评审工作,完成基层单位公示、初审、省级公示、复审、全国公示等工作。最终,共有 1670 人获得表彰,表彰对象来自 31 个中华人民共和国省级行政区、中国共产党中央委员会中央和国家机关工作委员会、中华人民共和国国务院国有资产监督管理委员会、中国人民解放军和中国人民武装警察部队。

(二)劳模精神的内涵

在 2020 年 11 月 24 日举行的全国劳动模范和先进工作者表彰大会上,习近平总书记精辟概括了劳模精神、劳动精神、工匠精神的深刻内涵,指出劳模精神、劳动精神、工匠精神是鼓舞全党全国各族人民风雨无阻、勇敢前进的强大精神动力,强调要大力弘扬劳模精神、劳动精神、工匠精神。

劳模精神是劳模身上所体现出来的精神状态,体现在"爱岗敬业、争创一流,艰苦奋斗、勇于创新,淡泊名利、甘于奉献"的行为准则中,核心是真抓实干、埋头苦干。劳模精神折射出的是一个时代的人文精神,反映的是一个民族在某一时期的人生价值和道德取向,体现出的是一以贯之强烈的主人翁事业心和责任感,勇攀高峰的坚定志向和坚韧品格,崇尚劳动、恪尽职守的高尚情操。无论经济社会发展呈现什么样的变化,劳动模范始终是民族的脊梁,劳模精神始终是民族精神和时代精神的最强音。

二、劳模精神的特征

劳模是国家不断发展壮大的宝贵精神财富和精神力量,劳模的特质、劳模精神内核和时代意义是当今时代的宝贵财富,也具有鲜明的时代特色和共同的特征。

(一)不变的奋斗底色

早在革命战争时期,就涌现出了一批批"劳动英雄"。"边区工人"赵占魁,穿着湿棉袄在高达 2000℃ 的熔炉前工作,终日汗流浃背,从不叫苦叫累。新中国成立后,当家做主的中国工人阶级为党分忧、为国解难,全力投身社会主义革命和建设洪流。改革开放号角吹响后,劳动模范勇立时代潮头,开拓进取,产业工人许振超先后6次打破集装箱装卸世界纪录,创下令世界惊叹的"振超效率"。1950年至今,我国表彰全国劳动模范和先进工作者超过3万人次,其共同的特征就是"生命不息、奋斗不止",正如全国劳模、中铁第四勘察设计院集团有限公司总工程师肖明清所言:"心心在一艺,其艺必工;心心在一职,其职必举。"

（二）创新的时代内涵

劳模精神随着时代发展不断变化,实践要求越来越高,引领价值越来越大,更加强调增强创新意识,提高创新能力。此前,我国2000吨以上的大型履带起重机全部依赖进口,价格、售后服务等受制于人。2013年,经过孙丽和团队的大力攻关,4000吨级履带起重机在山东烟台成功完成"首秀",实现了我国在超大吨位履带式起重机研发制造领域的突破,多项技术填补了国内空白。来自中航西飞的全国劳模薛莹,从1992年开始参与国际航空制造合作项目垂直尾翼的装配生产,为了让安装到飞机上的每一颗铆钉都做到质量过硬、外观漂亮,她和同事们不断改进操作方法和工艺流程,先后交付7000余架优质垂直尾翼,赢得国际航空制造合作公司的高度认可。

【案例6-1】

锻造工业重器"创新大脑"

"我要把创新驱动发展战略和制造强国战略落实到每一个工作项目中。"从北京回到兰州新区,珍藏起金色的奖章,换上朴实的工装,2020年,全国劳动模范、兰州兰石能源装备工程研究院的高级工程师何琪功快步走进自己的工作室。

兰石研究院是兰石集团的技术核心。始建于1953年的兰州兰石集团,是我国第一个五年计划期间国家156个重点建设项目之一,是我国建厂时间最早、规模最大的集石油钻采、炼化,通用机械研发、设计、制造为一体的高端能源装备大型龙头企业。

2016年9月,历经5年的探索,随着"300MN（兆牛,约为3万吨）多缸薄板成型液压机组"项目验收通过,何琪功带领的团队又在自主创新上向前迈出一大步。这个迄今为止世界上最大吨位、最大压印投影面积达5.4平方米的多缸薄板成型液压机组,填补了国内薄板成型领域大型装备的空白,迈入国际领先行列。

这之后,何琪功又主持完成了高精密特钢锻造生产线EPC（总承包）项目,实现了我国在锻压设备领域的国产化和成套精密锻造装备的出口销售,1.6MN径锻机作为生产线的核心设备性能达到了同类国际先进水平,引领了行业技术进步,为提高中国锻压设备实力和提升行业国际竞争作出了重大贡献。

"科技自立自强不等人,用劳模精神为工业重器锻造'智慧大脑'。"最近一段时间,何琪功"火力全开"，同时主持着 20 多个创新项目：国内首台"半潜式平台 15000 米钻井包研发"项目已进入技术验证阶段，"12000 米钻井包关键设备试制"正在全力推进，"低阶粉煤循环流化床加压煤气化示范工程"已完成建设……

【讨论】何琪功全身心投入兰石集团研究项目，取得了一项又一项重大技术突破，为我国石油开采事业做出了巨大贡献，其背后是对家国使命的践行和忘我的投入。何琪功的先进事迹彰显了劳动模范什么样的品质？我们如何学习追赶何琪功的脚步？

（三）奉献的人格魅力

立足本职、淡泊名利、爱岗奉献，是一代代劳模身上表现出的共有品格。浙江省劳模、国网温州市洞头区供电公司线路安装队队长叶志成，自 1986 年参加工作以来，在电网建设一线岗位一干就是 35 年。在电网建设任务极其繁重的时候，他每天起早摸黑，跋山涉水，放弃节假日休息时间，与施工人员一起拉线、排杆、立杆……在野外常常一待就是十几小时。全国劳模、无锡微研股份有限公司高级技师陈亮把模具精度控制在 1 微米之内，他为自己立下了这样一条工作准则："再仔细一点点，离 1 微米的精度就能更近一点点！""杂交水稻之父"袁隆平几十年如一日，辛勤耕耘在农业科研第一线。杂交水稻研究的成功，不仅解决了中国人的吃饭问题，还为世界反饥饿做出了卓越贡献。劳模的奉献是把小我融入国家的大我，以自身的拼搏为时代发展贡献力量、造福人民。

三、劳模精神的本质

劳模精神是引领时代的精神。每一个时代的劳模都有其特点，但无论时代如何变迁，永远不变的是劳模精神的本质。

（一）爱岗敬业，争创一流

爱岗敬业是指劳动者热爱并忠实于自身工作岗位，以恭敬严肃的态度对待职业活动，体现为忠于职守的行为态度与职业道德规范。敬业是专注于自己的工作，爱岗是热爱自己的工作岗位，爱岗是敬业的前提，敬业是对职业热爱的升华，两者相辅相成。表现为对本职工作的热爱，通过稳定持久的职业耕耘培养荣誉感，恪尽职守、一丝不苟，以高度责任心完成岗位职责。这既是个体生存发展的基础，更是推动社会进步的重要力量。

永争一流是一种以最高标准为行动导向的精神追求，强调在事业发展中始终保持"人无我有、人有我优、人优我精"的进取姿态。其本质是持续突破现有边界，在质量、效率、创新等维度不断建立行业新的标杆，最终实现从"跟跑者"到"领跑者"的跨越。永争一流既是一种精神状态，更是一种奋斗勇气，是对自我的不断否定与超越，从而达到新的物质高度和精神高度。

爱岗敬业是职业精神的底线要求，永争一流则是在此基础上的自我超越。没有扎实的敬业精神，追求一流便如空中楼阁；仅满足于按部就班，则爱岗敬业也难以说起、无从突破，难以铸就非凡。

（二）艰苦奋斗，勇于创新

艰苦奋斗是劳模精神的鲜明底色，它体现为劳动者在平凡岗位上始终保持迎难而上的拼搏姿态，在面对困难时坚韧不拔和甘于奉献的崇高品格。艰苦奋斗是在资源匮乏条件下的一种战略坚守，发挥自我主动性以改善条件从而实现突破，有条件要上，没有条件创造条件也要上。其本质是以"功成不必在我，功成必定有我"的格局，战胜各种艰难困苦以取得突破。我国尚处于社会主义初级阶段，各地区、各行业发展不平衡，个别地方还处于相对落后的状态，只能是在条件改善的过程中去争取更大突破，而不是在条件具备后再去创业。所以，艰苦奋斗的品质也是我国所处的历史阶段、历史方位所决定的，必须坚持和发扬。

勇于创新是劳模精神的时代内涵，它展现为劳动者在传承中突破、在坚守中求变的进取意识，强调在未知领域主动开拓的胆识与智慧。这种创新不是脱离实际的空想，而是善于观察和发现生产经营活动中的问题、痛点和堵点，奔着困难去，奔着问题去，创新方法、创新技术、创新路径以谋求突破。另外，创新本身带有一定风险，是一个艰苦的探寻过程，像"火箭心脏焊接人"高凤林那样，在数百万次焊接实践中积累工艺革新。勇于创新需要具备三个特质："永不满足"的进取心态，"敢为人先"的突破勇气，"持续改进"的工作机制。

艰苦奋斗与勇于创新构成劳模精神的一体两面：艰苦奋斗为创新提供精神支撑，勇于创新让奋斗彰显价值，既需要"板凳坐得十年冷"的定力，更呼唤"敢为天下先"的魄力。

【案例 6-2】

创造大寨精神的陈永贵

陈永贵（1915—1986 年），山西省昔阳县乐平镇石山村人，出身贫农。中华人民共和国成立初期，他先后担任大寨村生产委员、党支部书记、农业社主任、大寨公社党委副书记，带领大寨人艰苦奋斗，创造了令人惊叹的大寨精神。

尤其在 1963 年，大寨经历了难以想象的磨难：一次雹灾、一次霜冻、两次风灾，洪灾前一段干旱，春播时遭受涝灾。当时的大寨面目全非，惨不忍睹。在陈永贵带领下，大寨人自力更生，发展生产，重建家园。一个崭新的大寨诞生了，人们全部搬进了石窑新房，粮食生产也取得了巨大丰收。大灾之年，大寨人不但不向国家要救济，还向国家缴了12 万公斤商品粮。

陈永贵1975—1980年任国务院副总理期间，仍然不改农民本色，坚持不迁户口，坚持在地里劳动，坚持在大寨拿工分，可以说是一位"最穷"的副总理。

【讨论】陈永贵带领大寨人民战胜极端自然灾害天气，重建了新的家园，彰显出强大的精神力量，"工业学大庆，农业学大寨"成为家喻户晓的口号。在我们今天看似和平、不愁吃穿的时代，还需要学习大寨精神吗？应如何应对和平掩盖下的危机、风调雨顺背后的自然灾害呢？

（三）淡泊名利，甘于奉献

淡泊名利是劳模精神的价值内核，强调以平和心态应对外界诱惑，不被名利左右，不为利益取舍，从而保持内心的独立与清醒，在功名面前谦逊淡泊，在利益面前从容淡定。诸葛亮在《诫子书》说："非淡泊无以明志，非宁静无以致远。"淡泊名利不是消极避世，而是在其高远志向、高洁品质的引领下，以更纯粹的初心专注事业，在浮躁的社会中守住职业理想的追求，这正是劳模的可贵之处。淡泊名利是中国优秀传统文化的重要内容，孔子所说的"君子喻于义，小人喻于利"，孟子所说的"舍生取义"，都强调人的内在精神价值对物质利益的超越。

甘于奉献是心甘情愿地放弃自己应得、可得的东西，是放弃个人利益，从而将社会利益、集体利益置于个人得失之上，是对名利超然态度的体现，是对自我的舍弃从而追求更大的价值回报。劳动者只有将个人理想融入国家发展，超越于短期主义和功利主义，才可能具有这样一种精神境界和行为表现。这种奉献不是被动的付出，而是像"时代楷模"张桂梅那样，用生命点亮山区女孩梦想的主动选择，需要具备扎根一线的坚守情怀、服务社会的责任情怀和报效国家的使命情怀。诸葛亮"鞠躬尽瘁，死而后已"，焦裕禄"把我埋在沙丘上，看着兰考变绿洲"，钱学森"五年归国路，十年两弹成"都是甘于奉献的典型。

四、劳模精神的当代价值

劳模精神是一个人生存的灵魂、发展的基础。在社会主义现代化建设的征程中，每一个劳动者都是时代的主人，须投身到忘我的劳动之中，努力奋斗、顽强拼搏。弘扬劳模精神，正是提高劳动者队伍的整体素质与能力，提升劳动境界，增强劳动的积极性、创造性，为社会主义现代化建设积蓄力量。

（一）劳模精神是新时代的价值航标

习近平总书记在全国教育大会上强调，要在学生中弘扬劳动精神，教育引导学生崇尚劳动、尊重劳动，懂得劳动最光荣、劳动最崇高、劳动最伟大、劳动最美丽的道理，长大后能够辛勤劳动、诚实劳动、创造性劳动。这既是对劳动教育的部署，也是对新时代价值取向的谆谆教导。在物质生活越来越发达的情况下，更需要丰富人们的精神世界。劳模精神无疑是人们价值取向的重要标杆。

习近平总书记指出，劳模精神是以平凡劳动创造不平凡业绩的生动体现，不仅丰富了民族精神和时代精神的内涵，更应内化为当代青年自觉追求。革命战争年代，中国共产党发出"自己动手、丰衣足食"的号召，以及随后发起的大生产运动，涌现出大量劳动模范。他们筚路蓝缕、艰苦奋斗，为生产自救和革命根据地建设作出了巨大贡献。中华人民共和国成立后，全国工农兵劳动模范代表会议的召开，将劳模评选制度化，彰显了劳模精神在社会发展中的重要作用。改革开放以来，知识分子的地位和作用得到党和国家的充分肯定，劳模队伍进一步壮大，劳模精神的内涵也进一步拓展，激励着一代又一代中华儿女自强不息、奋斗不止，为中国特色社会主义现代化建设提供了精神支撑。

【案例 6-3】

到祖国需要的地方挥洒青春

1994 年出生的宋玺，人生经历比多数同龄人丰富：本科考入北京大学，大三时参军入伍，成为海军陆战队两栖侦察兵。后来又被选拔为唯一的女陆战队员，加入中国海军第 25 批护航编队，赴亚丁湾、索马里执行护航任务……2017 年，宋玺退伍回到北大继续学业，攻读临床与健康心理专业硕士研究生。如今她毕业留校，成为一名青年教师。

2018 年 5 月 2 日，宋玺作为唯一学生代表在北大师生座谈会上发言，向习近平总书记等中央领导汇报在军营锻造及校园学习中的成长感悟，受到习近平总书记的亲切勉励。她的优秀事迹被人民日报、新华社、中央广播电视总台、解放军报等各大新闻媒体报道，全网阅读量逾亿人次，获得"国系'90后'"美誉。

她在部队期间曾获优秀义务兵奖章、重大任务勋章等表彰；退伍返校后，获评首批最美退役军人、全国三八红旗手、时代楷模及北京榜样、北京市优秀大学生士兵、北京市征兵工作形象大使、北京大学学生年度人物、北京大学共青团标兵、北京大学学生五四奖章提名奖等。她还曾获第八届世界合唱比赛金奖、全国大学生艺术展演一等奖、北京大学艺术红楼奖等。

习近平总书记对青年成长成才提出了希望：爱国、励志、求真、力行。宋玺说："'力行'对我触动很大，要知行合一，做实干家，以后也会这样要求自己，到祖国需要的地方挥洒青春。"宋玺一直努力践行着这个承诺，如今以青年教师的身份，继续讲述在军营中训练的艰辛和保家卫国的光荣，弘扬社会主义核心价值观。

【讨论】"文能当北大学霸，艺能拿合唱冠军，武能维和打海盗"，这是对被习近平总书记点赞的"90后"宋玺的评价。宋玺曾说："每一个人都是一分力量，既然现在国家给我们提供了一个好的平台，我们生活在这样一个好的时代，只要你的梦想是有利于人民的、社会的，就应该勇敢地为之奋斗，不留遗憾。"宋玺不甘平淡、敢于挑战，是当代众多优秀青年的代表。宋玺的事迹对青年大学生成长成才有何启发？

（二）劳模精神赋能高质量发展

高质量发展离不开高质量的劳动创造。人是生产力中最活跃的因素，高质量发展须以高素质的劳动者队伍为支撑，正是因为劳动者素质、能力的提升，才使得经济发展不断焕发新的活力。劳模精神勇于创新的品质，推动人们在实践中敏锐地发现新技术、新方法，并通过自身的创新实践，推动企业的技术进步，从而助力产业转型升级。更为重要的是，劳模精神以深厚的劳动素养为根基，是劳动者一生发展的不竭动力，其永争一流的品质，永不满足于现状，永远不断地自我超越，始终向着更高的目标迈进，是劳动模范区别于普通劳动者的根本所在。坚持用劳模精神武装普通劳动者，就能推动普通劳动者不断地实现自我成长，能够着力技术的深度开发而不是浅尝辄止，能够超越眼前、超越功利，更专注地投身事业，执着地追求品质，从而实现更有价值的创造。从产品质量的角度，劳模精神中的爱岗敬业、精益求精，引导劳动者重构"零缺陷"的质量标准，降低质量损耗，提高产品竞争力和质量信誉。

（三）劳模精神是推动文化基因的现代转化

劳模精神作为中华文化基因的重要表达，在当代产业实践中展现出独特的传承价值。这种精神既包含着"庖丁解牛"式的传统技艺智慧，又孕育着数字化时代的创新基因，为文化传承提供了可持续的现代转化路径。从技艺传承角度，劳模精神中的精益求精特质，推动传统工艺在数字化时代焕发新的生机。景德镇陶瓷匠人将"共计一坯之力，过手七十二方克成器"的古法，转化为釉料配比的大数据模型，使千年制瓷技艺突破经验壁垒，不仅生产效率极大提升，更重要的是让文化遗产摆脱了个体生命周期的限制。从价值传承角度，劳模精神构建起了职业道德的现代坐标。沈阳机床厂的"金蓝领"工匠们，将"差之毫厘，谬以千里"的质量哲学，转化为精密制造的纳米级控制标准，使国产数控机床精度达到国际领先水平，传统文化基因在现代产业升级中得以再生。从创新传承而言，劳模精神搭建起古今对话的技术桥梁。中车青岛四方工程师团队从《考工记》"轮人为轮"的工艺规范中汲取灵感，研发出高铁转向架振动控制技术，跑出了"中国速度"。可以说，劳模精神既守护着中华文明的精神根脉，又培育着现代产业的创新生态，为中国式现代化注入了深沉的精神力量。

活动与训练

访谈身边的劳模

一、活动目标

近距离接触劳模，感悟劳模气质，理解劳模精神内涵。

二、活动时间

建议 1 周。

三、活动流程

（1）组建访谈小组，确定小组成员及其分工。

（2）做好访谈准备，确定访谈目的、访谈对象、访谈时间与地点，收集访谈对象的背景信息，设计访谈提纲。

（3）实地访谈并做好访谈记录。

（4）整理访谈记录，形成访谈报告。

（5）班级交流，每组推荐代表陈述本组访谈情况，包括访谈时间、访谈地点、访谈内容、访谈收获等，其他小组提问。

（6）教师进行总结、归纳和点评，就各组表现做出评价。

探索与思考

1.什么是劳模精神？劳模精神的内涵是什么？

2.在物质生活已非常丰富的今天，还需要弘扬劳模精神吗？

单元二　学习和弘扬劳模精神

名人名言

长期以来，一代又一代劳动模范和先进工作者在促进事业发展、推动时代进步中发挥了示范引领作用。要进一步讲好他们的故事，引导全社会学习他们的事迹、弘扬他们的精神。

——习近平

学习目标

1.理解劳模精神的时代要求、培养途径。

2.认识劳模精神是民族精神的重要组成部分，是我们宝贵的精神财富。

3.培养敬业、勤业、乐业、精业的良好作风，推动自我价值实现。

案例导入

新时代需要怎样的劳模精神

劳动模范是优秀劳动者的典型代表。劳模精神激励了千千万万普通劳动者坚守信念,立足岗位,开拓创新,建功立业。步入新时代,劳模精神的内涵更加丰富。

2024年全国五一劳动奖章获得者朱少成潜心钻研,专注于机械工业传动系统前端的国产设计分析软件研发,努力做国产工业软件的"拓荒者"。凭着一股敢想敢干不服输的精神,身为"90后"海归博士后的他成为国内轴承领域的"破壁者",让中国的轴承尽早实现从跟跑到并跑再到领跑的突破,这是他的初心,也是他奋斗的方向。

2024全国工人先锋号获奖集体新疆阜康抽水蓄能有限公司设备管理部(机电部)20名成员在天山北坡深处坚守7年,只为全力保障抽水蓄能电站的建设与正常运行。平均年龄不到28岁,克服高海拔寒旱地区工程建设条件艰苦的困难,全力保障蓄水验收、首台机组分部调试、电力系统倒送电等急难险重任务顺利完成。一个个难题在智慧和实践的碰撞中迎刃而解,一个个奇迹在笃定前行中被创造。

【分析】在今天这样一个思想多元、利益交织的时代,劳模精神的坚守尤为宝贵。劳模精神既有其"变"的一面,就是在知识经济时代更强调善于学习、敢于创新、勇于开拓等时代精神,但也有其"不变"的一面,就是心系祖国、甘于奉献、忘我付出的核心价值。广大劳模无一不是把自己的命运与祖国发展紧密相连并为之付出和忘我劳动,成为人民的楷模。

劳动模范是时代的楷模,劳模精神是宝贵的财富。王进喜、蒋筑英、袁隆平……每一个时期的劳动模范都是时代的精神符号和力量化身。随着时代的发展,劳动模范被赋予更多的使命,劳模精神被赋予更丰富的内涵和元素。在推进中国式现代化的伟大征程中,需要大力弘扬劳模精神,让更多青年、广大学子成为劳模精神的宣传者、践行者,引领时代豪迈向前。

一、劳模精神的时代力量

在中华人民共和国走过的七十余年风雨征程中,涌现出一批又一批劳动模范,他们既是时代的骄傲,也成为那一个时期精神风貌的象征,他们的光荣事迹激励着人们勇敢地投入社会主义火热实践中去。

(一)劳模精神引领人们投身社会主义事业伟大实践

中华人民共和国成立之初,面对西方"中国贫油论"的技术封锁,以王进喜为代表的石油工人喊出"宁可少活二十年,拼命也要拿下大油田"的豪迈誓言,这种"主人翁精神"深刻诠释了:劳动人民一旦掌握自己的命运,就能迸发出改天换地的磅礴力量。在社会主义建设时期,劳模精神激励广大劳动者"比学赶帮超",将个体奋斗汇聚成集体创造的洪流。改革开放时期，劳模精神被赋予"敢闯敢试"的时代新内涵，劳模既保持着"老黄牛"的实干品格，又具有"拓荒者"的创新勇气。海尔集团张瑞敏抡起大锤砸毁76台不合格冰箱，标志着中国制造开始从"数量追赶"向"质量超越"的历史性转变。在实现中华民族伟大复兴的新征程上，劳模精神激励广大科技工作者"板凳甘坐十年冷"，引导广大党员干部在脱贫攻坚战场上诠释"一个都不能少"的为民情怀，广大志愿者"舍小家为大家"，打赢疫情防控阻击战、攻坚战。

劳模精神不是抽象的口号，而是引领和激励着每个人都能在平凡岗位上找到与时代同频共振的奋斗坐标。从"两弹一星"到"北斗导航"，从"人工天河"到"港珠澳大桥"，劳模精神始终是中国人民建设自己美好生活的精神火炬。

【案例6-4】

共和国的脊梁——屠呦呦

60多年致力于中医药研究实践，发现青蒿素解决全球抗疟难题，为中医药科技创新和人类健康事业做出巨大贡献，她是"共和国勋章"获得者屠呦呦，被授予"改革先锋""最美奋斗者"称号，是第一位获诺贝尔科学奖项的中国本土科学家。20世纪60年代，疟疾再度成为威胁世界的传染病，39岁的屠呦呦继此前500多名科研人员的研究后，再次寻找治疗疟疾的中国方案。她发现的青蒿素，几十年来拯救了全球几百万人的生命。她说："青蒿素是人类征服疟疾进程中的一小步，是中国传统医药献给世界的一份礼物。"

【讨论】 在你看来，能称为"共和国脊梁"的人，应该具有什么样的特质？在你熟悉的先进人物中，还有哪几位堪称"共和国的脊梁"？

（二）劳模精神推动人们在困境中汇聚民族力量

三年困难时期，我国社会面临严峻考验。劳模精神在此刻展现出强大的号召力、向心力，涌现出了一大批"吃苦在前、享受在后""先人后己""舍小家顾大家"的先进典型，推动人们形成了共克时艰的合力。当焦裕禄带领兰考人民治理"三害"时，其"生也沙丘，死也沙丘，父老生死系"的奉献精神，成为激励亿万人民的精神坐标。普通战士雷锋，用极为平凡的行动关爱国家、集体和他人，把有限的生命投入到无限的为人民服务中去，其"螺丝钉精神"得到广泛传颂，影响和带动着广大劳动者在自身平凡的岗位上找到价值的支点。陈永贵带领大寨人"战天斗地"，催生了"工业学大庆，农业学大寨"的全民实践，"铁人精神""红旗渠精神"等劳模精神的具象化表达，构建起了社会主义建设时期的精神谱系。

劳模精神将个人命运与国家发展紧密相连，使每个劳动者都成为国家的主人、时代的主人并付诸实践，以有限的个体生命奉献出无穷的精神力量。在物资匮乏的年代，正是这种精神力量支撑中国人民走出困境，展现出强大的民族凝聚力。

（三）劳模精神加速推进科学梦强国梦

改革开放时期,我国科技发展面临巨大挑战和新的历史机遇。"科技是第一生产力"的论断赋予了劳模精神新的时代内涵,推动我国形成了"尊重知识、尊重人才"的社会风尚,激励广大科技工作者勇攀科学高峰。

数学家陈景润在六平方米的斗室里,依靠一张简陋的床、一支再普通不过的笔写出几麻袋演算纸,向"哥德巴赫猜想"发起冲击,摘下数学皇冠上那一颗闪亮的明珠。光学专家蒋筑英什么活儿都揽,谁的事儿都管,吃饭走路都嫌浪费时间,却唯独没有时间关心一下自己的身体,带领团队攻克一个个技术难关,被称为"科技界的雷锋"。罗健夫、彭加木等科技工作者用生命践行科研报国的誓言,谱写了科学攻关的劳模赞歌。

这一时期,国家先后6次召开全国劳动模范会议,从1977年的全国工业学大庆会议到1989年的全国劳动模范表彰大会,逐步建立起涵盖工、农、商、学、兵各领域的劳模表彰体系。全国科学大会的召开,标志着知识分子作为"脑力劳动者"正式纳入劳模群体。在这些科技劳模的感召下,我国科技界迅速形成"勇攀高峰、为国争光"的科研热潮,在国家发展中寻找个人坐标,广大科技工作者成为实现科学梦强国梦的中坚力量,中国科学事业获得了飞速发展。

【案例6-5】

当代神农氏——袁隆平

中国"杂交水稻之父"袁隆平(1930—2021年),中国杂交水稻研究的创始人,被誉为"当代神农氏""米神"。袁隆平从1964年开始研究杂交水稻,1975年研制成功杂交水稻制种技术。几十年如一日,辛勤耕耘在农业科研的第一线。他的杂交水稻解决了中国人的吃饭问题,还为世界反饥饿做出了卓越贡献,用科学的手段帮助人类战胜饥饿。

【讨论】科学梦和强国梦有什么样的关系?当代大学生应如何树立科学报国、科技强国的理想?

（四）劳模精神指引人们把握正确的人生航向

在改革开放和社会主义现代化建设时期,劳模精神犹如璀璨的明灯,照亮人们前行的道路。面对市场经济大潮中的各种诱惑,劳模们用实际行动诠释了什么是真正的人生价值。优秀领导干部、感动中国人物孔繁森,两度赴藏工作,用生命践行了"青山处处埋忠骨,一腔热血洒高原"的志向。他收留孤儿、扶危济困,把忠诚举在头顶,把使命扛在肩头,孔繁森身上折射出的高尚品格犹如一股清流荡涤着人们的心灵。"公交天使"李素丽在十米车厢里,用"一心为乘客,服务最光荣"的职业信念,创造了"岗位做奉献,真情为他人"的李素丽服务法。她说:"每一条公交线路都有终点站,但为人民服务没有终点站。"这种平凡中的坚守,让无数人看到了职业的价值和人生的意义。"抓斗大王"包起帆从码头工人成长为发明家,带领团队完成120多项技术创新。当代劳模许振超从一名普通码头装卸工成长为"金牌工人",创造了"振超效率"。

劳模典型以他们的人生选择告诉人们:真正的幸福不在于索取多少,而在于奉献几何;人生的价值不在于职位高低,而在于社会进步中留下了多少身影。在物质条件日益富足的今天,劳模精神依然是校正人生航向的罗盘,指引人们在为国奉献中实现个人价值。

【案例6-6】

以身殉职的孔繁森

"青山处处埋忠骨,一腔热血洒高原"的孔繁森(1944—1994年),为了西藏的发展以身殉职。"是七尺男儿生能舍己,作千秋鬼雄死不还乡。"1979年,孔繁森主动响应国家号召,第一次赴西藏工作,担任岗巴县委副书记。他向群众宣讲国家的政策,走访贫苦的百姓,并且和群众一起收割、打场、挖泥塘……1988年,孔繁森第二次赴西藏工作。4个月的时间,他跑遍拉萨所有公办学校和一半以上村办小学,带着高烧和伤情病痛,依然赶到学校处理问题。1993年4月,孔繁森到阿里工作。一年多时间,106个乡村,孔繁森跑了98个。1994年11月29日,在去新疆塔城考察边贸的途中,年仅50岁的孔繁森因车祸不幸殉职,身上仅有的8.6元钱和去世前4天写的关于发展阿里经济的12条建议是他仅有的遗物。

【讨论】 孔繁森精神集中体现的是爱别人、爱人民、爱集体、爱祖国的价值观,他用真挚的爱民之情、赤诚的为民之心、强烈的富民之愿,谱写了最朴素的普世价值和人文情怀,指引着人们在纷繁的世界中看清前行的方向。结合案例谈谈你如何理解青年大学生应始终把握正确的人生航向、保持正确的人生观价值观?

(五)劳模精神彰显着民族志气和当代文明的内核

党的十八大以来,我国进入了新的历史发展时期。各行各业的先进典型和劳动模范纷纷涌现。其中,既有党的基层干部,也有高级知识分子,还有互联网经济的领头人、体育明星,更有众多的普通劳动者……这群星灿烂、目不暇接的劳动典型,他们是"共和国的脊梁",是民族志气和当代文明的彰显者。

劳模可以说是对当下杰出人物的一种褒奖。长时间以来,他们努力工作、不计报酬、不计得失的"铁人"形象已经成为一个时代的先锋。随着社会进程的加快,中国正以日新月异的速度崛起,劳模也渐渐由中华人民共和国成立初期的苦干、实干转向知识型、技能型、创新型的时代特质。"天眼"之父南仁东放弃国外优厚待遇,扎根贵州深山22年,带领团队建造世界最大射电望远镜;"大山的女儿"黄文秀放弃城市优越生活,回到家乡带领群众脱贫致富,用生命谱写了新时代的青春之歌;"钢铁裁缝"艾爱国50多年如一日坚守焊枪岗位,用数百万次焊接练就"零失误"的绝技。他们共同诠释着一个真理:劳模是共和国的脊梁,劳模精神永远是民族精神的高度凝练,是时代文明的重要标识。

二、大力学习和弘扬劳模精神

(一)扎根学业实践:将劳模精神融入当下学习生活

大学时代是人生最宝贵的时期,是职业准备的黄金期、价值观形成的关键期,也是社会责任的启蒙期,是由高中时代专注课程学习转向立足未来职业发展、进行自我选择和价值塑造的重要阶段。大学时期的学习质量直接关系和决定着学生的未来走向。显然,劳模精神中爱岗敬业、勇于创新、永争一流等品质对学生未来发展具有深远的影响。当前就业市场出现"有人没活干,有活没人干"的结构化矛盾,少数学生"专业迷茫""不就业""慢就业",当"躺平一族",核心是缺乏积极的人生态度和面对就业挑战的勇气。人们越来越认识到,影响一个人长远发展的既有看得见的专业技能,更有潜藏于专业技能背后、固化于学生内心的"核心素养",学习和弘扬劳模精神正是提高学生核心素养的重要途径与内容。

(1)大学生学习践行劳模精神要在课程学习中"争创一流"。课程是培养专业思维与核心素养的重要载体,直接决定人才培养质量和知识的吸收理解。践行劳模精神,就要超越"考试过关"的功利目标,转"被动听课"为"主动学习",转"跟随式学习"为"计划性学习",构建自己所需要的知识体系。

(2)大学生学习践行劳模精神要在实验实训中"一丝不苟"。实验实训是对知识进行检验和运用的重要路径,需要保持对科学的敬畏之心,以严谨求实的态度对待实验实训。践行劳模精神,就要在实验实训中做到"一丝不苟",建立"过程即产品"的质量意识,在反复练习中保持初学者的专注,在复杂操作中培养创新者的勇气,在结果差异中学会研究者的批判思维,通过实验实训培养过硬的专业能力。

(3)大学生学习践行劳模精神要在校园活动中"敬业乐群"。要在团队协作中超越"搭便车"心理,减少"功利性"追求,主动承担"不可见"的基础性工作,多一些奉献精神,少一些个人索取。要积极承担社会工作,担任班级干部,投身志愿服务,发挥引领作用,在多元角色切换中培养社会适应能力,形成积极向上、恪尽职守的职业态度。

(二)强化主体意识:从自我做起弘扬劳模精神

劳模精神培养需要内心的自我觉醒,增强主体意识,意即只有主体的内心认同才可能转化为真正的行动自觉。内心认同与外在实践是相辅相成关系，需要在实践磨砺中塑造。

（1）培养"干一行爱一行"的专业认同。劳模最可贵的品质之一是具有强烈的专业认同感，持续深耕某一专业领域，不因身处"热门行业"而放松自我要求，也不因专业冷门而挑三拣四。当前，专业认同危机正在侵蚀大学生的职业理想，"热门专业焦虑症"与"冷门专业虚无感"相互交织，把专业学习与就业岗位进行简单对应，"这山望着那山高"，缺乏清晰的专业方向和深耕某个领域的定力。劳模精神启示我们，个人的职业发展必须以专业认同为基础，要破除专业优劣的偏见，建立"行行出状元"的职业认知，在"干一行"中培养职业情感，把"爱一行"的情感升华为"干一行"的使命，增强价值创造的持久动力。

（2）锤炼"十年磨一剑"的坚韧品格。劳模的成功之道还在于其执着的努力，得意时稳扎稳打，失意时再接再厉，不是追求暂时的自我满足，而是着力于长远目标的持续努力。当前，数字时代的即时反馈机制、DeepSeek 的智能输出正在瓦解学生深度学习的耐心，知识付费的碎片化供给催生学术速成的浮躁心态，快餐文化在大学生中越来越盛行。事实上，没有丰富的知识积累谈何快速的知识输出，人工智能不能代替人类的思维情感和价值判断。劳模精神指引的韧性成长，就是要着眼长远目标、执着坚定。要追求小颗粒的时间刻度以提高学习效率，也要建立以年为单位的大颗粒时间跨度，以保证在某一领域、某一问题的长时间耕耘，培育"板凳甘坐十年冷"的心性修为，抵御功利主义的侵蚀。

（3）树立"功成不必在我"的价值自觉。在市场经济环境下，"精致利己主义"成为一部分人的人生哲学与生存策略，不少人把个人的成本收益作为衡量事物价值的天平。劳模精神蕴含的价值自觉，呼唤人们超越"小我"的利益计算，站在更广大的格局、更长远的时光看待自己应有的担当作为。历史上为人们所铭记的大科学家、大政治家、大企业家、大国工匠都能超越眼前的"小我"，而把自己放在时代的"大我"，为历史的前行做出了应有贡献。与其说是他们的贡献让人们铭记，不如说是他们身上的精神在感召大家前行。践行劳模精神，就是要甘当"隐形人""垫脚石"，真正的价值创造往往蕴藏在基础性、周期长、显性度低的劳动形态之中，在奉献与协作中成就事业。

（三）聚焦专业发展：在技能提升中传承劳模精神

（1）总体上看，学校教育总是滞后于产业发展，课堂传授的"静态知识"与产业需求的"动态标准"之间存在一定距离，导致学生陷入"学非所用"的认知困境。这一方面缘于人们对大学教育的误解，另一方面也反映出人们对大学教育的期待。践行劳模精神，要求青年大学生突破"教材边界""课堂边界"，运用教师传授的思维方式，主动跟进行业动态、对接行业标准，有选择性地拓展学习内容，用行业标准重构知识框架，以职业规范校准学习轨迹,而不是被动地等待课堂知识灌输。通过较早地建立起职业敬畏感、质量敬畏感,实现与企业的"零距离"对接。

（2）技能训练要与劳模技艺对话。精进的技能是职业院校学生的看家本领,但技能训练不是简单地重复性操作,而是通过技能训练培养精进的态度和专业知识的综合运用。技能训练需要突破"能操作"的浅层目标,领悟劳模技艺背后的思维方法。这就要求在重复训练中体会"熟能生巧"的底层逻辑,打通单门课程之间的隔阂,学会知识之间的贯通,培养复杂场景中的问题解决能力。需要在操作细节中感悟"精益求精"的职业品格。需要在失败修正中培养"永不服输"的劲头,把困难和问题看作新的起点,在与劳模的深度对话中观摩、模仿、反思,实现技艺的实质性提升。

（3）职业规划要与国家战略需求结合。个人的职业发展只有放在国家和时代需求的大局中才能实现。"北斗女神"王淑芳放弃优渥待遇投身卫星导航研发的人生选择,展现了新时代劳动者的使命担当。青年大学生在职业选择中应当平衡个人志趣与社会价值,主动关注"制造强国""乡村振兴"等国家战略需求,参与国家重点领域科研攻关或社会实践项目,使个人技能与国家创新相契合。这种契合不是牺牲个人发展,而是将"小我"融入"大我",在服务国家需求的过程中实现更高层次的人生价值。正如劳模们用毕生坚守证明:真正的职业成就,永远生长在祖国需要的土壤之中。

【案例6-7】

始终站在国家最需要的地方

中国科学院院士陈俊武（1927—2024年）1949年12月参加工作,1956年4月加入中国共产党,1991年当选为中国科学院院士,是我国著名的炼油工程技术专家、煤化工技术专家、催化裂化工程技术奠基人,曾获"全国劳动模范""全国工程勘察设计大师""全国优秀科技工作者""全国五一劳动奖章""全国优秀共产党员"等荣誉称号。

陈俊武不忘初心、对党忠诚。从大学毕业后主动要求奔赴条件艰苦的抚顺工作,到引领我国炼油技术不断追赶世界先进水平;从主动为国家煤制油和煤化工产业发展建言献策、把关定向,到鲐背之年依然为国家能源替代战略殚精竭虑,陈俊武以舍我其谁的使命担当,始终把个人前途命运与国家民族命运紧密相连,将个人奋斗融入党的事业和时代洪流。在他心中,党的需要就是最高需要,服务国家就是最大价值。

陈俊武勇攀高峰、成就卓著。他直面制约国家发展的技术难题,自我加压,持续探索,推动技术的不断创新。他主持设计过多个炼油厂和上百套炼油装置,多次荣获全国优秀设计金奖、国家科技进步一等奖等,为中国炼油工业技术进步作出了突出贡献,实现了我国石油石化行业在多个技术领域的"弯道超车",使我国国家能源战略安全、经济发展、民族尊严有了坚实保障。

【讨论】陈俊武院士身上有哪些优秀品质值得我们学习？新时代大学生如何才能在工作中成为行家里手、先锋模范？

三、践行劳模精神贵在敬业、勤业、精业

劳模精神、劳动精神、工匠精神，三者共同的品质也是最核心的品质就是"勤业、敬业、精业"。践行劳模精神，就是要立足岗位埋头苦干，要有"勤业"之态、"敬业"之心、"精业"之行，干一行、爱一行、钻一行、精一行，以自己的拼搏付出、奋发进取汇聚成实现中华民族伟大复兴的磅礴力量。

（一）铸就勤业品质

"勤业"就是对事业要勤奋，勤勤恳恳，不怕困难，愿意付出。歌德曾经说过："你要欣赏自己的价值，就得给世界增加价值。"这一价值从何而来？答案只能从"勤业"中寻找。中国自古有名言"业精于勤而荒于嬉，行成于思而毁于随"，立足本职岗位勤勉工作，是一种职业操守、职业品格。勤业就是在工作中勤劳、勤勉、勤恳，不畏付出，舍得花时间和精力。无论国家还是个人的事业发展，都不是等得来、喊得来的，而是拼出来、干出来的，需要用奋斗铸就美丽，以拼搏实现理想。

（二）弘扬敬业精神

"敬业"就是认真对待本业。孟子曾说："故天将降大任于是（斯）人也，必先苦其心志，劳其筋骨，饿其体肤，空乏其身，行拂乱其所为，所以动心忍性，曾益其所不能。"意思是干一番事业，必定要呕心沥血，意志坚强，甘于吃苦，勇于奉献，才能有所成就。随着社会的发展，敬业精神因岗位的不同和思想意识的转变有着不同的表现，但其核心思想未变，并受到人们的推崇。敬业精神体现出的是高度的责任感，对单位负责、对国家负责、对时代负责，推动自己全部精力投入祖国需要的事业之中。敬业不仅成为工作的态度，也是为人处世的必备品格。

（三）提高精业能力

"精业"就是精通自己的专业，对待自己所从事的工作和事业，精益求精、精进不止。荀子在《劝学篇》中曾说："锲而舍之，朽木不折；锲而不舍，金石可镂。"其内在包含的执着专注、精益求精的精神品质。在科技进步日新月异、竞争日益激烈的今天，青年大学生不仅要追求知识的广度，更要追求知识的深度，努力求精通、谋创新、出精品。需要涵养"择一事终一生"的倾心专注、"偏毫厘不敢安"的一丝不苟、"千万锤成一器"的坚持不懈。要通过不断学习实践，把精业变成一种习惯，助推自己由普通走向卓越，在平凡中铸就伟大。

⏱ 活动与训练

名言警句谈理解

一、活动目标

理解劳模精神,深化对劳模精神的认识,并转化为自己的学习、工作行动。

二、活动时间

建议 20 分钟。

三、活动流程

(1) 教师出示名言。雷锋日记:"如果你是一滴水,你是否滋润了一寸土地? 如果你是一线阳光,你是否照亮了一处黑暗? 如果你是一粒粮食,你是否哺育了有用的生命? 如果你是最小的一颗螺丝钉,你是否永远坚守在生活的岗位? "

提问:结合劳模精神和未来职业打算,谈谈你对这句话的理解。你认为怎样才能成为那一滴滋润土地的水、一线照亮黑暗的阳光、一粒哺育生命的粮食?

(2) 分小组讨论,形成自己的观点。

(3) 每组推选一名代表陈述自己的观点,回答其他小组的提问,教师适时点拨指导。

(4) 教师进行总结、点评,并根据各组表现给以赋分。

🔍 探索与思考

1.今天,人工智能已逐步推广应用到各行各业,甚至可以辅助人类进行学术研究,为什么还要弘扬劳模精神?

2.作为当代高职大学生,培养劳模精神的途径有哪些?

模块七　劳 动 精 神

模块导读

本模块从引导青年学生做"一名合格劳动者"的角度,讲授劳动精神的时代内涵与现实意义、劳动精神与劳模精神、工匠精神之间的关系,以及劳动精神的培养路径等。通过本模块的学习,引导青年大学生在学习专业知识和技能的过程中,涵养劳动精神,让劳动最光荣、劳动最崇高、劳动最伟大、劳动最美丽成为自己的价值追求和行动导向,转化为日常的学习生活行动。

单元一　劳动精神的内涵理解

名人名言

劳动是财富的源泉,也是幸福的源泉。人世间的美好梦想,只有通过诚实劳动才能实现;发展中的各种难题,只有通过诚实劳动才能破解;生命里的一切辉煌,只有通过诚实劳动才能铸就。

——习近平

学习目标

1. 正确理解劳动精神的时代内涵与现实意义。

2. 了解劳模精神、劳动精神、工匠精神之间的关系。

3. 树立崇尚劳动、热爱劳动、辛勤劳动、诚实劳动的劳动价值观。

案例导入

勤勤恳恳走好自主"强芯"路

2024 年 4 月 28 日,庆祝"五一"国际劳动节暨全国五一劳动奖和全国工人先锋号表彰大会在北京举行。天津滨海新区企业飞腾信息技术有限公司首席科学家窦强作为国产 CPU 研发领域领军人物榜上有名,荣获"2024 年全国五一劳动奖章"。

如图 7-1 所示为窦强与科研人员攻关飞腾 CPU 关键技术。

图7-1　窦强（右二）与团队在攻关

"飞腾造芯"始于20世纪90年代。当时，国产CPU研发尚处于萌芽阶段，没有国外技术资料可参考。为了弥补我国在高端通用计算芯片领域的不足，窦强作为飞腾系列CPU的总设计师，带领团队攻克了高性能微处理器体系结构、大规模集成电路设计与实现、处理器内生安全架构、设计与工艺协同优化等多项关键技术。目前，飞腾团队已研制出涵盖高性能服务器CPU、高效能桌面CPU、高端嵌入式CPU及飞腾套片在内的10余款量产芯片，全面提升了我国在通用计算领域的自主技术水平，逐步走出了一条自主创新、自力更生的发展道路。

从曾经的"缺芯少魂"到如今的国产化"绿洲"，在窦强带领的飞腾团队不懈努力下，国产CPU正在以看得见的速度阔步前行。

如今，飞腾系列CPU为千行百业信息化转型注入了澎湃动能，广泛应用于政务办公、金融、电信、电力、能源、交通等多个关键行业，芯片累计部署超过800万片。同时，飞腾CPU已联合超6500家厂商，打造4600余种硬件方案，适配超6万款软件，兼容200万级移动App，构建了国内最庞大的信息产业生态，为数字中国建设提供坚实的算力底座。

（引自：学习强国，有改动。）

【分析】窦强把发展国产CPU作为自己的使命，不计辛苦，不惧付出，勇攀高峰，带领团队攻克了一系列关键技术，为数字中国建设提供了坚实的算力基础。窦强身上表现出了坚强的劳动意志和忘我付出的劳动品质，辛勤劳动、诚实劳动，展现了独特的人格魅力。

一、劳动精神的时代内涵

人类在劳动活动中生成劳动精神。劳动活动凝聚了人的目的性、能动性和创造性，无数具体的勤恳、诚实和创造性的劳动凝结了抽象而普遍的劳动精神。劳动精神是对广大劳动者劳动实践的高度肯定与科学总结,是在人类劳动实践中建立起来的尊重劳动、热爱劳动的浓厚情感、态度以及劳动规范的总和,是劳动者在劳动过程中表现出来的劳动意识、价值取向和精神面貌。

劳动精神是具体劳动事实和普遍劳动价值的有机统一,是中华优秀传统文化和民族精神的重要组成部分,彰显着中国人民在伟大劳动实践中的独特精神气质。习近平总书记强调,要"在全社会弘扬劳动精神、奋斗精神、奉献精神、创造精神、勤俭节约精神,培育时代新风新貌"。劳动创造幸福,实干成就伟业。今天,劳动精神是激励和鼓舞全党全国各族人民实现第二个百年奋斗目标、以中国式现代化全面推进中华民族伟大复兴的强大精神动力。

（一）奋斗精神是劳动精神的首要基础

劳动精神蕴涵着奋斗精神,只有具备奋斗精神才会不断攻克各种困难,力求做到最好,从而展现出勤于劳动、不断奋进的精神姿态。习近平总书记指出:"现在,青春是用来奋斗的;将来,青春是用来回忆的。""当代青年是同新时代共同前进的一代。""广大青年要培养奋斗精神,做到理想坚定,信念执着,不怕困难,勇于开拓,顽强拼搏,永不气馁。"习近平总书记的讲话深刻揭示了奋斗精神对于青年学生成长成才的根本性作用,为青年大学生培养劳动精神指明了方向。

奋斗是青春的底色,青年学子只有把青春之我、奋斗之我融入职业生涯发展,在为国家发展、社会进步、自身事业的拼搏进程中,追逐青春理想,燃烧青春激情,才能实现自己的人生目标,人生才会过得充实而有意义。青春时段是人生中最为美好、最富活力、最有创造性的阶段,不仅精力充沛、接纳新事物快,而且敢想敢干、不惧失败,最富有闯劲和干劲。但这一时段稍纵即逝,必须要在产业转型升级、科技自立自强的时代浪潮中找准定位,不断积累知识并提升技能,方可不断突破职业瓶颈,实现人生跨越。

奋斗是艰辛而有价值的实践历程。中国共产党百年奋斗史就是最生动的教科书。从"铁人"王进喜在零下30℃跳入泥浆池带动工友制服井喷,到塞罕坝三代人接力创造荒漠变林海的奇迹,这些劳动楷模用实际行动诠释了奋斗的深刻内涵。奋斗需要正确认识"苦"与"乐"的辩证关系。艰苦的积累是取得重大突破从而带来快乐的前提,也正因为艰苦,才让我们意识到奋斗的价值。快递小哥风雨无阻的坚持里藏着对劳动的尊重,科研工作者千万次实验的枯燥中孕育着追求创新的梦想。正如习近平总书记强调的"幸福不会从天而降,梦想不会自动成真",中国高铁从引进技术到领跑世界的发展轨迹,正是数代铁路人接续奋斗的结晶。

在智能化时代,奋斗精神被赋予新的时代要求,既要有"钉钉子精神"的执着专注,又要有"数字工匠"的创新锐气,敢于将数字技术与传统工艺相结合,生成新产品、新工艺、新标准。深圳特区建设者"三天一层楼"的速度与激情,冬奥会制冰师追求"冰面温差不超过 0.5℃"的极致匠心,都是新时代奋斗精神的生动注脚。

【案例 7-1】

一辈子当好"火车头"的田桂英

田桂英 1930 年 3 月生于旅大,也就是现在的大连。1945 年大连解放,田桂英成为第一批接触到解放军战士的大连人。1948 年 5 月 13 日,田桂英光荣加入中国共产党。由于大连刚刚解放,百废待兴,需要各方面的人才,于是,1949 年 6 月 18 日,一个由 9 人组成的女子包车组成立了,19 岁的田桂英被选为组长。只有小学文化的田桂英开始学习机械原理、技术规程等理论知识。1950 年 2 月,苏联专家和中国工程师组织她们进行考试,结果田桂英考了第一名。在田桂英担任司机长的整整 3 年时间里,"三八号"机车行程 20 多万公里,未发生一起事故。1950 年 9 月,田桂英当选全国劳动模范,进京参加全国工农兵劳动模范代表大会。9 月 25 日,来自全国各地的劳模代表聚集在中南海怀仁堂,田桂英被安排向毛主席献旗。

【讨论】 解放之初,只有小学文化的田桂英克服重重困难,成为新中国的第一位女火车司机,在全国成为妇女的"火车头"。她的先进事迹,影响和带动了成千上万的女青年投身社会主义事业,开辟了新中国第一代妇女参加工作的新途径。结合自身实际,谈谈如何将"小我"融入"大我",在党和国家事业中实现个人的人生价值。

(二)创新创造精神是劳动精神的内在灵魂

劳动的本质是创造性实践,人类历史进程中的每一次飞跃都离不开人们的辛勤劳动和创新创造。习近平总书记强调:"惟创新者进,惟创新者强,惟创新者胜。"这一论断深刻揭示了创新创造在新时代劳动实践中的核心地位,为理解劳动精神注入了新的时代强音。

从原始社会的石器打磨到信息时代的量子计算,人类劳动始终贯穿着创造性突破。三星堆青铜神树展现的古蜀工匠精密铸造技艺,"天工开物"记载的明代手工业技术革新,都印证着中华民族"苟日新,日日新"的创新基因。创新创造是科学精神的体现,其本质是求新求变,是在遵循客观规律的前提下,对旧思想、旧事物的勇于质疑、大胆变革,是人们在认识和改造客观世界过程中用理性精神追求真理、不断超越的态度和实践。

劳动创新不仅存在于科技前沿,更渗透于生产关系的变革。改革开放以来,我国经济水平之所以能取得突飞猛进的发展,正是因为我们通过对生产关系的调整充分激发了广大人民的创造精神。安徽小岗村"大包干"契约上的 18 枚红手印,打破了计划经济的桎梏,激发了广大劳动人民的劳动热情。温州民营企业家"白天当老板、晚上睡地板"的拼搏干劲,让他们走在了市场经济前列,创造了中国经济发展的"温州模式"。华为"备胎计划"未雨绸缪,展现出产业链自主创新的战略远见。这些创新实践表明,劳动创造既包括以屠呦呦、袁隆平、南仁东为代表的脑力劳动者以科技创新改变人民生活,也涵盖外卖骑手、网络直播等运用数字平台重构服务生态的业态创新,创新创造渗透了劳动生活的各个方面。

事实证明,改革开放在认识和实践上的每一次突破和深化,改革开放中每一个新生事物的产生和发展、每一个经验的取得和积累,都来自亿万劳动人民创新创造的潜力、激情和能力。当前,劳动创新呈现出三大新趋势:从个体智慧向群体智能演进,C919 大飞机研制汇聚 22 个省市、200 多家企业协同创新;从要素驱动向知识驱动转型,贵州"大数据 +"战略使深山机房变身数字要塞;从封闭研发向开放共享突破,"揭榜挂帅"激活全社会创造潜能,给广大青年科技工作者带来更大舞台。国家"十四五"规划明确提出,"坚持创新在我国现代化建设全局中的核心地位",新时代劳动者既要传承"庖丁解牛"的工匠精神,更要培育"跨界融合"的数字素养,以适应时代发展对创造性劳动的要求。

📖 **拓展阅读**

新 职 业

2019—2025 年,人力资源和社会保障部会同有关部门发布了 7 批共 110 个新职业。不断涌现的新职业,为人们提供了发展新机遇和就业新选择,也带动相关产业快速发展。

2019 年发布了人工智能工程技术人员、物联网工程技术人员、大数据工程技术人员、云计算工程技术人员等 13 个新职业。

2020 年发布了智能制造工程技术人员、工业互联网工程技术人员、虚拟现实工程技术人员、连锁经营管理师等 25 个新职业。

2021 年发布了集成电路工程技术人员、企业合规师、公司金融顾问、易货师、二手车经纪人等 18 个新职业。

2022 年发布了机器人工程技术人员、增材制造工程技术人员、数据安全工程技术人员等 18 个新职业。2022 年新颁布的《中华人民共和国职业分类大典（2022 年版）》中纳入了上述新职业。

2024 年发布了生物工程技术人员、口腔卫生技师、网络安全等级保护测评师等 19 个新职业。

2025 年发布了检验检测管理工程技师人员、电子电路设计师、无人机群飞规划师等 17 个新职业。

新职业从何而来? 新产业、新业态、新模式催生了新职业。观察已公布的新职业,可以发现数字职业、绿色职业等是"上新"的重点。

——数字经济蓬勃发展,孕育数字职业,如大数据工程技术人员、无人机驾驶员、物联网安装调试员、农业数字化技术员等。

——绿色转型全面加速，催生绿色职业，如碳排放管理员、碳汇计量评估师、综合能源服务员、建筑节能减排咨询师等。

——全面追求美好生活，培育新职业，如民宿管家、调饮师、研学旅行指导师、城市轨道交通检修工等。

（引自：新职业开辟就业新空间，人民网教育频道，2022年12月，有改动。）

（三）奉献精神是劳动精神的永恒主题

新时代的劳动精神内蕴着以家国情怀为底色、以人民至上为坐标的奉献精神，构成了中国劳动者最深沉的价值追求。习近平总书记强调："劳动最光荣、劳动最崇高、劳动最伟大、劳动最美丽。"这"四个最"的深刻论断，为新时代劳动教育树立了价值标杆。

劳动精神内含着以劳动报效国家的深刻底蕴，当国家有需要时就要挺身而出、主动作为。可以说，中华民族的劳动史就是一部奉献精神的传承史，"铁人"王进喜"宁肯少活二十年，拼命也要拿下大油田"的豪迈誓言，与当代"天眼"团队甘坐深山二十载的科研坚守形成精神共振。青年大学生需要以国家和民族利益为重，淡泊名利、忘我劳动、甘于牺牲、乐于奉献。南泥湾精神、大庆精神、北大荒精神、铁人精神、抗震救灾精神等，都有一根共同的红线，那就是爱国奉献的精神品质。历史证明：当个人价值融入国家需要，平凡劳动就能铸就非凡史诗。

在当代，奉献精神呈现出鲜明的时代特征：其主体从模范个体扩展为全民参与，2022年北京冬奥会1.8万名赛会志愿者中，90%以上是35岁以下青年。其场域从生产领域延伸到社会治理，在疫情防控中，广大志愿者、社区工作者、医务工作者舍小家顾大家，逆流而行。其内涵从体力付出升级为智慧贡献，贵州"文军扶贫"行动中10万教师用教育阻断贫困代际传递。守岛人王继才32年记录189本海防日志，北斗三号卫星团队突破160余项关键技术，这些不同维度的奉献实践共同诠释了"功成不必在我，功成必定有我"的劳动境界。

二、弘扬劳动精神的现实意义

（一）弘扬劳动精神是夯实共同富裕物质基础的必然要求

劳动始终是推动社会财富增长的永恒动力。正如爱迪生所言："世间没有一种具有真正价值的东西可以不经过艰苦辛勤的劳动而能够得到。"任何国家和民族只有通过踏踏实实的劳动、艰苦而持久的劳动，才能生产出充裕的物质财富和精神财富。党的二十大报告提出，到2035年"全体人民共同富裕取得更为明显的实质性进展"，共同富裕是人民群众物质生活和精神生活都富裕，这一目标的实现必须依靠14亿劳动者的共同奋斗、共同劳动。

在现代化进程中,劳动创造呈现出多维价值形态:湖南十八洞村村民通过"绣娘计划"将苗绣技艺转化为特色产业,人均年收入从 2013 年的 1668 元迅猛增长至 2023 年的 25456 元,村集体经济从空白增长到 2023 年的 507 万元。新疆棉农运用智能农机实现精量播种,在节约 30% 水肥的同时提升 20% 产量,这些实践印证着现代化劳动体系对财富创造的乘数效应。在当前,新时代夯实共同富裕基础,需要构建"三位一体"的劳动赋能机制:在技术维度,推进"数字工匠"培育工程;在制度维度,深化"技能要素参与分配"改革;在文化维度,弘扬"劳动光荣"的价值导向。职业院校学子作为新型劳动者的预备队,既要传承"铁杵磨针"的工匠精神,更要适应数字赋能等劳动创新。

【案例 7-2】

> **深圳速度的诞生**

中国深圳市,是广东省副省级市、计划单列市、超大城市,国务院批复确定的中国经济特区、全国性经济中心城市和国际化城市。截至 2018 年末,全市下辖 9 个区,总面积 1997.47 平方千米,建成区面积 927.96 平方千米,常住人口 1302.66 万人,城镇人口 1302.66 万人,城镇化 100%,是中国第一个全部城镇化的城市。

深圳地处中国华南地区、广东南部、珠江口东岸,东临大亚湾和大鹏湾,西濒珠江口和伶仃洋,南隔深圳河与我国香港相连,是粤港澳大湾区四大中心城市之一、国家物流枢纽、国际性综合交通枢纽、国际科技产业创新中心、中国三大全国性金融中心之一,并全力建设中国特色社会主义先行示范区、综合性国家科学中心、全球海洋中心城市。深圳水、陆、空、铁口岸俱全,是中国拥有口岸数量最多、出入境人员最多、车流量最大的口岸城市,创造了举世瞩目的"深圳速度",被誉为"中国硅谷"。

【讨论】深圳在中国高新技术产业、金融服务、外贸出口、海洋运输、创意文化等方面占有重要地位,也在中国的制度创新、扩大开放等方面肩负着改革先行者的重要使命。深圳的发展速度、发展模式十分妥帖地印证了"劳动创造财富"这一道理。你认为在创造物质财富和精神财富的"深圳速度"中,劳动发挥什么样的关键作用?

(二)弘扬劳动精神是落实创新驱动发展战略的应有之义

伴随着信息技术时代、工业 4.0 的到来,新一轮科技革命和产业变革进入高速发展时期,创造性劳动迅猛发展,科技竞争日趋激烈。只有掌握新技术革命的发展趋势和战略先机,才能在新的国际竞争中占据主动。当前,创新驱动发展已从政策选项升级为经济高质量发展的现实行动。世界知识产权组织数据显示,我国在全球创新指数排名从 2012 年的第 34 位跃升至 2021 年的第 12 位,成功跨入创新型国家行列。

创新创造是中国特色社会主义事业伟大实践的鲜明特质,也是劳动人民推动社会发展伟大力量的体现。劳动人民始终是创新创造的主体，必须依靠劳动人民推动科技创新和技术变革，大力推动创新型劳动和创造性劳动。为更好激发劳动者创新主体地位，落实创新驱动发展战略，各地各单位进行了踊跃尝试。2022 年，人力资源和社会保障部（以下简称"人社部"）出台新的技能人才职业技能等级制度，将原有的"五级"技能等级延伸为"八级"，形成由学徒工、初级工、中级工、高级工、技师、高级技师、特级技师、首席技师构成的"新八级工"职业技能等级序列。中国航天科工集团提出"技术工人也是人才"，出台首席技师选拔管理制度等，拓宽技能人才成长通道，将高等级技能人才的部分待遇对标专业技术人员或管理岗位的标准，激发技能人才活力。

创新型劳动和创造性劳动是人类社会未来的发展趋势，劳动人民必将通过现代科学技术的运用，从传统劳动中解放出来，释放更优质的劳动潜能，创造更优质的劳动价值。

（三）弘扬劳动精神是培育新型劳动者的重要工程

在全球产业链智能化转型加速的背景下，劳动精神的育人价值已从教育理念上升为教育方针。习近平总书记强调，要培养更多大国工匠、能工巧匠、高技能人才，推动着劳动精神从思想引领转化为育人实践。

当前，消费主义裹挟下的价值异化对劳动认知形成了巨大冲击。市场经济在带给人们活力的同时，也助推了人们思想观念、道德规范、价值取向的功利化色彩，人们的消费习惯、消费模式随着物质财富的增加，逐渐由满足温饱转向了注重体验，少数人出现了炫富心理，"一夜暴富""人生在世，吃穿二字""有钱光荣"等负面社会心理和社会问题随时可能冲击人们对辛勤劳动、艰苦奋斗的认知。青年大学生阅历不足，缺乏艰苦奋斗、吃苦耐劳的实践磨炼，很容易出现劳动价值观偏离、劳动精神缺失和弱化等现象。调查显示，在 18～25 岁青年群体中，不少人认为"网红直播"比制造业更具吸引力，部分职业院校毕业生坦言"劳动尊严感缺失"。劳动精神的弘扬正是通过重构"劳动创造价值"的底层逻辑，强化青年大学生对职业认同的塑造。

不少地方和职业院校通过多种形式、多种途径实施劳动教育，开设劳动教育必修课，设立"劳模大讲堂"，建立"劳动教育实践基地"，等等，在弘扬劳动精神方面发挥了积极作用，受到企业和社会的普遍认可。

📖 **拓展阅读**

广东凭什么连续 35 年领跑

2023 年广东地区生产总值达到 13.57 万亿元、增长 4.8%，是全国首个突破 13 万亿元的省份，总量连续 35 年居全国首位。

广东，靠什么？换上"广角镜头"，纵览广东发展，以下四点颇为关键。

一是"家当"更厚。广东是靠制造业起家。制造业是广东深厚的"家当"，也是广东高质量发展的"利器"。二是动能更新。科技是第一生产力。根据《中国区域创新能力评价报告2023》，广东连续7年领跑全国。三是环境更优。水深则鱼悦。近年来，广东加快打造国际一流营商环境。据全国工商联万家民营企业评营商环境报告，广东连续4年荣获营商环境最佳口碑省份。四是消费更活。人口，也是广东经济发展的一大引擎。据统计，广东2022年的户籍人口首次过亿，常住人口为1.26亿人，数量继续保持全国第一。

广东连续35年领跑全国，凭什么？如果简单"归因"，有三个字一以贯之。

一为"闯"。敢闯敢试敢干。广东，总能抓住一切有利时机，利用一切有利条件，看准就干，善作善成。比如，20世纪80年代以来，广东率先"筑巢引凤"，"三来一补"企业遍地开花。近年来，广东聚焦高质量发展这一首要任务，加快建设制造业强省、科技创新强省，在全球价值链中持续攀升。二为"干"。广东始终保持清醒头脑，持续强化危机感紧迫感，不断加压奋进、大步迈进，一年接着一年干，全力干出新天地、开创新局面。三为"实"。务实，意味着实实在在、踏踏实实、扎扎实实，要求一切从实际出发，干在实处、务求实效。广东近年来不断取得改革发展新突破，关键就在一个"实"字。

现代化是干出来的！"闯"字为先、"干"字当头、"实"字托底。有这样的使命感，有这样的精气神，有这样的闯劲干劲，广东的传奇故事还将继续书写，明天必将更加精彩。

（引自：学习强国，作者为夏振彬，有删改。）

三、劳模精神、劳动精神、工匠精神之关系理解

劳模精神、劳动精神、工匠精神是中国共产党人伟大精神谱系的重要内容，是鼓舞全党全国各族人民风雨无阻、勇敢前进的强大精神动力。党的十八大以来，以习近平同志为核心的党中央对劳模工匠群体和广大劳动人民给予高度重视、充分肯定与深切关怀，并号召在新时代要坚持、发展和大力弘扬劳模精神、劳动精神、工匠精神，这有利于培育和践行社会主义核心价值观，激发劳模先进和全体劳动者创新创造创优的热情和活力、发挥工人阶级主力军作用。

（一）劳模精神、劳动精神、工匠精神的内涵各有侧重

劳模精神的内涵是"爱岗敬业、争创一流，艰苦奋斗、勇于创新，淡泊名利、甘于奉献"。其中，"爱岗敬业、争创一流"是劳模精神的本质特征，体现了劳模对国家、社会、职业的高度责任感、使命感和舍我其谁的主人翁精神。"艰苦奋斗、勇于创新"是劳模精神的品质，劳动模范是辛勤劳动、诚实劳动、创造性劳动的积极实践者，踏踏实实、奋发图强、勇于挑战、敢为人先，在实现中华民族伟大复兴的历史征程中埋头苦干、求真务实、创

新创造。"淡泊名利、甘于奉献"则是劳模精神的价值追求,彰显了劳模先进心甘情愿、默默坚守、身心投入,不求声名和个人私利。

劳动精神的内涵是"崇尚劳动、热爱劳动、辛勤劳动、诚实劳动"。其中,"崇尚劳动"是树立正确的劳动价值观,充分认识到"劳动最光荣、劳动最伟大、劳动最崇高、劳动最美丽",把劳动当作一种价值追求。"热爱劳动"是培养正确的劳动态度,促进劳动者自觉劳动、积极劳动、主动劳动。"辛勤劳动"是对劳动过程及其强度的充分肯定,表明要充分遵循劳动的客观规律以及要达到的劳动强度,体力劳动要付出辛劳和汗水,脑力劳动也要付出智慧和心血。"诚实劳动"是对劳动者品德的客观规定,表明劳动要踏踏实实、求真务实、真抓实干、实事求是。

工匠精神的内涵是"执着专注、精益求精、一丝不苟、追求卓越"。其中,"执着专注"是精神状态,是时间上的坚持、精神上的聚焦;"精益求精"是品质追求,是质量上的完美、技术上的极致;"一丝不苟"是自我要求,是细节上的坚守、态度上的严谨;"追求卓越"是理想信念,是理想上的远大、信念上的高远。工匠精神既体现了敬业之美的精神原色,又表现了创造之美的品质追求,更展现了追求之美的价值升华。

【案例 7-3】

努力学习知识改变命运　放飞梦想建设美丽祖国

2020 年 10 月 14 日,全国劳动模范、全国优秀共产党员、新中国成立 70 周年"最美奋斗者"称号获得者、中铁一局电务公司电力工匠技师窦铁成在陕西职业技术学院"劳模大讲堂",为师生做了题为"努力学习知识改变命运,放飞梦想建设美丽祖国"的专题报告。

窦铁成向大家分享了自己从一位只有初中文化的普通工人,成长为拥有"金牌工人""全国劳模""最美奋斗者""新中国成立 70 周年建筑工匠"等众多称号的奋斗经历。从简单的电路维修到保障铁路沿线的信号点和车站供电;从只有初中文化到自学高等数学、电磁学、电机学等成为没有文凭的"专家教授";从一点一滴的积累学习笔记到完成 106000 余字的电气作业实验指导书;从寒冷刺骨的甘肃乌鞘岭兰新铁路到穿越秦岭的西康铁路、从纵连南北的京珠高速到横贯东西的浙赣铁路,他参与的工程建设项目遍地开花。回顾过往,窦铁成说,"所有的成就缘于努力学习。知识没有止境,技术的提高在于不断地学习、不断地改进,才能不断地创新。要做好每一项工作,首先要热爱自己的专业,在实践中不断地学习新的知识。""工匠精神就是要一丝不苟,在工作中的每一个环节严格要求,换来的是优良的工程质量。""一个人要在社会上站得住脚,就是要勤奋学习,热爱本职工作,大胆创新,锐意进取,敢为人先,奉献社会。"

2019 年 9 月 25 日在人民大会堂举行的"最美奋斗者"表彰大会上,包括窦铁成在内的 278 名个人、22 个集体受到国家表彰。作为一名普通的技术工人,窦铁成受邀参加了庆祝新中国成立70周年大会和天安门广场阅兵观礼。

（引自：努力学习知识改变命运 放飞梦想建设美丽祖国——全国劳模窦铁成做客我院"劳模大讲堂"，中国航天技术研究院，2020年10月，有改动。）

【讨论】"金牌工人""全国劳动模范""最美奋斗者"窦铁成身上体现了什么样的劳动精神？他的成长经历对新时代劳动者有何启发意义？

（二）劳模精神、劳动精神、工匠精神的内在关联

系统考察"三种精神"之间的内在关联，我们会发现，从劳动精神到工匠精神再到劳模精神是一系列提升和跃迁，主要包括以下三个层面。

（1）从"三种精神"产生的主体来看，劳模精神来自劳模群体，劳动精神来自劳动者群体，工匠精神来自工匠群体。这决定了"三种精神"内涵有其差异之处，即具有各自的特殊性。同时，尽管主体不同，但无论是劳模还是工匠，首先都是劳动者中的一员。因此，"三种精神"的内涵又有其相通之处，即具有一定的共同性。一言以蔽之，无论劳模精神还是工匠精神，其精神渊源皆出自劳动精神。甚至可以说，劳模精神和工匠精神在本质上也是一种劳动精神，是劳动精神向更高层次、更高面向的跃升。

（2）从"三种精神"的逻辑关系来看，三者涵盖了劳动精神的不同发展层次。劳动精神可分为三种层次，第一层次是作为一个合格的劳动者应该具备的精神特征，即"崇尚劳动、热爱劳动、辛勤劳动、诚实劳动"，也就是具备想干、爱干、苦干、实干的基本劳动素养。第二层次是作为一个专业的劳动者，也就是工匠应该具备的精神特征，即"执着专注、精益求精、一丝不苟、追求卓越"，也就是具备"懂技术、会创新"的专业劳动素养。第三层次是作为一个模范的劳动者，也就是劳模应该具备的精神特征，即"爱岗敬业、争创一流、艰苦奋斗、勇于创新、淡泊名利、甘于奉献"，具备"有理想守信念、懂技术会创新、敢担当讲奉献"的卓越劳动素养，具有信仰坚定、胸怀全局、担当奉献、引领示范等精神品质。

（3）从"三种精神"的价值导向来看，劳模精神具有政治性、引领性、示范性；工匠精神具有专业性、技术性、严谨性；劳动精神则具有普遍性、广泛性、基础性。实际上，对于劳动者而言，从劳动精神到工匠精神再到劳模精神的不同阶段，就意味着从一个合格的劳动者到专业的劳动者再到楷模型劳动者的变化过程，也即劳动精神（合格的劳动者）→工匠精神（专业的劳动者）→劳模精神（楷模型劳动者）的递进成长之路。在这一过程中，也完成了崇尚劳动、热爱劳动、辛勤劳动、诚实劳动、持续性劳动、科学劳动、创造性劳动、完美劳动、引领性劳动、幸福劳动等劳动理论与实践的发展。

（三）劳模精神、劳动精神、工匠精神的内在一致性

劳模精神、劳动精神、工匠精神虽然内涵各有侧重，但三者并非孤立存在，而是具有深刻的内在一致性。这种一致性不仅体现在精神内核的共通性上，更表现为价值追求的

同一性、实践路径的连贯性以及目标导向的协同性。

首先，从精神内核来看，三者均以"敬业奉献"为共同底色。劳模精神则突出"爱岗敬业、甘于奉献"，劳动精神强调"热爱劳动、诚实劳动"，工匠精神注重"执着专注、精益求精"。尽管表述不同、各有侧重，但本质上都是从内心生起对职业的热爱、对事业的敬重，从而表现出对职业价值的认同与坚守，在行动上尽最大努力去干好自己的本职工作。无论是普通劳动者的踏实肯干、工匠的精雕细琢，还是劳模的忘我付出，都是以高度的责任感和使命感为支撑，全身心投入劳动之中。

其次，从价值追求来看，三者共同指向"创造卓越"的终极目标。劳动精神的"辛勤劳动"是成就卓越的基础，工匠精神的"追求卓越"是实现卓越的路径，劳模精神的"争创一流"则是卓越的集中展现。工匠通过技术突破追求品质的极致，劳模通过创新奉献树立行业的标杆，而普通劳动者则通过诚实劳动体现个人境界。三者虽立足点不同，但最终均实现了个人价值与社会价值的高度一致，把社会对劳动的期望和要求落实到个人的劳动行动之中，推动劳动实践从"合格"向"典范"跃升。

最后，从实践逻辑来看，三者构成劳动者成长的递进式阶梯。劳动精神是普遍要求，为每一位劳动者提供基本准则，是个人成长的基础；工匠精神是专业升华，为技能型人才确立职业标准，是职业发展的关键；劳模精神则是境界提升，为全体劳动者树立精神标杆，是个人价值的集中体现。这一过程既反映了劳动者从"入门"到"精通"再到"引领"的能力进化，也体现了劳动实践从"满足需求"到"创造价值"再到"定义方向"的层次跨越。三者的连贯性，恰恰揭示了劳动创造幸福、技能成就梦想、奉献铸就伟大的辩证关系。

💗 活动与训练

分组会谈

一、活动目标

认识劳动对于个人、国家乃至人类发展的重大意义，感悟劳动的价值，培育劳动精神。

二、活动时间

建议 25 分钟。

三、活动流程

（1）分组。学生每 6～7 人为一个小组，分组就座，从座位形式、场地布置等方面营造宽松和谐的会谈氛围。

（2）主持人开场。概括性介绍会谈目的、会谈主题、会谈规则等。

（3）第一轮会谈（5 分钟）。各组自我介绍并选出组长。第一轮会谈正式开始后，主持人可以聆听各组讨论情况，也可以参与讨论。

（4）第二轮会谈（5 分钟）。组间交换。除组长外，其他同学可以去往其他不同的组

（每组人数尽量保持均衡），组成新的小组，开始第二轮会谈。在第一轮会谈的基础上，新成员加入并继续进行会谈。

（5）第三轮会谈（5分钟）。全体同学回到第一轮会谈所在的小组，分享自己到其他各组对话的进展与收获。讨论：劳动对于个人、国家乃至人类发展的意义是什么？对劳动教育的期待是什么？并将观点写在白板上。

（6）分享（3分钟）。每组选派一名代表，分享本组的讨论成果。

（7）主持人点评（2分钟）。对会谈进行概括性总结，包括各组表现、主要观点等，提出希望和要求。

🔍 探索与思考

1.劳动精神的内涵是什么？对新时代劳动者提出了什么样的要求？

2.发现身边的劳动榜样，说说他的先进事迹有哪些，有哪些精神值得我们学习？

单元二　身体力行涵养劳动精神

💡 名人名言

勤工俭学的意义还在于它能够培养和发挥青年的创造性和才能。如果我们给青年安排一条轻便的道路，他们只需饭来张嘴，上课就念书，什么也不管，这样我们就会害了青年，会使聪明人也变成傻瓜。

——徐特立

🎯 学习目标

1.了解劳动精神的培养路径。

2.增强涵养劳动精神的自觉性，培养巩固良好的劳动习惯。

3.在实际学习生活中自觉践行劳动精神。

📋 案例导入

听习近平亲述成长点滴

1969年初，不满16岁的习近平主动申请到陕北农村插队，来到延川县文安驿公社梁家河大队。在梁家河，他与劳动人民吃住在一起，"真诚地去和乡亲们打成一片，自觉地接受艰苦生活的磨炼"，从一个"不谙世事的孩子"成长为"种地的好把式"。成为梁家河大队党支部书记后，他与乡亲们一起种地、打井、打坝、修公路，发展生产改变家乡的面貌……

习近平后来回忆感慨，"我生活在他们中间，劳作在他们中间，已经不分彼此"。同时他也在劳动人民中间"学到了农民实事求是、吃苦耐劳的精神"。离开梁家河，习近平依然坚持劳动不忘本的良好习惯。

在正定，他到乡村考察时正赶上乡亲们锄地、间苗，习近平拿起锄头、撸起袖子就跟乡亲们一起干起来，手法和老农一样熟练，这让同行的人不由都吃了一惊；在宁德，他不仅参与劳动，还对劳动进行了深层次的思考。他曾在《摆脱贫困》一书中写道："农村劳动力如果继续束缚在原有规模的耕地上，倚锄舞镰，沿袭几千年来日出而作、日落而息的耕作老传统，进行慢节奏、低效率的生产劳动，那就不是一件好事。反之，用改革开放的眼光看待劳动力的大量转移，会惊喜地发现，我们又获得了一种极其宝贵、可待开发、可能创造巨大价值的崭新资源。"

在浙江，他换上矿工服，戴上安全帽，乘罐笼下到近千米的井底，弯腰躬身沿着低矮狭窄的斜井走了1500多米，来到采矿点看望慰问在井下采煤的工人，并与工人们一起吃饺子……

（引自：人民网，2019年5月。）

【分析】习近平总书记从黄土地上，从辛勤而富于创造性的劳动中走来，他的劳动情怀、劳动精神感染和带动着一批又一批干部在平实的岗位上勤奋劳动，值得我们敬佩和学习。习近平总书记青年时期的基层经历和劳动经验，让他深知劳动是锤炼作风、联系群众的重要途径。打坝，修渠，种树，打糍粑，磨豆花……数十年来，习近平总书记所到之处都留下了他与人民同劳动的温暖记忆，彰显出人民领袖的劳动本色和为民情怀。

劳动精神的培育是素质教育纵深发展的必然要求。党的二十大报告指出，要"在全社会弘扬劳动精神、奋斗精神、奉献精神、创造精神、勤俭节约精神，培育时代新风新貌"。2023年4月，习近平总书记在向全国广大劳动群众致以节日祝贺和诚挚慰问中谈到："希望广大劳动群众大力弘扬劳模精神、劳动精神、工匠精神，诚实劳动、勤勉工作，锐意创新、敢为人先，依靠劳动创造扎实推进中国式现代化，在强国建设、民族复兴的新征程上充分发挥主力军作用。"青年大学生须树立正确的劳动价值观，积极投身劳动实践，身体力行涵养劳动精神，为担当时代使命奠定基础。

一、强化劳动价值引导

劳动教育本质上是一种劳动价值观教育。劳动精神作为一种积极的劳动心理状态、面貌和品质，是正确劳动价值观外化后的行为表现。大学生身体力行涵养劳动精神，首先要注重进行正确的劳动态度、劳动观念教育，正确认识劳动的意义和价值。

（一）自觉崇尚劳动

劳动精神源于对劳动的尊崇。青年大学生要以马克思主义劳动观为基础，自觉用马克思主义劳动思想改造主观世界,懂得劳动创造美、劳动创造财富、劳动创造幸福生活,懂得国家强大、民族复兴只能在劳动中实现,懂得强健体魄、顽强意志、高尚品格的形成需要在劳动中养成的道理。要崇尚和尊重不同职业的劳动,尊重劳动者及劳动者的劳动成果,反对一切不劳而获、贪图享乐的错误观念,坚定"以劳动托起中国梦"的信念。

（二）油然热爱劳动

青年学生要正确看待劳动过程中的苦与乐、得与失,正确看待劳动地位与劳动成果的关系,端正劳动态度。从内心生起对劳动的热爱和自觉,坚信"一切劳动者,只要肯学肯干肯钻研,练就一身本领,掌握一手好技术,就能立足岗位成长成才,就能在劳动中发现广阔的天地,在劳动中体现价值、展现风采、感受快乐"的道理,建立起对劳动的情感,踊跃投身劳动实践。

（三）愿意辛勤劳动

青年大学生既要仰望星空、胸怀"国之大者",树立高远的人生目标,又要脚踏实地、勇担时代使命,从一线的劳动实践做起。事实上,无论大科学家、企业家,还是各级各类劳动模范,都是从最基层岗位干起,都是从平凡的劳动中走出来的。要自觉以国家富强、民族复兴为己任,克服怕苦怕累心理和怠惰习惯,愿意劳动、勤于劳动、乐于劳动,将个人梦想与国家前途、民族命运紧密结合起来,在实现中国梦的生动实践中放飞青春梦想,在为人民利益的不懈奋斗中书写人生华章。

（四）乐于诚实劳动

简单讲,诚实劳动就是实实在在地投入体力和精力,踏踏实实劳动,在劳动中不偷奸耍滑、不拈轻怕重。青年大学生在劳动过程中要脚踏实地,恪尽职守,诚实劳动,诚信做人,努力成为行业骨干、时代先锋。宝剑锋从磨砺出,梅花香自苦寒来,要勇于到艰苦环境和基层一线去担苦、担难、担重、担险,在一线岗位施展才华,在实在付出中学会劳动,勤勉工作、用心付出,用持之以恒的艰苦奋斗做走在时代前列的奋进者、开拓者、奉献者。

【案例 7-4】

躺平绝不会躺赢

2023 年,全国高校毕业生再次超过千万。面对巨大的就业压力,年轻人找到理想的工作较难,但又不愿降低预期,期望无处安放,情绪迷茫焦虑,引发"现代版孔乙己"的话题频繁登上热搜。

"如果我没有读过书,我可以找别的活做,可我又偏偏读过书。"这样的感叹拨动着年轻人的神经。其实,令人"哀其不幸,怒其不争"的孔乙己陷入困境,不是因为他读过书,而是他迂腐懒惰,宁肯行窃也不愿奋起。我们关注年轻人的焦虑,更要正视潜藏着的"躺平"。

躺平的表现多种多样，遇到压力躺平，晋升无望躺平，就业难住房贵收入低也躺平……从价值观方面分析，躺平大概有 3 种类型：价值观念上接受主流价值，却不同程度地放弃为实现主流价值而努力的抵抗型；摒弃主流价值，在行动上也不再努力进取的仪式型；在行动上放弃对成功的追求，价值观念上则徘徊于是否摒弃主流价值的摇摆型。无论哪一种，都是对人生境遇的误读，其本质是消极避世的处世哲学。

躺平问题缘于"观"，但有人认为"躺平是人生智慧""躺平是权利"。无论躺平产生的逻辑是什么，为不求进取，消解意志，甚至颓废堕落的行为唱赞歌、找理由，必然引起世界观价值观人生观的混乱，危害极大。人生如逆旅，每代人都会遇到所处时代的难题，最可贵的是鼓起斗志扼住命运的咽喉。逆袭成功的人，哪一个不是脱几层皮，掉几身肉，与其"热搜孔乙己"，何如"注目高加林"。

躺平不可取，躺赢不可能，奋斗正当时。翻阅近代史，有多少艰难就有多少不甘沉沦的故事。陈独秀曾寄语青年"要立志出了研究室就入监狱，出了监狱就入研究室，这才是人生最高尚优美的生活"。我们忘不了那"跪着也不能求生"的年代，多少忠义勇健之士拔剑四顾心茫然，多少英雄好汉壮志难酬恨天低。在中国转型的历史进程中，中国共产党点亮民族复兴的灯塔，领导人民浴血奋战，才彻底翻转乾坤。正因为一代代前辈流血流汗奠了基，才有奋斗正当时的广阔舞台；正因为强国建设、民族复兴，以及人民对美好生活的向往，绝不是轻轻松松就能实现的，才要拒绝躺平，发扬历史主动精神，不懈奋斗拼命干。

梦想，好像浩瀚天空中的星辰，唯有追梦者才有机会摘取，躺平者注定遥不可及。身逢伟大时代，拒绝躺平，还应选择追梦。追梦的姿态最美，追梦的人生最赞，追梦者才有充满希望的未来。

（引自：学习强国，有删改。）

【讨论】 有些人面对激烈的社会竞争不是去拼搏和奋斗，而是选择"躺平"，并找出各种"躺平"的理由和冠以美好的说法，其思想根源是什么？为什么有的人选择"躺平"，有的人却勇敢面对、搏击出彩，究竟谁才会赢？

二、努力提升劳动素养

劳动素养是劳动者经过生活和教育活动形成的与劳动有关的素养，包括劳动的价值观（态度）、劳动的知识与劳动的技能等内容。中共中央、国务院印发的《关于全面加强新时代大中小学劳动教育的意见》强调，将劳动素养纳入学生综合素质评价体系，劳动素养成为学生综合素质的重要组成部分。劳动素养中的劳动态度包括劳动者对待劳动的认识与劳动的态度、对劳动对象的理解、对服务对象的需求认知等。劳动素养中的劳动技能是劳动者在解决工作问题及矛盾的过程中运用劳动工具及方法，达到预定劳动效果的专业能力。劳动素养是衡量劳动者能否胜任某项工作的最根本、最直接的能力指标。有良好劳动素养的劳动者，不仅有对于劳动价值的正确认知及对待劳动的积极态度，还有对劳动知识和技能的娴熟运用，并具有良好的劳动习惯，能通过良好的劳动组织、劳动技能达到预期的劳动效果。

【案例 7-5】

心灵的锁

有位老锁匠技艺高超，修锁无数，收费合理，深受人们敬重。更主要的是老锁匠为人正直，每修一把锁都告诉别人他的姓名和地址，说："如果你家发生了盗窃，只要是用钥匙打开你的家门，你就来找我！"听了这话，人们更加尊敬他了。老锁匠老了，为了不让他的手艺失传，人们帮他物色徒弟。最后老锁匠挑中了两个年轻人，将一身技艺传给他们。

一段时间后，两个年轻人都学会了很多东西，老锁匠决定对他们进行一次考试。

老锁匠准备了两个保险柜，并分别放在两个房子里。老锁匠告诉这两个徒弟："你们谁打开保险柜用的时间最短谁就是胜者。"结果大徒弟只用了不到十分钟就打开了保险柜，而二徒弟则用了二十分钟。众人都以为大徒弟必胜无疑。老锁匠问这两个徒弟："保险柜里有什么？"大徒弟抢先说："师傅，里面放了好多钱，都是百元大票。"师傅看了看二徒弟，二徒弟支吾了半天说："师傅，您只让我打开锁，我就打开了锁，我没注意里面有什么。"

老锁匠十分高兴，郑重宣布二徒弟为他的接班人。大徒弟不服，众人不解，老锁匠微微一笑说："不管干什么行业，都要讲一个'信'字，尤其是我们这一行，要有更高的职业操守。我收徒弟是要把他培养成一个高超的锁匠，他须做到心中只有锁而无其他，对钱财视而不见。否则，心有杂念，稍有贪心，登门入室或打开保险柜取钱易如反掌，最终只能害人害己。"

老锁匠最后对他的那个大徒弟说："每个人心中都要有一把不能打开的锁。"大徒弟惭愧地低下了头，悄无声息地从人群中走开了。

【讨论】文中"心灵的锁"指的是什么？大徒弟的技艺明显高出二徒弟，老锁匠为什么选二徒弟为自己的接班人？"每个人心中都要有一把不能打开的锁"，这把"锁"指的是什么？"锁"对职业发展有何影响？

德、智、体、美是人之身心的完整组成部分。劳动素养作为人的内在素质，并不是游离于德、智、体、美之外的素养，而是与德、智、体、美相融合的一种综合素养，是德、智、体、美在劳动实践中的具体表现。为此，提升劳动素养，应回归到从德育、智育、体育、美育、劳育几个方面下功夫。

（一）以科学理论涵养"德行"

习近平总书记指出,国无德不兴,人无德不立。"德"是一个人成长的根本影响因素,也是提升劳动素养的首要基础。只有具备坚固的"德行",劳动素养才有稳固的道德基础,能够经受住实践的检验。青年大学生要用习近平新时代中国特色社会主义思想武装头脑,树立正确的理想信念;用社会主义核心价值观和中华优秀传统文化提高自己的道德修养,成为有"有德"之人、"厚德"之人。要培养自己的爱国情怀和责任意识,跳出自我得失、自我利益的小视角,从单位发展的角度、从集体利益的角度、从国家和社会发展的角度看待自己的使命和责任,从而做出正确的选择和判断。对于处于学习阶段的青年大学生来讲,主要是立鸿鹄报国志,做爱国奋斗者,立足大格局、大视野看问题,国家利益、集体利益先于个人利益、高于个人利益。

（二）以社会实践提升"智能"

"智能"在劳动素养中表现出具体的劳动技能、劳动能力。习近平总书记指出,要通过学习知识,掌握事物发展规律,通晓天下道理,丰富学识,增长见识。必要的知识和技能是劳动能力的关键。青年大学生要通过多种途径提升自己的智力和能力。首先,要在实践中提升知识学习的质量,善于通过实践增进知识的理解和运用。正如马克思所说:"人的思维是否具有客观的真理性,这不是一个理论的问题,而是一个实践的问题。人应该在实践中证明自己思维的真理性,即自己思维的现实性和力量,自己思维的此岸性。"青年大学生只有通过自身的实践活动,把握知识的内在规律,提高运用知识的能力,才能把课本知识转化为实践知识,并创造新的知识。其次,要通过社会实践提升理性思考能力、交流沟通能力、判断与选择能力,在实践中思考和学习、锤炼自我、提升自我,努力成为知识广博、视野开阔、人格完整的人。

（三）以体育锻炼增强"体质"

劳动必须以健康的体魄为基础,身体素质影响着劳动的效能。青年大学生只有身体强健、心理健康,才可能胜任艰巨的劳动任务,才能担负起历史赋予的使命和责任。特别是在竞争日益激烈的今天,劳动要求更高、劳动强度增大,对劳动者的身体和心理素质提出了更高的要求。要自觉参加体育活动,具有增强体质的主动意识,遵循体育运动规律、身心发展规律,积极参与体育锻炼,提高身体素质。要把身体健康与心理健康结合起来,在体育锻炼中享受乐趣、调节焦虑、释放情绪、缓解压力,从而把自己培养为身心健康、人格健全、意志坚强的人。

📖 **拓展阅读**

用奋斗诠释劳动精神

"我的一位老班长曾经给我讲过一段话,他说:什么叫作不简单,什么叫作不容易,就是要长时期甚至用几十年的时间认认真真、持之以恒地做好一件事情,这就是不简单,就是不容易。"前不久,在国务院新闻办公室中外记者见面会上,获得全国劳动模范称号的贵州钢绳(集团)有限公司二分厂技术员、高级技师周家荣动情讲述了自己的成长之路。立足岗位,脚踏实地,干一行爱一行,钻一行精一行,周家荣等先进模范用拼搏奋斗实现人生梦想,以爱岗敬业弘扬劳动精神。

习近平总书记在全国劳动模范和先进工作者表彰大会上指出:"劳动是一切幸福的源泉。"在长期实践中,人们养成了崇尚劳动、热爱劳动、辛勤劳动、诚实劳动的劳动精神,这是人生出彩的金钥匙,也是创造美好生活的必经之路。人间万事出艰辛,人世间的美好梦想,只有通过诚实劳动才能实现;发展中的各种难题,只有通过诚实劳动才能破解;生命里的一切辉煌,只有通过诚实劳动才能铸就。

不可否认,随着经济社会发展,劳动的方式在发生变化,但"功崇惟志,业广惟勤"始终是不变的人生哲理。回首历史,从"走在时间前面的人"王崇伦到"当代雷锋"郭明义,从"铁路小巨人"巨晓林到"金牌焊工"高凤林……一代又一代热爱劳动、勤于劳动、善于劳动的高素质劳动者,用对事业的"痴"、对岗位的"爱"、对工作的"狂",垒筑起中华人民共和国的巍峨大厦,标注了建设者们的奋斗底色。个人向上,国家向前,他们在劳动中收获了个人成长,也为国家发展做出了贡献。

"一勤天下无难事。"有人曾问齐白石,画画秘诀是什么?他笑答:"要每日作画,不叫一日闲过!"他曾在一首诗中如此描写自己的艺术劳动:"铁栅三间屋,笔如农器忙;砚田牛未歇,落日照东厢。"肯花气力,肯下苦功,肯去钻研,方换来"功夫深处见天然"的精湛画艺。无论是体力劳动还是脑力劳动,无论是简单劳动还是复杂劳动,道理都是相通的。一切劳动者,只要肯学肯干肯钻研,练就一身真本领,掌握一手好技术,就能立足岗位成长成才,在劳动中发现广阔的天地,在劳动中体现价值、展现风采、创造生活。

(四)以大美教育滋养"审美"

美是纯洁道德、丰富精神的重要源泉,对提升学生劳动素养具有重要的促进作用。当前,加强和改进学校美育受到前所未有的重视,各学校坚持以美育人、以文化人,提高学生审美和人文素养。蔡元培曾言:"美感者,合美丽与尊严而言之,介乎现象世界与实体世界之间,而为津梁。"意指通过美育,提升人们的涵养,陶冶人们的情操,进而使人们树立正确的人生观。要通过艺术教育,使学生具备一定的艺术知识和艺术能力,具有认识美、感受美、欣赏美的能力。要通过各种文化艺术活动,使学生在艺术熏陶中陶冶情操,提升审美能力,进而达至提升劳动素养的目的。

（五）以劳动实践培养"劳力"

马克思认为，教育与劳动相结合是造就全面发展的人的唯一方法。青年大学生对劳动在人类历史发展中的作用、劳动对社会生产力发展的功能以及劳动的内涵及意义等有深刻地认识，正确认识劳动，懂得劳动最光荣、劳动最崇高、劳动最伟大、劳动最美丽的道理，培养辛勤劳动、诚实劳动、创造性劳动的优良品质，对个人成才和价值实现具有重要影响。同时，要主动学习新知识，掌握新技术，运用新标准，拓展自己的新型劳动能力，适应产业转型升级需求。要在实践中体会劳动素养提升与自身健康成长和全面发展的内在联系，积极参加家庭劳动、学校劳动，主动抓住社会实践、公益劳动、勤工助学、校外实习、志愿服务等劳动机会，在劳动过程中培养劳动情感，训练劳动技能，形成热爱劳动的良好品德、吃苦耐劳的意志品质，全面提高劳动素养。

【案例7-6】

全国劳模叶林伟：8万吨模锻压力机首位操作手

毕业于四川工程职业技术大学的"80后"工匠叶林伟，系中国第二重型机械集团德阳万航模锻有限责任公司8万吨模锻压力机班组大班长、技师。作为世界最高等级模锻压力机的首位操作手，叶林伟始终牢记习近平总书记嘱托，毅然肩负大压机锻造大飞机钢筋铁骨的"国家使命"，先后参与了80余项国家级制造任务，成功攻克了30余项超大型航空模锻件极限制造难题，参与制造了C919大型客机超过70%的关键承力件，以工匠精神书写"中国奋斗"，让"中国创造"走向世界。

叶林伟抱定"一定要把这台大压机用好"的决心，从大压机的调试、试车，到成功运行，叶林伟练就了无可借鉴"一锤定音"的模锻定位绝技。这一精准定位的关键技艺保证了锻件的一次完美成型。叶林伟操作8万吨模锻压力机能够做到万钧之力实现"毫厘之间"的掌控。在C919缘条精密钛合金锻件的生产中，坯料出炉每过1秒温度下降2℃，锻压时间必须控制在20秒以内，叶林伟指挥坯料准确定位，6秒钟完成锻压成型，把操作精准控制在"分秒之间"。

在大飞机"钢筋铁骨"制造中，叶林伟展现出中国工匠的奋斗担当创新精神，先后被授予第27届中国青年五四奖章、中央企业劳动模范、全国机械冶金建材行业"最美职工"、中央企业青年岗位能手、第八届四川省敬业奉献道德模范、第25届四川青年五四奖章、"大飞机奋斗者"等称号。2025年5月，被授予"全国劳动模范"称号。

（引自：四川国资委网站，2025年5月，有改动。）

【讨论】 叶林伟在短短的十几年时间，成长为8万吨模锻压力机的主操手，其间他夜以继日、争分夺秒地研读学习，攻克了10万英文单词汇集的液压原理图，完成压力机操作界面的中文定版工作，获得操作准入资质。他身上表现出了什么样的劳动精神？是什么力量让他专注于压机操作技能训练并走向劳动者的最高荣誉颁奖台？

三、广泛投身劳动实践

（一）主动接受劳动教育

正确的认知是行动的关键。接受规范的劳动教育有利于提高学生对劳动的认识，树立正确的劳动观念。青年大学生应自觉阅读劳动类书籍，掌握必要的方法技巧，也要积极参加学校开设的手工、园艺、茶道、扎染、插花、非遗文化等实践操作课程，并结合自己所学专业和学科特性，加强劳动观念和劳动态度的培养，树立正确的劳动价值观。

（二）参加劳动相关活动

劳动是一项身心结合的活动，劳动技能的培养是循序渐进、逐步养成的过程，需要在学习环境、生活习惯、工作氛围中去养成。积极参加定期的值日生如教室管理、卫生清洁等活动，做好宿舍卫生及美化，打造和谐的居住生活环境。向身边的榜样人物学习，积极参加学生社团，参加班会、团课中关于劳动精神的主题演讲、知识竞赛、征文比赛，以及辩论赛、情景剧大赛等，在活动中探讨和反思劳动的意义与价值，在实践中提升自身的劳动意识，从思想到行动切实热爱劳动、崇尚劳动，成为劳动情怀浓厚、劳动技能突出的高素质大学生。

（三）积极投身校内劳动实践

劳动实践是培养劳动精神、提高劳动素养必不可少且极为重要的途径。青年大学生要认真参加学校组织的实习实训，特别是企业的生产性实践活动。同时，还可利用寒暑假时间进行实习实训或社会实践，提高自己的专业知识水平和实践操作能力。以志愿者和值日生身份参加班级卫生打扫、宿舍内务整理、校园保洁和环境绿化等劳动任务，参加图书馆书籍资料整理、信息中心网络设备运营维护等，增强劳动体验，积累劳动经验。

（四）开展居家劳动技能培养

践行"孝亲、敬老、爱幼"传统，从家庭小事做起，从身边事务做起，积极参与家庭劳动。如基础类的家务劳动，包括清洗碗筷、洗衣做饭、物品收纳、卫生清扫等；中等难度类劳动如特色菜肴制作、利用废旧物品制作手工艺品等；高难度类的家务劳动如水管维修、电气设备维修、房屋装饰装修等，掌握必备生活技能，体验劳动带来的幸福，为自己今后成长和家庭幸福担起责任、贡献力量。

☺ 活动与训练

我心中的劳动之光

一、活动目标

品味劳动者的喜悦与自豪，感悟"劳动最光荣、劳动最崇高、劳动最伟大、劳动最美丽"的人生真谛。

二、活动时间

建议 15 分钟。

三、活动流程

(1) 学生收集"劳动最光荣、劳动最崇高、劳动最伟大、劳动最美丽"的案例。

(2) 学生每 3～4 人为一小组,每小组从组员整理的案例中挑选出 2 个有代表性案例进行讨论。

(3) 每小组选出代表,陈述本组推荐的代表性案例,介绍案例的主要内容,说明其代表性何在,并接受其他小组的提问,小组内其他成员可补充作答。

(4) 教师进行点评、分析和总结,对学生表现进行赋分。

🔍 探索与思考

1. 收集一位全国"五一劳动奖章"获得者典型事例,谈谈你的理解和对大学生成长的意义。

2. 当代大学生如何践行劳动精神、培养劳动习惯?

模块八　工匠精神

📖 模块导读

本模块引导学生理解执着专注、追求卓越的工匠精神的内涵,做到干一行、爱一行、成一行,树立匠心匠德匠艺,大力弘扬工匠精神,成为新时代的优秀劳动者。共分两个单元:第一单元阐述工匠精神的时代要求与内涵意义;第二单元分析工匠精神与技艺传承的关系,探讨工匠精神的培养路径。

单元一　工匠精神的时代要求

🐏 名人名言

欲尽致君事业,先求养气功夫。

——(南宋)陆游

🎯 学习目标

1. 理解工匠精神的内涵与核心要素。

2. 了解工匠精神之于高职大学生的特殊意义。

3. 传承和弘扬工匠精神,树立争当大国工匠的理想。

📑 案例导入

> **明代修建紫禁城木匠蒯祥被赐名"蒯鲁班",官至工部侍郎**

明永乐元年(1403年)朱棣当了皇帝后,升"北平"为"北京",又于永乐四年(1406年)下诏,于翌年营建宫城、坛庙。但因连年战乱,造成明王朝经济负担过重,无力马上动工兴建,永乐十五年(1417年)北京城才正式营建。

在全国各地数以万计的工匠中,以苏州"香山帮"最为知名。《苏州香山帮建筑》记载:苏州香山位于太湖之滨,自古出建筑工匠,擅长复杂精细的中国传统建筑技术,人称"香山帮匠人",有"江南木工巧匠皆出于香山"之说。"香山帮"中以木匠蒯祥的技术最为精湛,有"香山帮鼻祖"之称。

蒯祥为原江苏吴县(今苏州市吴中区和相城区)人,自幼随父学艺,《明实录宪宗实录》称其："以木工起隶工部，精于工艺。自正统以来，凡百营造，（蒯）祥无不预。"蒯祥精通尺度计算，每项工程施工前都做了精确的计算，竣工之后，位置、距离、大小尺寸都与设计图分毫不差。紫禁城开始修建后，蒯祥担任"营缮所丞"（负责工程设计与施工）。紫禁城的布局，多出于他的巧妙设计。明永乐十八年（1420年），承天门建筑完工后，蒯祥受到众口一词的赞扬，被誉为"蒯鲁班"。之后，蒯祥官升至工部左侍郎，授二品官。

蒯祥还常常解决一些技术难题。据传，有一次一个木工锯皇极殿宫门门槛时，不小心将木料锯短了一尺。由于木料为缅甸进贡的珍贵巨木，工匠面临杀身之祸，吓得没了主意。蒯祥端详了一会儿说："没有关系，可以补救。"他让闯了祸的木工将木料的另一头也锯短一尺，可那个木工哪敢下手？蒯祥便接过锯子锯了起来。锯完后，他按尺寸另外雕刻了两个口中含珠的龙头，用活动头装到锯短了的门槛上。再把门槛安装到门上，尺寸完全吻合，而且便于拆卸。这种装置，被称为"金刚腿"。到成化年间，蒯祥已是七八十岁的老人，但仍"执技供奉"，俸禄食从一品。

营建北京城时，"香山帮"因功勋卓著，先后有多位匠人入仕。除蒯祥官至工部侍郎外，石匠陆祥、木匠蒯义、蒯刚、郭文英也晋升为工部左（右）侍郎。另有永乐朝松江（上海）人、石匠杨青官至工部左侍郎，而嘉靖朝江苏扬州人徐杲则"以木匠起家，官至大司空"，即工部尚书（相当于建设部长）。据《万历野获编》卷二《工匠见知》记载："嘉靖三十六年（1557年）四月，（紫禁城）奉天等三殿及奉天门遭灾，四十一年（1562年）重修竣工，皆匠官徐杲一人主持。"徐杲"四顾筹算，俄顷即出，而断材长短大小，不爽锱铢"。特别是修建毓德宫（今永寿宫）时，不到三个月新的宫殿便告成，嘉靖皇帝住在旁边一个宫殿里，却没有听到一点斧凿之声。徐杲被提升为工部尚书（正二品）。

（引自：《北京晚报》，有改动。）

【分析】工匠最典型的气质就是对自己技艺的严苛要求，为此不厌其烦、不遗余力地做到极致，精益求精、一丝不苟，同时对自己的手艺和作品怀有绝对的自信和自尊。工匠文化和工匠精神不仅是我国古代社会走向繁荣的重要支撑，也是我国优秀传统文化的重要组成部分。工匠精神的本质是精业与敬业，技艺为骨、匠心为魂，共同铸就了我国丰富的物质文化，也推动了我国制造技术的创新发展。

一、工匠精神的内涵理解

（一）工匠与工匠精神

"工匠"又称作"匠人""匠""工"等。早期的工匠指手工业者，随着社会的发展，逐步演变成社会阶层中的"工"这一角色，指以器物工具研究、发明、改良为主要职能，同时兼顾从事多种行业劳作的共同体。因此，工匠是指有工艺专长的匠人，这些人专注于某一领域，针对这一领域的产品研发或加工过程全身心投入，精益求精、一丝不苟地完成整个工序的每一个环节。"工匠"不是社会个体，它是一个社会集合，是众多个体汇聚而成的一个群体。

工匠绝不是简单的工作者，他们有技术，有思想，有理想，有担当，他们的劳动是工具与巧思的综合，是技术与艺术的融合，是思想与审美的契合，是理想与现实的结合，是物化与文化的升华，更是个人价值与社会价值的统一。随着经济社会发展和价值观念转变，产业结构的升级，工匠身上折射出来的文化和价值越来越大，技艺精湛的工匠也越显珍贵。当前，工匠并不局限于生产第一线的产业工人，可以说，三百六十行都与工匠相关。在社会主义现代化建设进程中，我们每个人都是一名工匠，都具备成长为工匠的潜质，都应该努力在社会主义现代化进程中担当好工匠角色。

📖 拓展阅读

中国古代工匠及其现代转型

"工""匠"与"工匠"的含义在汉语史上经历了演化的过程，随着社会的发展和文化的发展，其内涵与意义也在不断转型和丰富。

"工"的用法较多，从字形的角度被解释为"曲尺"，古文字学家杨树达在《积微居小学述林·释工》中提出："以愚观之，工盖器物之名也……然则工究当为何物乎？以字形考之，工象曲尺之形，盖工即曲尺也。"所以"工"既指乐人，也指匠人。《左传》一书中关于"乐工歌诗"的记载有25条。但在更多的情况下，"工"指"工匠"，如《考工记》中记载："知者创物，巧者述之，守之世，谓之工。"《辞海·工部》中说："工，匠也。凡执艺事成器物以利用者，皆谓之工。""工"的内涵与"匠"同义，指拥有专业技术的手工业劳动者。因此，"工匠"又被称为"匠""匠人"等。

"匠"起初专指"木工"，如《说文解字》中说："匠，木工也。"后来人在《说文解字注》中又有进一步解释："百工皆称工，称匠独举木工者。"在《考工记·匠人》中"匠"还代表水利系统的建设者，主要负责王城规划以及沟洫水利设施的设计修筑。从东汉至清，我国都城规划基本上都是继承"匠人"王城规划传统的产物，其建筑技术，被北宋李诚的《营造法式》一再引用，奉为楷模。"工"与"匠"合为一体源于"匠籍"制度的产生。所谓"匠籍"制度，是指到了封建社会，工与匠开始有了单独的户籍管理制度，于是便有"工在籍谓之匠"的说法，强调"工匠是有专门户籍和有专业技术的职业人员"。

从"工匠"词义演变上看，"工""匠"与"工匠"往往相互通用，均指有专门技艺的手工业劳动者。实际上，中国古代工匠的简称就是"工匠"。根据技艺水平的不同，"工匠"分为三个层次。最低层次可统称为"百工"，如《考工记》中记述的木工、金工、皮革、染色、刮磨、陶瓷六大类30个工种的工人，相当于现代的普通工人；中间层次是指分布在各个行业里的专业技术工匠，如被称为"木匠""铁匠""陶匠"等职业化的"匠人"，相当于现代的技术工人，被视为中国古代工匠的主体；最高层次的工匠则称为"巧匠""哲匠""匠师"等,相当于现代工业领域的技术专家,如建筑工程师、机械工程师等。"工匠"层次的划分从专业发展阶段的视角,为提炼和概括工匠精神的内涵提供了一个思考的方向,尤其是各个阶段成长的内在规律与外在表现将成为凝练工匠精神的重要参考。

(引自:中国工匠精神研究,《职业技术教育》杂志,有改动。)

(二)工匠精神的内涵

工匠精神原指人们不断雕琢自己的产品,改善自己的工艺,对产品品质追求完美和极致,对精品有着执着坚持和追求的一种精神品质。随着时代的发展,社会分工越来越细,工匠精神已经不局限于手工业时代对自己产品的精雕细琢、精益求精,而是各行各业都要高标准地对待本职工作,做好每一个细节,力求高质量生产和服务。由此可见,工匠精神是职业精神的体现。具体来看,新时代工匠精神应该做到以下几个方面。

(1)坚定不移的理想信念。理想信念是理想与信念的辩证统一。理想是对未来社会或自身发展目标的向往与追求,体现着世界观、人生观和价值观;信念是基于认知和情感形成的、对某种思想或事物坚定不移的精神状态,具有执着性和多样性。理想信念是个人或集体对未来目标的坚定信念与追求,是精神层面的导向和动力源泉,一旦形成,便具有强大的精神力量,它是胜利之"钥"、精神之"钙"。新时代工匠们只有树立崇高的理想信念,把自己的个人理想与党的建设、国家的建设目标保持一致并融入其中,或者以党的理想作为自己的奋斗目标,坚信共产主义、爱国主义、集体主义,筑牢理想信念的根基,才能驱除浮躁、舍弃名利、埋头工作,坚定不移地朝着目标锲而不舍地奋斗。

(2)爱岗敬业的职业精神。这是工匠精神最根本的内涵。爱岗是热爱岗位并认同职业价值,体现为对工作的归属感和责任感;敬业是以恭敬严肃的态度对待职业,表现为专注投入、尽职尽责的行动。爱岗和敬业二者互为表里,相辅相成,爱岗是敬业的基础,敬业是爱岗的升华。总的来说,爱岗敬业就是一丝不苟地对待自己的工作,对岗位工作有特别的热爱、专注与执着,长期地勤勤恳恳、不畏艰难,乐于奉献、甘于寂寞,方可彰显工匠精神的气质。"蛟龙号"总设计师徐芑南、全球最大射电望远镜(简称FAST)缔造者南仁东、辽宁舰总设计师朱英富等都是爱岗敬业的典型,他们恪尽职守,兢兢业业,忘我地投入工作,把一生的热情奉献给祖国的事业。

(3)精益求精的职业态度。追求卓越的价值取向是工匠精神最核心的价值理念。卓越工匠必须保持耐心、细心、恒心,对自己的产品或提供的服务只有更好,没有最好,永无止境地追求卓越和完美。中央电视台播放的《大国工匠》纪录片讲述了8位不同岗位的劳动者,在平凡的岗位上追求职业技能的至臻完美,他们用智慧和灵巧的双手创造了一个又一个奇迹,充分展示了他们精益求精、追求卓越的价值取向。

(4)开拓创新的进取精神。开拓创新就是从无到有、从有到优,包括技术的突破、产品的升级、工艺的改进、程序的优化等,不断探索以达到最优境界,这是工匠精神传承和发展的不竭动力。一个工匠如果缺乏创新精神，因循守旧、墨守成规，注定难有大的成就。天宫、蛟龙、天眼、悟空、墨子、大飞机等重大科技成果和中国制造、中国创造，无不完美地诠释着新时代工匠们开拓创新的进取精神。

（5）协同合作的团队精神。卓越工匠成绩的取得绝不是一个人奋斗的成果，而是团队成员精诚团结、合作共进、精益求精的必然结果，其蕴含的团队精神体现了时代的要求。随着分工越来越精细，任何一项工作都需要人与人之间相互的协作配合。越是复杂的劳动，越能体现团队协作的重要。"同心山成玉，协力土变金"，团队合作往往能放大个人潜力，超越单个成员业绩的总和。

【案例8-1】

从门外汉到"百科全书"

全国劳动模范陈岗是中国铁路南宁局集团有限公司南宁车辆段库检车间车辆电工。多年来，他潜心技术研发，共有8项科技成果获得国家专利，他本人获得了全国劳动模范、全国五一劳动奖章、全国铁路技术能手等荣誉称号。

"既然干工作，就要持之以恒干好。"参加工作30多年以来，陈岗是这样说，也是这样做的。1989年，陈岗从学校毕业到铁路工作，成为一名车电钳工，负责检修客车上的白炽灯、发电机、蓄电池等。随着客车升级换代，车上电子设备运用更广泛，智能化程度越来越高，对于没有相关知识储备的陈岗来说，维修工作遇到了不小挑战。

为了尽快熟悉、掌握新技术，陈岗虚心求教，从头学起。白天，他向师傅请教电路知识；晚上，他钻研专业书籍，阅读学术杂志，从中汲取养分。通过孜孜不倦地学习，他很快掌握了专业理论知识，并能够熟练运用观察法、测量法、对比法、替换法、排除法、短接法等多种方法，快速排除客车电器故障，从"门外汉"成长为行家里手。

近年来，大量DC 600V新型直供电客车投入使用，原来的交流供电客车相继被替换，列车逆变器、充电机等设备的维修成为库检车间面临的技术难题。

陈岗带领班组技术骨干开展研发，对驱动板设计进行改造，增加滤波电容。面对一次次失败不气馁、不放弃，终于彻底解决新型直供电客车故障率居高不下的难题，不断攻克DC 600V新型直供电客车电源逆变装置及相关电器设备技术难关，取得了显著成果。他研发的列车DC 600V逆变器过分相模拟试验装置获得国家专利。该装置使得由空调逆变电源故障造成的客车复修率降低95%，为单位节约维修及新购设备资金2000多万元。之后，他研发的"多功能电力检修升降台""三相逆变器检修试验设备"相继获得国家专利。

（引自：学习强国，有改动。）

【讨论】从车辆电工门外汉到斩获8项国家专利的发明家，陈岗扎根一线30多年，以初心筑匠心,成为行业领先专家,破解 DC 600V 新型直供电客车电源故障问题。他曾说:"既然干就要干好、干到极致。"结合陈岗的事迹,谈谈你对这句话的理解。

二、工匠精神的核心要素

"工匠精神"体现为内在自我完善与外在需求的契合与统一。内在自我完善即物质性存在与精神性存在彼此平衡,在现实生活中表现为身心健康的个体;外在需求的契合是指拥有的"匠心""匠技"能满足社会需求并产生价值。"工匠精神"的核心要素包括"匠技""匠心""匠德"和"匠力"四个方面。

(一)匠技:精益求精的知识技能

从技艺和技术的角度,掌握相关的知识和技能,具备相应的操作能力。专业知识和技能是在理论学习与劳动实践中逐渐形成的,理论知识不只是知识的识记,更是面向生产与职业发展、能够在实践中运用和转化知识。它包括扎实的应用知识体系、必要的信息处理能力、宽广的通识性与多学科知识,能运用知识解决复杂性问题。

(二)匠心:积极乐观的自我效能

班杜拉认为,"自我效能感"是自我对其是否胜任工作的一种事前评估。这种对自我能力预期性或者潜在性心理认知与评价,影响着个体或者群体的行为选择,无形中影响了个体对任务投入的时间与精力。积极乐观的自我效能感意味着个体对自身胜任工作、学习能力的高度认可与自信,在遇到困难与挫折时,能增强战胜困难与挫折的勇气,坚持不懈地寻找解决问题的策略,勇于接受具有挑战性的任务。实践证明,自我效能感强的人,更能全身心地投入自我事业之中,并忠诚于自己的专业品质,不盲从一成不变的问题解决方式。

【案例 8-2】

彭菲:以匠心求创新,教会机器像人一样看懂世界

3 月 1 日,2023 年"大国工匠年度人物"揭晓,今年 38 岁的彭菲位列其中。她是汉王科技股份有限公司(以下简称汉王科技)研发中心算法工程师、研发经理,还先后获得过首都劳动奖章、全国五一劳动奖章等多项荣誉称号。

2010 年,彭菲(图 8-1)从清华大学获得硕士学位后,来到汉王科技,成为一名算法工程师。14 年来,彭菲先后从事人脸识别、生物特征识别、智能视频分析、多模态大模型等多项人工智能算法的研发和创新工作,获发明专利授权 17 项,涉及公安、教育、建筑、安防等多个领域,创造了近 10 亿元的经济效益。

图8-1　"大国工匠年度人物"彭菲

1．赋予机器像人一样的眼睛

"进入汉王科技工作的大部分时间，我主要从事计算机视觉相关的算法工作，通俗地说，就是教会机器像人一样看懂世界。"说起自己的研究，彭菲一改生活中的腼腆和内向，侃侃而谈，语气里透着兴奋和自豪。

汉王科技是国内最早进行机器视觉研究的企业之一，其中人脸识别技术是其重要研究方向。"大家常见的上下班考勤、安防卡口、酒店入住等众多场合，都不乏人脸识别技术应用的场景。"彭菲介绍。

彭菲进入公司后接到的第一个任务，就是对红外人脸识别产品进行升级。随后，彭菲查阅大量资料、论文，修改算法，试验、改进、再试验、再改进，将原有算法提速了10倍左右。现在，搭载该算法的人脸识别产品不仅服务国内市场，还销往全球50多个国家和地区，被广泛使用。

2．在科研前沿攻克难题

某一天，北京某核心项目研发工程师来到保密室门前，伸出手掌，在门禁上方10厘米到20厘米的位置一晃，门咔的一声就开了。

该公司保密室门禁正是利用汉王科技手掌静脉技术进行身份识别的。

2013年至今，除了人脸识别以外，彭菲还主导或参与了手掌静脉识别、指静脉识别、虹膜识别、步态识别等生物特征识别技术的研发。

"手掌静脉进行身份识别具有多项优点，手掌静脉是手掌活体时才存在的特征，无法造假，可采用非接触式识别方式等。但是，目前市面上掌静脉识别的产品相对较少，主要在于技术难度大。"彭菲如数家珍。

2019年至今，彭菲带领算法团队逐步攻克手掌静脉识别算法技术问题。

"目前的手掌静脉识别算法大都基于人工设计的特征进行识别，对图像质量以及手掌姿态等较为敏感。而且，部分手掌静脉采用接触式设备采集，引发了卫生问题，降低了用户体验。"彭菲说，"非接触方式采集的掌静脉往往具有较大的形变，识别难度更高。"

针对上述问题,彭菲团队重点研究手掌定位、手掌静脉特征提取、手掌活体等技术问题。通过不断改进,有效提升了手掌关键点的定位精度,很好地解决了这些问题。

(引自:《工人日报》,有删改。)

【讨论】彭菲在教会机器像人一样看懂世界的研究中取得了哪些成绩?她凭借什么获得全国五一劳动奖章称号?我们的工作岗位也许跟彭菲有差别,成绩也难以有她那么显著,但她的事迹是否可以给我们的事业发展带来一些启发呢?

(三)匠德：笃定执着与惟精惟一的品行

"笃定执着"体现为对职业选择的坚守与专注。只有拥有了笃定淡然之心,才能面对物欲横流时坚守自我,不迷失于金钱和名利追求。古今中外能工巧匠无不对自己的事业从一而终、矢志不渝。"惟精惟一"表现为对技艺极致的追求,在工作与学习中专心致志、定神守意、心无旁骛。正是"笃定执着"与"惟精惟一"的统一,才让工匠全身心投入工作时达到物我两忘的最佳状态。孔子周游列国时"发愤忘食,乐以忘忧"的治学态度,明代宋应星在《天工开物》中记载的工匠们"终岁勤动"的工作状态,都是这种匠德的体现。

(四)匠力：融合传承与创新的职业能力

这种能力包括技术传承力、跨界整合力和持续创新力三个关键要素,是显性知识与隐性知识的转化能力。当前,中国正面临产业转型升级与创新驱动发展的关键时期,劳动密集型产业正向知识型、智能型产业转型,加之数字化、智能化、信息化技术的广泛应用,对技能人才的创新能力提出了更高要求,传统的单一技能模式正在被淘汰。青年大学生需具备扎实的专业技能训练、跨学科知识整合能力和技术革新与工艺改进能力。

【案例 8-3】

淡泊名利　打造品质"神龙"

全国劳模杨祉刚出身于随州市的一个普通农村家庭。2003 年年底,进入公司不到一年的杨祉刚主动提出在继续干悬点焊的同时,业余时间去学习 MAG 焊。MAG 焊作业时的高温让气体与钢板产生化学反应,会产生刺鼻的烟尘、飞溅和弧光,弄不好还会对人体造成灼伤,大多数人都不愿意干这个岗位。而且相较于悬点焊,MAG 焊对焊缝、速度、角度等指标都有严格的标准,要干好,绝对需要下真功夫。

靠着苦练技术,杨祉刚在 2005 年正式转岗到 MAG 焊。尽管目标达成了,但杨祉刚没有松懈,反而对做好这份工作更加充满热情。每天下班后,他都会把自己和同事操作时遇到的 MAG 焊接问题收集起来,并把解决问题的方法也记录下来。日积月累,杨祉刚进步得越来越快——2005 年和 2006 年两届焊装分厂的技能比武,杨祉刚都取得了很好的成绩；2007 年和 2008 年,杨祉刚更是连续两届摘得公司 MAG 焊比武冠军。

钣金返修是武汉一厂焊装分厂 PF2 调整线最后一道工序。优秀的钣金工通常必须具备三样素质——"会摸""会看""会修",当一台白车身随着流水线来到面前,你能不能戴着厚实的帆布手套马上摸出凹坑、包块、毛刺或者变形? 能不能借着头顶上的日光灯第一时间找准需要返修的缺陷点位置? 2009 年,熟练掌握了悬点焊和 MAG 焊的杨祉刚再次转岗,正式成为一名钣金返修工。这个曾经整日拿着大焊钳的中年汉子,干起了这份类似"穿针绣花"般的精细活儿。

通过自己的刻苦钻研、孜孜以求的努力,杨祉刚从对现代化大工厂一无所知的农民工成长为一名知识型的产业工人。在繁忙工作之余,杨祉刚还自编教材,亲任教师,做好身边员工的传帮带工作,先后为神龙公司白车身质量提升和新项目投产培养了 56 名技术过硬的 MAG 焊工。杨祉刚说,把工作干好就是我最大的满足。

【讨论】习近平总书记指出："人世间的美好梦想,只有通过诚实劳动才能实现。"从农民工成长起来的全国劳动模范杨祉刚,他主动迎接挑战、不畏困难、勇于学习的品质奠定了成长基础。这对当代大学生有何启发? 我们如何学习他的这种品质?

三、工匠精神之于高职大学生的特殊意义

（一）工匠精神助力高职大学生传承发扬中国优秀传统文化

工匠精神源于中国悠久的工匠文化,但不局限于工匠文化本身,更是中国优秀传统文化的结晶,其价值内涵可追溯至《考工记》"百工之事,皆圣人之作"的记载。文化的复兴和回归既是实现中国梦的内在要求,也是实现中国梦的重要着力点。高职大学生作为国家高技能人才、高端技能人才的预备队,是我国制造强国建设的有生力量,需要将中国优秀传统文化内化为行为自觉。面对工匠精神,高职大学生不应只把它作为精神文化遗产加以珍惜,更应该把它当作发展的时代精神加以传承,使工匠精神成为广大劳动者的实践参照,成为全社会的道德风尚,成为生产生活的基本态度与行为准则,树立"功崇惟志,业广惟勤"的职业信念。

（二）工匠精神引领高职大学生不断迸发创新潜能

工匠精神与创新能力的辩证统一,构成了当代技术技能人才的核心素养。这种统一性体现为:方法论层面,工匠精神为创新提供"守正"的根基;价值论层面,创新能力为工匠精神注入"出新"的活力;实践论层面,二者融合推动技术技能的创新发展。创新精神有了工匠精神的参与,就多了份执着、坚韧、严谨和从容;工匠精神有了创新精神的融入,就多了份灵动、新奇、时尚和生机。高职大学生的创新能力主要是针对产业发展需求进行产品创新和技术改进的能力,要求学生能够在本职工作中利用专业知识与经

验、技能解决现实难题。弘扬工匠精神,能够更好地激发学生在坚韧和高远的职业目标追求中不断焕发创新活力。

(三)工匠精神助力高职大学生锤炼品格

工匠精神不仅是技艺传承的保障,更是职业品格锤炼的重要基石,其精神内核可追溯至《尚书》"惟精惟一,允执厥中"的古老训诫。工匠精神所蕴含的爱岗敬业、专注执着、精益求精、追求卓越等品质,正是技术技能人才应当具备的关键品格。通过践行工匠精神,高职大学生能够增加一分"如切如磋,如琢如磨"的治学态度,树立"业精于勤,荒于嬉"的职业信念,形成"执事敬,事思敬"的工作作风。这既是学生个人成长的内在需求,也是制造强国建设需要的精神谱系。高职大学生作为新时代产业工人的生力军,是我国制造业高质量发展的中坚力量,需要将工匠精神转化为职业发展的自觉追求。

活动与训练

大国工匠——为国铸魂

一、活动目标

了解大国工匠的先进事迹,理解工匠精神的内涵。

二、活动时间

建议15分钟。

三、活动流程

(1)学生每6~8人划分为一个小组,课前观看中央电视台系列节目《大国工匠》。小组讨论:大国工匠们如何创造了一个又一个奇迹?在他们身上表现出了什么样的职业品格?

(2)课堂上分小组陈述自己的观点和学习心得,开展小组互评。

(3)教师进行归纳、分析和总结,引导同学们学习大国工匠热爱本职、脚踏实地,勤勤恳恳、兢兢业业的工作作风和精神品质。

探索与思考

1.工匠等同于工人吗?二者的根本区别在哪?

2.工匠精神的内涵是什么?立足当下我们应该如何传承工匠精神?

单元二　传承技艺弘扬工匠精神

名人名言

人类一生的工作,精巧还是粗劣,都由他每个习惯所养成。

——[美]本杰明·富兰克林

学习目标

1. 理解工匠精神与技艺传承的关系。

2. 掌握工匠精神的培养路径，自觉培养精进不休、臻于至善的品质。

3. 将工匠精神转化为劳动实践，在劳动实践中传承工匠精神。

案例导入

高凤林：航天火箭的"心外科医生"

在 2014 德国纽伦堡国际发明展上，一名来自中国的技术工人同时获得三项金奖震惊了世界，他就是高凤林。

高凤林，中央电视台《大国工匠》节目播出的第一人；我国长三甲系列运载火箭、长征五号运载火箭的第一颗"心脏"，也就是氢氧发动机喷管都在他手中诞生（图8-2）。37 年来，他先后为 90 多发火箭焊接过"心脏"，占我国火箭发射总数近四成；先后攻克了航天焊接 200 多项难关。

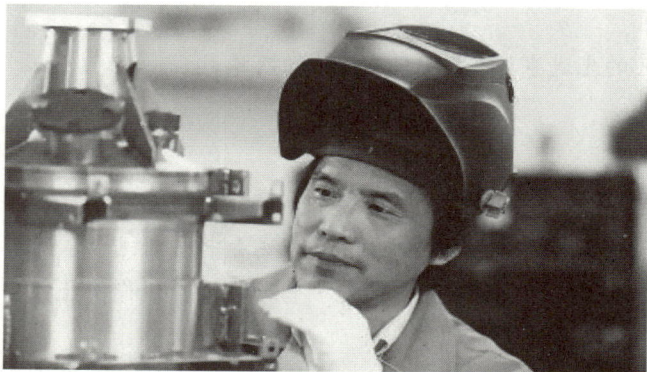

图8-2　大国工匠高凤林

20 世纪 90 年代，为长三甲系列运载火箭设计的新型大推力氢氧发动机，其大喷管的焊接一度成为研制瓶颈。火箭大喷管延伸段由 248 根壁厚只有 0.33 毫米的细方管组成，全部焊缝长达 900 米，焊枪多停留 0.1 秒就有可能把管子烧穿或者焊漏。在首台大喷管的焊接中，高凤林连续昼夜奋战一个多月，腰和手臂麻木了，每天晚上回家都要用毛巾热敷才能减轻痛苦。凭借着高超的技艺，高凤林攻克了烧穿和焊漏两大难关，成功焊接出第一台。

如今，"高凤林"这三个字在业界已经是非凡的代称，在非凡业绩的背后，是不为人知的非凡付出。

"连续熬夜最长的一次将近一个月，每天到凌晨 5 点左右，为了国家 863 计划的一个项目。26 个难关，需要一个个攻克"。高凤林说自己的老母亲 98 岁高龄都没有脱发，而自己已经鬓发稀疏了。因为这样的付出，他被同事称为不吃不喝的"骆驼"，是"和产品结婚的人"。为了攻克难关,他常常不顾环境危险,直面挑战,为此多次负伤,鼻子受伤缝针,头部受伤三次手术才把异物取出,而胳膊上黄豆大的铁销由于贴近骨头至今无法取出。

因为要应对新技术、新问题,高凤林要求自己"每天都要有进步"。徒弟们说,师傅不是在解决问题就是在为解决问题而读书。2011年,人力资源和社会保障部以高凤林的名字命名了国家级技能大师工作室,这也是首批国家级技能大师工作室之一。2015年,高凤林劳模创新工作室挂牌。工作室现有成员19人,平均年龄只有34岁,其中有5名全国技术能手、1名中央企业技术能手和1名航天技术能手,已成为重要的人才育成基地。

(引自:《北京晚报》,有改动。)

【分析】高凤林没有进过名牌大学,没有拿过耀眼文凭,但他凭借着自己的默默坚守,孜孜以求,在平凡岗位上追求焊接技能的完美和极致,最终跻身"国宝级"技工行列,成为国家不可或缺的技能大师。高凤林成功之路表明:只有热爱本职、脚踏实地、精益求精,才可能在平凡的岗位上彰显非凡的人生价值。

工匠精神是工匠在器物制造过程中所追求的高超工艺技术、严谨踏实工作作风、追求完美且超越自我的工作心态的一种职业精神。工匠在制造器物时所表现出的优秀品质,是工匠群体的价值选择、道德风尚及人格魅力。传承工匠精神,就是在把握工匠精神内涵意义的基础上,内化为自己的价值认同与行为选择。

一、信守初心,方得始终

"不忘初心,方得始终"是《华严经》中的名句,意思是只有坚守本心信条,才能德行圆满。在人生成长的道路上,不少人忘记了自己为什么出发,到什么地方去,也就是忘记了当初的梦想,失去了目标追求。坚守初心,可不是一件简单的事,要承受生活的艰辛、舆论的压力、诱惑的干扰、失败的打击……而有这样一群人,当他从纷繁的世界中认定某件事情的价值意义时,就会一往无前、披荆斩棘也在所不辞,这就是以高凤林为代表的一批又一批大国工匠。无论环境如何艰辛、任务如何艰巨、工作如何艰难,他们都不言放弃,而是一往无前、永无止境。也正是有这样的气质和勇气,才在平凡中书写伟大、在看似不可能中创造可能。没有初心的坚守,就会犹如落叶般的飘摇,难以做到始终、实现超越。

拓展阅读

洪家光:以心"铸心"的大国工匠

身着深蓝色的整洁工装,犀利的目光紧盯着旋转的零件,一双大手飞快旋转着车床摇把,进刀、车削、退刀一气呵成,他就是在中国航发沈阳黎明航空发动机有限责任公司从事航空发动机工装制造的高级技师洪家光。

在车工岗位上工作20多年来，洪家光从一个"毛头小子"，成长为一名掌握精湛加工工具工装技能的高级技师、能独立撰写车工技能操作法的优秀模范，这些成绩离不开党组织的培养和航发事业的磨砺。

"2005年，我成为一名共产党员。在党组织的关怀下，我从一名学徒工成长为大国工匠。作为党员，我和身边的工友们一起，传承发扬务实创新、担当奉献的精神，发挥先锋模范作用，助力完成各项生产任务。"洪家光说。

发动机是飞机的心脏，航空发动机被誉为现代工业"皇冠上的明珠"，是衡量一个国家综合国力的重要标志之一。洪家光团队加工的是用于航空发动机制造的工装工具产品，这些工具主要用来加工航空发动机的零部件。发动机用的零件精度要求非常高，洪家光对每一个微小尺寸都追求精益求精。他一次次观察记录，并比对调整。

优秀共产党员的品格流淌在血脉里，落实在行动上。一次，在加工修正金刚石滚轮工具时，掌握此项技术的师傅生病住院，洪家光主动承担起任务。为了提高工具加工精度，他在当时的车床无法满足加工要求的情况下，开始一项项改进，减小托盘与操作台的间隙，改造传动机构中齿轮间咬合的紧密程度。原有的刀台抗震性不强，他就重做刀台，小托盘与下面的托盘有间隙，他就想办法将小托盘固定……

4年多时间经无数次尝试，洪家光最终研发出一套用于打磨叶片砂轮的滚轮工具。这一砂轮工具被叶片加工厂使用后，加工叶片的质量得到明显提升。

洪家光心中"大国工匠梦"的背后，是"航发人"代代传承的家国情怀——"国为重、家为轻，择一事、终一生"。

对党忠诚，对于洪家光来说不是抽象而是具体的，他以一名共产党员的初心和使命，一步一个脚印地走来。

如今，43岁的洪家光先后完成200多项工装工具技术革新，解决300多个工装工具技术难题。他与团队成员研制的"航空发动机叶片滚轮精密磨削技术"荣获2017年度国家科学技术进步二等奖。以他名字命名的"洪家光劳模创新工作室"和"洪家光技能大师工作站"承担起了"传帮带、提技能"的职责。他带领工作室团队申报并获得31项国家专利授权，完成创新和攻关项目84项，成果转化63项，解决临时难题65项。

他的荣誉册里有全国优秀共产党员、全国劳动模范、大国工匠年度人物、中华技能大奖、全国创新争先奖状、全国五一劳动奖章、全国技术能手、全国"最美职工"、中国青年五四奖章等殊荣。

作为党的二十大代表，洪家光说，要扎根岗位，秉承献身航发事业的担当与责任。未来，他将继续以精湛的技艺打造国之重器，为科研生产砥砺前行。

（引自：中国青年网，2002年9月29日，有删改。）

二、至善至美，贵在精心

2016年4月26日，习近平总书记在合肥主持召开知识分子、劳动模范、青年代表座谈会并发表重要讲话。他指出："要弘扬'工匠精神'，精心打磨每一个零部件，生产优质的产品。""全面建成小康社会，广大青年是生力军和突击队。希望我国广大青年充分展现自己的抱负和激情，胸怀理想，锤炼品格，脚踏实地，艰苦奋斗，不断书写奉献青春的时代篇章。"工匠的世界里没有"凑合"，没有"过得去就行"。对于每一位内心装着"完美标准"的工匠们而言，工作程序中的任何一个环节都不容忽视、任何一个细节都不可掉以轻心。相反，是他们对质量的精益求精、对制造的一丝不苟、对完美的孜孜追求，这其中可贵的就在于一个"精"字，追求精品、力求精细、精进不止。

【案例8-4】

精进的力量：她在毫厘之间给飞机"心脏"做手术

航空发动机维修是世界机械维修中难度最高的技术之一。倒腾这些机械零件，搞焊接的也以男性居多。但在湖北襄阳，却有一位手握焊枪，修理航空发动机的"巾帼工匠"——中国人民解放军第五七一三工厂高级工程师、空军装备修理系统焊接专业首席专家孙红梅（图8-3）。

图8-3　焊接专家孙红梅

从农村娃到专家，这是孙红梅用一把焊枪一微米一微米攒出来的，每一条焊缝都焊满了她对科研攻关的执着，每一朵焊花都倾注着她对航修事业的热爱。

扎根鄂西北老"三线"工厂，专攻航空发动机焊接修复，孙红梅始终坚信精进的力量，并为之持续努力，破解了62项修理难题，形成12项核心修理技术，获得国防发明专利授权7项，修理保障636台军用航空发动机，创造经济效益近2亿元。

"个人的力量有限，集体的智慧无穷。"孙红梅主动传帮带，2013年10月成立了"红梅工作室"，将精湛的技术和丰富的维修经验分享出去，也把"工匠精神"传递给了更多的人。如今,工作室团队人人都有独当一面的能力,人人瞄准国际前沿技术,紧盯科研项目开发、故障攻关和技术创新。

截至目前,工作室完成各类科研项目 60 余项,不断提升发动机修理质量的同时,还能延长零部件使用寿命,每年为国家节省 1000 万元的维修成本。

"任他桃李争观赏,不为繁华易素心。"这是元代冯子振咏梅的诗句。彼梅恰如此"梅",耐得住寂寞,守得住宁静,敬业、专注、精益、创新。

择一事而终一生,何尝不是一种幸福?"我已经做了 20 多年,并且还将继续做下去。"孙红梅说。

（引自:《新华每日电讯》,有改动。）

【讨论】追求至善至美,不马虎一个细节,是工匠精神的核心所在。人人都渴望成为一名大国工匠,但仅有极少数人获此殊荣。那么,与常人相比大国工匠缺少的是什么呢?当代大学生应该从中受到哪些启发?

三、历经磨炼,难在有恒

《论语》有言"譬如为山,未成一篑,止,吾止也",揭示了持之以恒的重要性。在追求卓越的道路上,许多人开始时雄心勃勃,却在日复一日的重复与考验中渐渐消磨了意志、丧失了信心,最终半途而废。而那些真正成就非凡的工匠们,正是在看似枯燥的坚持中,在日积月累的磨炼里,铸就了非凡的技艺与品格。事实上,工匠们成长的历程并非一帆风顺,而是在挫折的磨炼、失败的积累中不断地反思与奋起。其间既有技能上的徘徊,也有身体上的折磨,还有眼前利益的舍弃。与其说他们有非凡的技艺,不如说是有超人的毅力。当代"火药雕刻师"徐立平的故事就是最好的例证,三十余年如一日在炸药堆里"走钢丝",每一次下刀都是与死神共舞。正是这种"日日行,不怕千万里;常常做,不怕千万事"的坚持,让他练就了误差不超过 0.2 毫米的绝技。青年大学生立志在技能上寻求突破,就要抵御住外界的各种诱惑,耐得住寂寞、经得住考验,扎下根来矢志不渝,才能真正成为这个岗位上的大师。

【案例 8-5】

窦铁成:工人教授是怎样炼成的?

"世界上没有两个完全一样的工程,不同的地点、不同的时间就要用不同的办法来施工,可以说每个工程都要创新。在这个过程中,施工技术人员因地制宜将知识、技术创造性地用于工程,解决难题,就会从中得到快乐。"回想起自己 40 年的工作经历,被誉为"专家型技术工人""工人教授"的中铁一局电力工匠技师窦铁成（图 8-4）如是说。

图8-4　"工人教授"窦铁成

1979 年，23 岁的窦铁成通过招工考试，被中铁一局电务处录取，通过学习和历练，1983 年，窦铁成满怀信心来到京山压煤改线和京秦线之间的沱子头变电所，这也是他第一次接触变配电施工。窦铁成白天干活，晚上把自己关在备用调压器房里，对照专业书籍，一张张图纸、一条条线路、一个个节点地分析解读。施工期间，他把 7 套各类不同技术图纸齐齐地画了一遍。最后，工程不仅顺利完工，还获得了国家优质工程银质奖。40 多年来，窦铁成先后提出设计变更 7 次，解决送电运行故障 400 余次，并且主动攻关新课题，解决新难题，累计为企业创造和节约成本近 1800 万元。

正因其钻研深挖的工作作风和炉火纯青的技术水平，窦铁成逐渐成为行业内的名人，并于 2016 年被推选担任陕西省总工会副主席。

2011 年 11 月，窦铁成技能大师工作室成立，作为全国首批挂牌成立的工作室，窦铁成主动担当，发挥劳模的影响力和引领作用，带领技术攻关小组先后成功取得了疏散平台测量小车、刚性悬挂接触网垂直向上钻孔平台等多项研发成果，累计获得国家高新技术企业认证 2 项、各类专利 42 项、工法 39 项、获奖科研项目 48 项、BIM 大赛获奖 11 项、软件著作权 10 项。

"工作 40 年来，我悟出最重要的经验就是要勤奋、吃苦、学习、不断探索、不断攀登，不学习就没有积累，不攀登就没有创新。"窦铁成说。

（引自：光明网，有删改。）

【讨论】结合窦铁成的事迹，你如何理解"能把卫星送上天的是人才，能使屋顶不漏水的也是人才"这句话？

四、高职大学生的工匠精神培养

高职大学生作为国家高技能人才、高端技能人才的预备队，须自觉传承和弘扬工匠精神，树立高远的大国工匠目标，从当下做起，从学习生活做起，为未来的职业发展奠定思想基础、技能基础。

（一）树立工匠精神的自我培养意识

工匠精神首先是一种发自内心的职业信仰，它不仅体现在工作过程中的专注与坚持，更应该成为高职大学生为人处世的基本遵循。这种精神的培养，关键是要建立起主动追求、自觉践行的自我培养意识。就像古代匠人对待自己的作品那样，高职大学生对待学习和工作，也需要有"如切如磋，如琢如磨"的认真态度。在日常学习生活中，主动将工匠精神作为自己的价值追求，在专业课程中学习掌握扎实的理论基础，在实训操作中磨炼过硬的技能本领，在文化活动中感悟工匠精神的内涵实质。只有真正从内心认同工匠精神的价值，愿意以大国工匠为榜样，把精益求精、追求卓越作为自己的职业信念，才能在未来的工作岗位上不断地自我超越，展现出新时代技能人才应有的职业素养。

（二）积极参加校园文化活动

校园文化活动是培育工匠精神的重要载体，它不仅丰富了学生的校园生活，更是潜移默化中塑造职业品格的有效路径。高职大学生应当主动参与各类体现工匠精神的文化活动，深化对工匠价值的理解。在班级活动、党团组织生活、社团工作中积极开展与工匠精神相关的主题活动，举办工匠讲堂、劳模事迹报告会，聘请劳模工匠担任兼职教授、德育导师，结合专业学习、实习实训、社会实践等加强职业道德教育，推动工匠精神进学校、进课堂、进教材。要主动参加"大国工匠进校园""非遗技艺工作坊"等，亲身感受匠人匠心，接受工匠精神熏陶，将追求卓越、精益求精的理念内化为自身的职业追求，为成为未来的大国工匠奠定坚实的思想基础。

（三）在职业技能大赛中塑造工匠精神

职业技能竞赛是锤炼工匠精神的重要熔炉，它为高职大学生提供了检验技艺、超越自我的实践平台。参与技能竞赛的过程，本质上就是工匠精神的实践过程，它不仅是对专业技能的检验，更是对知识运用和心理、耐力、意志力的综合考验，也是团队协作精神的磨炼，这与工匠精神具有高度的一致性。在备战阶段从选题到模拟，反复训练、关注细节、揣摩对手，是一个不断战胜自我、设定高目标并不懈努力的过程。在比赛过程中面对挑战、专注任务、克服各种不利因素，在有限的时间内完成规定的作品并进行展示、演说，这种高度紧张与结果的不确定性本身就是一个追求卓越的过程。在赛后总结中需要"反求诸己"、反思改进。这种以赛促学、以赛促练的培养方式，正是当代工匠精神培育的有效路径。实践证明，职业技能竞赛在提高学生技能、磨炼学生意志品质中具有不可替代的作用。

【案例8-6】

东航空乘李文丽 36 年的坚守

全国劳动模范李文丽在 36 年的飞行生涯中，把平凡做成不平凡，以实际行动诠释劳模精神，立足小客舱、服务大世界。

从一名新乘务员起步，迎宾、送餐、服务旅客、客舱广播……李文丽拜师前辈，一丝不苟。阅读灯坏了，她试着修复；马桶堵塞了，戴上手套就去掏粪便；水斗里有一池的呕吐物，她忍着难闻的气味，认真清理……无论在普通乘务员岗位，还是成为乘务长、客舱经理，她的坚守始终不变。

在人才培养上，李文丽也总是倾囊以授，诲人不倦。2012 年 7 月，李文丽空中服务创新工作室成立，成为中国民航首家省部级劳模创新工作室。此后，她又继续带领团队建成东航唯一一家全国示范性劳模和工匠人才创新工作室，带领教授了数百名徒弟。

每逢重大任务来临，李文丽师徒也总是挺身而出，执飞最紧急、群众最期盼的航班。2020 年 2 月 19 日，武汉抗疫的关键时刻，上海市派出疫情发生以来，单日规模最大的援鄂医疗队，东航全力承运。MU9003 援鄂医疗队包机上，在李文丽带领下，东航"李文丽空中服务创新工作室"的张晓忻、刘仕英、刘倩女等 10 名劳模导师共同执飞，护航最可爱的白衣天使。

2023 年 10 月 27 日，李文丽完成最后一次航班任务。作为东航服务系统上的一面"旗帜"，李文丽虽然从客舱服务岗位上谢幕了，但她留给东航客舱队伍的一份份工作法、一位位优秀业务骨干，将会继续传承李文丽对蓝天的热爱与执着，继续谱写新时代中国民航空中服务的新篇章。

（引自：学习强国，有删改。）

【讨论】李文丽从新乘务员起步，一步一个脚印，一路干到了乘务长、客舱经理、全国劳动模范、民航五一劳动奖章和民航十佳女职工，这缘于她爱岗敬业、脚踏实地的工作精神。李文丽干一行爱一行，把普通的事情做到了极致，在平凡的工作岗位上绘就了出彩的人生，用实际行动诠释了"三百六十行行行出状元"的真理。请谈谈你的职业生涯规划是什么。在今后的工作中，你将如何践行爱岗敬业精神？

（四）弘扬和践行社会主义核心价值观

工匠精神与社会主义核心价值观在本质上高度契合，它既是"敬业"这一价值准则的具体体现，也是"诚信""友善"等价值理念的职业表达。高职大学生应当深刻认识到，践行工匠精神就是在具体的工作中落实社会主义核心价值观。另外，任何一种道德品质都不是孤立存在的，工匠精神与社会主义核心价值观具有相互促进、相互成就的作用。弘扬工匠精神有助于推动学生践行"爱国、敬业、诚信、友善"的品质，践行社会主义核心价值观有助于推动学生职业素养的提升,能站在国家和民族复兴的高度思考自己的使命,报国志向更加坚定,职业行为更加规范,符合工匠精神培养的内在要求。

活动与训练

观看文物修复　感受神手其技

一、活动目标
观看《我在故宫修文物》纪录片,感悟文物修复师的工匠精神,增强成才动力。

二、活动时间
建议20分钟。

三、活动流程
(1) 课前教师发布任务,学生观看《我在故宫修文物》纪录片。

(2) 课中小组讨论:最让你感动的是哪一个修复小组?为什么当代中国需要大力弘扬工匠精神?我们身边是否有大国工匠的身影?

(3) 班级分享:小组派代表分享组内讨论结果。

(4) 教师总结点评,结合学生表现进行评价赋分。

探索与思考
1. 当代大学生如何践行工匠精神?
2. 找出身边的工匠典型,与之交流并说说其可贵之处何在。

实践篇

模块九　日常生活劳动实践

模块导读

　　日常生活劳动是大学生经常从事的劳动,也是大学生必须具备的基本劳动能力,包括家庭事务劳动、个人事务劳动两个方面,影响和关系着大学生的生活品质。本模块主要讲授家庭烹饪、个人生活事务、家庭养老与照顾三个方面的劳动知识,并辅之以劳动项目,培养提高学生的劳动能力,引导大学生通过劳动实践提升自己的生活能力,为幸福家庭建设承担应有的责任。

单元一　家 庭 烹 饪

名人名言

劳动教养了身体,学习教养了心灵。

——[英]威廉·史密斯

学习目标

1. 了解中国的主要菜系,掌握烹饪的相关知识和技能。
2. 掌握常用菜肴所需的主要食材和烹饪步骤,能制作家庭常用菜肴。
3. 养成健康的生活态度,提高独立生活能力。

案例导入

周恩来下厨做红烧狮子头

　　周恩来 10 岁时,生母和嗣母相继去世后,他便挑起了"当家"的担子,而且能"佐理家务",学会了炒菜做饭,把家里打理得井然有序。后来周恩来东渡日本,西旅欧洲,开始一个人独立生活,其间品尝并学做日本菜、法国餐等,后来不仅成为美食家,而且是做菜高手。

　　1941 年冬,为了犒劳重庆文艺界朋友,周恩来请大家到周公馆玩。简单招呼客人后,他便系上围裙,亲自下厨为客人们做了家乡菜——红烧狮子头。看到周恩来亲手下厨做的这道色、味、形俱佳的菜肴时,所有筷子便一齐指向"狮子头",很快便被一扫而光。几十年后,曾参加当日宴会的徐冰还回忆说:"周总理在重庆做的那道红烧狮子头的美味确实令朋友们回味了很久很久,有的人终生都不会忘掉。"

1952 年 7 月 9 日是周总理的六伯父周嵩尧先生的八十寿诞,周恩来请来在北京的周家亲属,为老人举行祝寿家宴。周恩来、邓颖超带头举杯向伯父敬酒,交代在京亲属有空多陪六老爷子说说话,以打消老人晚年的寂寞。席间,周总理更是亲自下厨为六伯父制作红烧狮子头。当年参加家宴的周国镇在半个世纪后还清楚地回忆说:"七爷爷(指周恩来)做的那道红烧狮子头真是好吃。几十年过去了,我再也未吃过味道那么鲜美的菜了。"

(引自:《健康时报》,2008 年 9 月 4 日,有改动。)

【分析】周总理是热爱人民、勤政为民的劳动楷模,他在百忙之中组织家宴并亲自下厨,体现了对朋友、对亲人的关怀与尊重。尤其是在战火纷飞的 1941 年,他亲自下厨制作红烧狮子头,团结更多文艺界人士支持抗日民族统一战线建设。作为青年大学生,学会烧菜做饭,既是一种生活技能,也是建设温馨幸福家庭、联络感情、增强家庭凝聚力的重要途径。

一、中国八大菜系简介

中国人很注重饮食,有丰富的饮食文化。中国人的饮食不仅是生存的需要,更是生活的需要,是一种情感交流的渠道,也是增进生活体验的途径。古人讲"国以民为本,民以食为天",在中国的历史长河中渐渐形成了种类丰富、制作方法多样的特色饮食,结合地域文化和饮食风俗,形成了各具地方特色的风味流派,以鲁、川、粤、闽、苏、浙、湘、徽八大菜系最为有名。

(一)鲁菜

鲁菜即山东菜系,以济南菜、青岛菜、孔府菜为主。上可追溯至春秋战国时期,明清时成为宫廷御膳支柱,对北京、天津、华北、东北地区烹调技术的发展影响很大。

烹饪技艺:突出爆、扒、拔丝。爆的技法充分体现了鲁菜在用火上的功夫。有道是:"烹饪之道,如火中取宝。不及则生,稍过则老,争之于俄顷,失之于须臾。"因此,世人称"食在中国,火在山东"。

风味特点:讲究原料质优,以盐提鲜,以汤壮鲜。调味讲求咸鲜纯正,突出本味。

鲁菜还讲究排场和饮食礼仪,正规筵席有所谓"十全十美席""大件席""鱼翅席""翅鲍席""海参席""燕翅席""四四席"等。

代表菜式:灌汤包、酱猪蹄、拔丝地瓜、糖醋鲤鱼、九转大肠、德州扒鸡、油爆双脆、葱烧海参、燕窝四大件等。

（二）川菜

川菜即四川菜系，起源于古代蜀国，以成都和重庆两地菜系为主。

烹饪技艺：善用小炒、干煸、干烧和泡、烩等烹调法。

风味特点：以酸、辣、麻著称，民间有传："食在中国，味在四川。"有麻辣、酸辣、椒麻、麻酱、蒜泥、芥末、红油、糖醋、鱼香、怪味等各种味型，可谓"一菜一格""百菜百味"。

代表菜式：回锅肉、夫妻肺片、麻婆豆腐、宫保鸡丁、鱼香肉丝等。

（三）粤菜

粤菜即广东地方风味菜，西汉时期就存在，由广府菜、东江菜（客家菜）、潮汕菜组成，后融入西餐，对我国香港、澳门地区乃至世界各地的中餐都有极大影响。

烹饪技艺：以煎、炸、烩、炖为主，也擅长小炒，讲究火候且油温恰到好处。同时兼容西餐做法，讲究菜的气势、档次。

风味特点：选料广博奇杂，味别丰富，清而不淡、嫩而不生、油而不腻，有"五滋"（香、松、软、肥、浓）、"六味"（酸、甜、苦、辣、咸、鲜）之别。时令性强，夏秋讲清淡，冬春讲浓郁。广东清人竹枝词曰："响螺脆不及蚝鲜，最好嘉于二月天，冬至鱼生夏至狗，一年佳味几登筵。"

代表菜式：广式茶点、龙虎斗、烤乳猪、太爷鸡、香芋扣肉、五彩炒蛇丝、东江盐焗鸡、爽口牛丸等。

（四）闽菜

闽菜发源于福建福州，以福州菜为基础，后又融合闽东、闽南、闽西、闽北、莆仙五地风味菜形成。

烹饪技艺：讲究刀工、火候，重视煲汤。闽菜鲜明的特征是采用细致入微的片、切、剞等刀法，使不同质地的原料达到入味透彻的效果，故有"剞花如荔，切丝如发，片薄如纸"的美誉。

风味特色：一善于用红糟调味，二善于制汤，三善于使用糖醋，以"香""味"见长，偏酸、甜、淡。菜多以海鲜为主，酸甜去腥，但保证海鲜的原汁原味。

代表菜式：佛跳墙、太极明虾、闽生果、烧生糟鸭、梅开二度、雪花鸡鱼丸、馄饨、炸五香、面线糊等。

（五）苏菜

苏菜即江苏菜系，起于南北朝，主要由金陵菜、淮扬菜、苏锡菜、徐海菜等地方菜组成。

烹饪技艺：擅炖、焖、蒸、炒。

风味特色：用料以水鲜为主，重视调汤，保持菜的原汁，风味清鲜、浓而不腻、淡而不薄,酥松脱骨而不失其形,滑嫩爽脆而不失其味。

代表菜式:糖醋排骨、狮子头、松鼠鳜鱼、鸡汁煮干丝、软兜长鱼、盐水鸭、羊方藏鱼、水晶肴肉、叫花鸡等。

(六)浙菜

浙菜即浙江菜系,极富江南特色,有"佳肴美点三千种"之盛誉。

烹饪技艺:突出炒、炸、烩、熘、蒸、烧。

风味特色:遵循"四时之序"的选料原则,选料讲究鲜活,用料讲究部位,口味清鲜脆嫩,保持原料的本色和真味。其菜品形态讲究、注重装盘,精巧细腻、清秀雅丽,深受国内外美食家赞赏。

代表菜式:蟹酿橙、龙井虾仁、东坡肉、干炸响铃、西湖醋鱼、宋嫂鱼羹等。

(七)湘菜

湘菜即湖南菜系,由湘江流域、洞庭湖区和湘西山区为基调的三种地方风味组成。

烹饪技艺:煨、炖、腊、熏、蒸、炒,其中又以腊、熏居多。

风味特点:擅长香、酸、辣,具有浓郁的山乡风味。色泽上油重色浓,品味上注重香辣、香鲜、软嫩。此外,长沙的民间小吃闻名遐迩,是中国四大小吃之一。

代表菜式:东安仔鸡、剁椒鱼头、长沙小吃(臭豆腐)、红烧寒菌、腊味合蒸、换心蛋等。

(八)徽菜

徽菜即安徽菜系,南宋时期就存在,由皖南菜、皖江菜、合肥菜、淮南菜、皖北菜五大风味组成。

烹饪技艺:擅长烧、炖、蒸、爆、炒菜少,重油、重色、重火攻。不同菜肴使用不同的控火技术,形成酥、嫩、香、鲜独特风味。其中,最能体现徽式特色的是滑烧、清炖和生熏法。

风味特色:继承了医食同源的传统,讲究食补,以食养身。

代表菜式:徽州臭鳜鱼、徽州刀板香、徽州毛豆腐、清炖马蹄鳖、徽州一品锅、黄山炖鸽、问政山笋、鱼咬羊、无为板鸭等。

【案例9-1】

杜甫:乱世中的草堂烟火

"安史之乱"(755—763年)的烽火席卷大唐,诗圣杜甫半生漂泊,饱尝战乱、饥荒与离散之苦。然而,在成都浣花溪畔的草堂岁月(760—765年)里,是他颠沛流离生涯中难得的安稳时光。尽管物质条件艰苦,但他以诗人的才情和豁达,将粗茶淡饭化作笔下的温情诗意,记录下乱世中难得的人间烟火,展现了他对生活的热爱与坚韧。

杜甫的草堂位于浣花溪畔,周围有菜圃、药栏和竹林,他亲自种植蔬菜、草药,甚至尝试酿酒。他在《宾至》中提到："自锄稀菜甲,小摘为情亲。"（自己耕种菜园,采摘嫩叶招待亲友。）由于远离集市,食材有限,多依赖邻里相助。他又在《有客》中写道："自愧无鲑菜,空烦卸马鞍。"（惭愧没有好菜招待客人,只能殷勤留宿。）有时,友人严武、高适会送来米酒、鲜鱼,如《谢严中丞送青城山道士乳酒一瓶》所记,这些馈赠成为草堂餐桌上的珍贵点缀。

杜甫虽贫,却好客。在《客至》中,他坦然写道："盘飧市远无兼味,樽酒家贫只旧醅。"（菜有单一,酒也是陈年浊酒。）但随即笔锋一转："肯与邻翁相对饮,隔篱呼取尽余杯。"（若客人不嫌弃,还可邀邻居共饮。）这种不拘虚礼、以诚待客的态度,让简单的饭桌充满人情味。

杜甫的饮食诗不止于记录,更寄托了深沉的情感。在《茅屋为秋风所破歌》中,他由自家饥寒联想到天下寒士;在《驱竖子摘苍耳》中,他借挖野菜暗讽权贵的奢靡。即使描写一碗槐叶冷淘面（《槐叶冷淘》）,他也能写出"君王纳凉晚,此味亦时须"（若是君王尝到这滋味,或许也会喜欢）。这种将个人体验与家国情怀结合的笔法,让粗茶淡饭有了更厚重的意义。

（引自：澎湃新闻网,2024年9月,有改动。）

【讨论】杜甫的草堂饮食是乱世中普通人的生存缩影。他没有沉溺于苦难,而是以诗意的眼光发现生活中的美好——一畦菜、一碗粥、一杯浊酒,皆可成诗;邻里共饮、故人重逢,皆是温暖。这种在困境中依然热爱生活、关怀苍生的态度,正是杜甫留给后世的精神财富。你还能找出类似例子吗?

二、烹饪小知识

（一）原料篇

优质食材是烹饪美味的基础。烹饪的原材料可分为蔬菜、水产品、畜禽、粮食作物和果品等类别。

(1) 蔬菜是人体维生素、矿物质和膳食纤维的主要来源。

(2) 水产品富含蛋白质、脂肪、矿物质和维生素。

(3) 畜禽是人体优质蛋白、脂类、脂溶性维生素和 B 族维生素的主要来源。

(4) 粮食作物是谷类作物、薯类作物和豆类作物的总称。谷类作物为人体提供淀粉、植物蛋白、维生素等,薯类作物为人体提供淀粉、维生素等,豆类作物为人体提供蛋白质、脂肪等。

(5) 果品主要为人体提供维生素、矿物质和人体所需的微量元素。

（二）调料篇

烹饪常用的调料有油、盐、酱油、醋、料酒等。

（1）油具有导热及增加菜肴色泽的作用，常见的有花生油、菜籽油、大豆油、橄榄油、茶籽油等。

（2）盐可调节菜肴的咸淡，不宜多吃。

（3）酱油分为生抽和老抽，生抽一般用来调味，味道鲜、咸；老抽一般用来上色，颜色重，味道咸。

（4）醋较酸，可使菜的味道变得丰富，吃起来更加爽口。

（5）料酒能够去除菜的膻味和腥味，还具有解油腻的作用。

（三）火候篇

火候是烹饪技艺的关键，最为考究。烹饪的火候一般根据两种方式确定。

（1）根据原料的质地确定。原料质地较软、嫩、脆的，多用旺火速成；原料质地较硬、老、韧的，多用小火长时间烹调。

（2）根据烹饪的技法确定。炒、爆、烹、炸等技法多用旺火速成，烧、炖、煮、焖等技法多用小火长时间烹调。

拓展阅读

膳祖：唐代宰相府中的传奇女厨神

在中国古代饮食文化史上，膳祖是一个特殊的存在——她是第一位被史书记载姓名的专业女厨师。她生活在唐代中晚期，作为宰相段文昌（773—835年）的私厨，凭借精湛的厨艺青史留名。她的故事不仅反映了唐代高门望族的饮食风尚，更展现了古代女性在烹饪领域的非凡造诣。

膳祖的主人段文昌是唐穆宗、唐敬宗时期的宰相，出身官宦世家，生活极为讲究。据《酉阳杂俎》记载，段文昌"精馔事"，对饮食极为挑剔，甚至自编《食经》五十卷（已佚），详细记录自家厨房的烹饪规范。他府中厨房被称为"炼珍堂"，外出行厨则叫"行珍馆"，足见其对美食的极致追求。在段府庞大的厨役团队中，膳祖能脱颖而出，成为总管厨房的"首席厨师"，可见其技艺超群。首先，技术全面。她精通各类烹饪技法，从炙烤、蒸煮到脍切、腌酿无所不包，尤其擅长根据时令调整菜单。其次，管理能力强。她统领府中上百名厨役，确保每日饮食既符合礼仪，又美味精致。再次，拥有创新精神。段府许多独创菜式可能出自她手，如"清风饭"（用龙脑香米蒸制）、"金银夹花平截"（蟹黄点心）等唐代名馔。

在"君子远庖厨"的儒家观念下，膳祖的留名尤为难得，她突破了性别限制，也展现出了唐代相对开放的社会风气，使得女性可以在专业领域崭露头角。膳祖晚年将其厨艺传授给段府女婢"梵正"，后者成为五代时著名的"花色拼盘"大师。后世常以"膳祖"代指女厨高手，如清代《扬州画舫录》称名厨为"天厨星膳祖遗风"。

膳祖的名字虽湮没在历史长河中,但她代表了中国古代饮食文化中一个鲜被关注的群体——以技艺立身的专业女性。从她身上,我们得以触摸唐代贵族饮食的精致风貌,也更应记住中华美食的传承与发展始终有女性的智慧与汗水。

（引自：正北方网,2020年3月,有改动。）

三、烹饪实践

制作"家常青椒牛肉丝"。

（一）食材准备

主料：牛里脊肉300克,逆纹切丝。

配菜：青椒2个,切0.5厘米均匀细丝。

调料：生抽、料酒、淀粉、盐、糖、蚝油、蒜末、姜丝、红辣椒、食用油。

（二）关键步骤

（1）牛肉腌制（核心技巧）：牛肉丝加1大勺生抽、半勺老抽、1小勺料酒、1.5大勺淀粉,用鸡蛋清抓匀至粘手状态。最后加1小勺清油锁住水分,腌制20分钟。

（2）青椒处理：青椒丝用淡盐水浸泡5分钟去除涩味,沥干水分防止炒制出水。

（3）炒制顺序：具体如下。

① 热锅凉油：大火烧热油,先爆香蒜末、姜丝。

② 滑炒牛肉：倒入牛肉快速翻炒30秒至变色,盛出备用（避免过老）。

③ 炒青椒：用余油大火炒青椒10秒,加少许盐调味。

④ 混合翻炒：牛肉回锅,加蚝油、糖、胡椒粉等调味,加入红辣椒配色,再翻炒10秒即可。

（三）注意事项

（1）火候控制：全程大火快炒,避免牛肉变柴。

（2）刀工要点：牛肉逆纹切,青椒丝粗细均匀。

（3）替代方案：可用1匙温油拌入腌好的牛肉提升嫩度。

（4）成品特点：牛肉香嫩多汁,青椒脆爽,色泽青翠,可根据个人口味调整辣度。

活动与训练

学做一道小吃

小吃以其独有的地方特色和习俗,深受人们喜爱。做小吃既是一种基本生活能力,是日常生活的需要,又是一门学问、一种艺术。请结合家庭实际学做一种小吃,并简要介绍其做法、特色、原材料、制作工艺等。

一、活动目标

通过烹饪实践,体验烹饪的技能,学会小吃的基本做法,学会为家人服务。

二、活动时间

劳动体验提前进行,课堂交流建议 20 分钟。

三、活动流程

(1) 教师布置劳动任务,学生自选场地进行实践,并记录下烹饪步骤。

(2) 课堂交流,随机抽选学生介绍自己制作小吃的基本做法、步骤及特色,包括所选原材料和制作工艺,展示制作过程的图片、视频等。

(3) 同学互评、教师点评,记入学生的劳动成绩。

🔍 探索与思考

1. 你最喜欢的菜肴是什么? 简要说说它的做法及特色。

2. 菜肴烹饪过程中应注意安全。结合你的烹饪实践,说说需要注意的安全事项哪些方面?

单元二　个人生活事务

💭 名人名言

滴自己的汗,吃自己的饭,自己的事自己干,靠人、靠天、靠祖上,不算是英雄好汉。

——陶行知

🎯 学习目标

1. 掌握家庭卫生、个人卫生的劳动技巧。

2. 能动手清理家庭卫生,收拾衣物,保持家庭整洁。

3. 养成不等不靠,定时做卫生、随时做卫生的良好习惯。

📋 案例导入

从劳动中生长出的管理智慧

1991 年的四川简阳夜市,21 岁的张勇蹲在油腻的水槽边,机械地重复着洗碗动作。作为拖拉机厂的焊工,他本不必承受这份艰辛,但每月 93 元的工资实在难以支撑家庭开支。"每天洗 800 个碗,指甲缝里永远有油渍",他在自传《海底捞你学不会》中回忆道。

转折发生在第三个月。某天凌晨收摊时,摊主老李突然倒下,张勇主动收拾残局:他将碗筷按材质分类清洗,用竹筐沥水避免二次污染,最后还用碱水擦拭了灶台。次日老李感慨:"小张啊,你洗碗都比别人多想三步。"这句话点燃了张勇的思考——原来劳动中藏着商业智慧。

此后三年，他系统记录洗碗数据，总结出"热水去油（80℃）、冷水定形（15℃）"的黄金温度，发明了"叠碗计数法"提升 30% 效率，建立《夜市消费观察笔记》记录顾客剩菜规律。

这些从洗碗中提炼的经验，后来成为海底捞的服务标准：分类处理的智慧演变为"千人千味"定制服务，效率提升法转化为"15 分钟翻台"制度。2018 年公司上市时，张勇在致辞中说："如果没有那四年洗过的百万只碗，就不会有今天追求极致服务的企业基因。"

（引自：《海底捞你学不会》，有删改。）

【分析】 老子曰："天下难事，必作于易，天下大事，必作于细。" 洗碗，这一简单得不能再简单的日常劳动，却被张勇洗出了智慧，洗出了商机，最终发展为海底捞的服务标准。张勇也因此成就了自己的事业，海底捞公司成功上市。家务劳动是养成良好生活习惯的开始，从某种情况下讲，对待家务劳动的态度影响和决定着自己对待岗位工作的态度，不可小视，正可谓"一屋不扫何以扫天下"。

一、家庭卫生清理

"人因宅而立，宅因人而存，人宅相扶，感通天地，故不可独信命也。" 良好的居住环境对缓解日常压力、提高生活品质有着十分重要的促进作用，同时还能在无形之中体现主人的品位和精神面貌，凸显个人魅力。扫地拖地是家庭最常见、也最需要经常做的卫生。

（一）扫地小技巧

（1）清扫室内地面宜用按扫的方式，即扫地时扫帚尽量不离地面，挥动扫把时，可稍用力向下压，这样既能把灰尘、垃圾清扫干净，又能防止灰尘扬起（图 9-1）。清扫时一般从狭窄扫向宽广处、从边角处扫向中央处、从屋里扫向门口。

（2）地上头发多时，可将废弃的旧丝袜套在扫把上扫地，吸附起地上的毛发和灰尘。如果没有丝袜，塑料袋也可以起到同样的效果。

（3）清扫楼梯时，可以站在下一阶，将垃圾从左右两端扫至中央后再往下扫，能有效防止垃圾、灰尘从楼梯旁掉下去。

（4）清扫室外区域时，应顺着风向扫，以免扫好的区域被再次刮脏。

图9-1　清理地面

（二）拖地小技巧

（1）巧用食盐。用温水加上食盐拖地，不仅能加快地上水分的蒸发，还不留水渍。另外，用盐水拖地还能杀菌、抑菌。

（2）巧用洗洁精、醋和小苏打。在擦洗地板的水中加入少量洗洁精、醋或小苏打，既轻松除尘，还能有效去除油污。

（3）巧用柠檬汁。柠檬汁中的烟酸和有机酸具有杀菌作用。拖地的时候，在水里加少量柠檬汁或柠檬精油，能有效杀菌，还能保持空气清新。

（三）清扫盲区

不少人在家居日常打理时容易忽视几个关键的部分，这些地方若不留意，就会影响家的整洁和秩序。

（1）保养窗帘和窗纱。窗帘和窗纱是灰尘的温床，容易滋生细菌和尘埃。定期清洗和保养窗帘，不仅仅是为了整洁美观，更重要的是能保持光线和空气的流通。

（2）废旧衣物断舍离。满满当当的衣物占据了衣橱空间，也消耗着我们的精力。定时清理那些不再需要的衣物，捐赠或丢弃，可以减少衣橱的混乱，还能够避免不必要的购买和浪费。

（3）清洗灯具和灯罩。灯具和灯罩是灰尘和小昆虫的聚集地，定期清洗这些地方不仅能减少蚊虫滋扰，还能有效改善照明，营造一个更美好的居家环境。

（4）清洁电器周围。电视、计算机、空调等电器由于长时间运行，周围容易积存灰尘和杂质。保持电器及其周边的清洁不但有助于设备的稳定运行，还能在一定程度上延长电器的使用寿命。

（5）床品除螨。每天与我们密切接触的床品隐藏着细菌和螨虫，定时更换床品并进行除螨处理对确保睡眠卫生十分重要。被褥与枕头、枕套应勤晒、勤更换，也可以用开水烫洗或是不定期用小苏打、花露水、白醋适量溶解在水中，用干净抹布蘸水擦拭被单，可以杀死附着在床品表面的螨虫。

（四）卫生清理小技巧

（1）土豆皮除水垢。水龙头上面的水垢，可以用削掉的土豆皮直接擦拭，擦完的水龙头就变得非常干净了。

（2）食盐清理碎鸡蛋。鸡蛋跌碎后非常难清理，可以将食盐撒在鸡蛋上面，时间长了之后，待鸡蛋凝固，就比较容易清理了。

（3）橘子皮除渍。长期用来喝咖啡或者喝茶的杯子，杯子的内壁上面会有很多的茶垢、咖啡渍，可以尝试用新鲜的橘子皮擦拭，很容易就能擦掉。

（4）巧用淘米水。洗碗时在淘米水中加上一勺面粉，可以达到清洁油污的效果。

（5）咖啡渣除异味。将平常喝完咖啡之后的咖啡渣用卫生纸包起来，直接放进冰箱，可以清除冰箱里的异味。

（6）白酒和洋葱擦玻璃。擦玻璃的时候，先用湿毛巾擦一遍，然后喷上一点白酒之后再擦，就能将玻璃擦拭得非常干净了。或是拿新鲜的洋葱涂到玻璃上，待洋葱汁还没干的时候，用干抹布擦拭即可。

（7）牙膏除污渍。白色家具上的污痕一般较难擦去，此时将牙膏挤在干净的抹布上轻轻擦拭，便可以将家具上的污痕去除。

（8）小苏打清洁锅底。将锅底均匀地撒上一层小苏打，然后用保鲜膜包裹起来，静置12小时，第二天再揭开，用清洁布蘸点洗洁精便可将油污清洗掉。

（9）水和白醋清洁微波炉。首先把微波炉中的残渣清理掉，然后找一个容器，往里面倒200毫升的水和50毫升白醋，放到微波炉中，加热5分钟，最后用干抹布即可擦除微波炉中的油渍。

（10）废报纸清洁纱窗。将废旧报纸用水浸湿，再将其粘在纱窗的背面，5分钟后，纱窗上的灰尘污渍会附着在湿润的报纸上，然后取下纱窗上的报纸即可达到清洗纱窗的目的。

【案例9-2】

一屋不扫，何以扫天下？

东汉时期，有个叫陈藩的少年自命不凡，一心只想干大事。一天其父好友薛勤来访，见其院内杂草丛生，秽物满地，便对他说："孺子何不洒扫以待宾客？"陈藩答道："大丈夫处世，当扫除天下，安事一室乎！"薛勤当即反问道："一屋不扫，何以扫天下？"陈藩无言以对。

【讨论】陈藩少有壮志，立志扫除天下，而不扫一屋，幸得高人点化，终成大业。青年大学生当从小事做起，夯实成长根基。陈藩的故事对我们有何启发？

二、家庭物品清理

对于居家生活来说，家庭物品应定期进行清理，以保持房间的整洁。

（一）物品收纳原则

（1）就近原则。同一种使用属性的物品应就近置放。

（2）立体集成原则。充分利用垂直空间进行收纳，如将书籍立起来放置在书架上，或者将厨房用品挂在墙上，既可节省空间也方便取用。

（3）二八原则。藏八分，露二分，外面只放置少量、常用的物品，大部分不常用的物品可放在柜子或抽屉里，能较好地保持家居的整洁美观。

（4）分类原则。将同类物品或相关物品放在一起,如药品、日化用品、五谷杂粮等,这样可以快速找到所需物品,同时也能够直观地了解物品的库存,不会盲目地购买和积攒。

（5）统一原则。使用相同款式和规格的收纳容器进行生活物品的归置,可以使家居看起来更加整洁和统一。

（二）小物件收纳

对于居家生活来说,袜子、摆件等小物品收纳起来比较困难。小件物品收纳的关键在于分门别类地整理,善于利用收纳工具。

（1）小件衣物。其常见物品有内裤、袜子、内衣等,可选择实用收纳神器,如格子收纳盒、网格收纳袋等。一是分类独立存放,把家人的内衣、裤袜一个一个叠好,然后整齐地装进收纳袋里,既整洁便用,又防止交叉感染。二是悬挂摆放,利用网格收纳袋把内衣、裤袜等全都挂在衣柜上,让衣柜看起来更加整洁有序。

（2）首饰配件。其常见物品有戒指、耳环、项链、丝巾、腰带等,可选择首饰盒、洞洞板等收纳神器。对戒指、项链等没有挂钩的首饰,可以有序地摆放在首饰盒里,每个类型归置到一起,用起来比较方便。对耳环、丝巾等可以直接放置在洞洞板上,想怎么挂就怎么挂,精美的首饰不戴时,挂在那里可以当作房间装饰,既干净整洁,也令人赏心悦目。

（3）客厅摆件。其常见物品有书籍、瓷器、绿植、摆件等,可选择格子书架进行收纳。大排的格子书架是零碎小摆件的福音,整齐地摆放在格子间,多而不乱,既解决收纳问题,又展示家居美感。但格子多的书架清理起来比较麻烦,每周定时打扫,会轻松很多。

（4）零碎物品。其常见物品有笔、笔记本、美工刀、剪刀、手机充电线等,零碎的放置在桌面上影响工作效率,显得零乱。可选择桌面格子收纳盒、桌面小收纳筒等进行收纳。

📖 **拓展阅读**

劳模曾广福

曾广福 1914 年出生于山东莘县董杜庄一个贫困农民家庭, 9 岁随母亲外出逃荒要饭, 12 岁开始给富人扛活, 13 岁当学徒学习木工技术。1942 年,他参加了贫农会,担任村农会会长,带头开展增资增佃、减租减息斗争。1943 年面对特大旱灾,带领农民团结自救、战胜灾荒,后带领村民挖土井 14 眼,抗旱成功。1956 年起带领群众铲除沙丘,平整土地,打井开渠,植树造林,将千亩碱洼地改造成良田,将 500 亩沙荒地改造成果园。1961 年,面对严重的洪涝灾害,他带头组织生产自救并无私援助兄弟单位,成为全省抗灾夺丰产的一面红旗。1964 年全大队在耕、播、运输、加工等方面基本实现了机械化。1968 年,曾广福担任聊城地革委副主任,制止了冠县武斗。

几十年来,曾广福带领全村的群众战胜无数的困难,带领当地群众走出了一条具有中国特色的发展农业的路子,创造了一个个的生产奇迹,走上了富裕之路,被周总理誉为"社会榜样",曾18次受到毛主席的接见, 1979年获全国劳动模范称号。

三、家庭卫生清理实践

通常情况下,做一次较为全面的家庭卫生需要2～3小时,可以按以下步骤进行。

（一）准备工作

（1）时间准备。计划好打扫卫生的时间,尽可能能够一次性集中做完,最好是利用周末或比较集中的下午时间。

（2）工具配备。备齐扫帚、拖把（配干湿两用拖布）、抹布、垃圾桶、收纳盒、橡胶手套,以及清洁剂等。

（3）环境整理。打开窗户通风,收拢窗帘,开启照明,移开易绊脚的小物件等。

（二）物品收捡

（1）分类整理。将散落的书籍、玩具、衣物等进行归类,对桌面物品进行分类存放,零碎小物件装进收纳盒。搬离可移动的椅子、垃圾桶等,腾出清扫空间。

（2）断舍离处理。将过期药品、破损物品直接丢弃,闲置物品直接打包捐赠或暂存储物间,重要文件集中放入文件夹并标注日期。

（三）扫地拖地

（1）干式清扫。按卧室—书房—厨房—卫生间—客厅的顺序清扫,避免重复污染。对家具底部采用扁平扫帚或吸尘器长嘴头清扫,对墙角蜘蛛网用绑布条的衣架清除,窗台缝隙用湿纸巾包裹卡片刮擦。

（2）湿式拖地。用清水或温水加适量清洁剂清洗拖布,采用"弓"字形路线拖地,避免踩踏未干地面,卫生间地漏周边重点消毒清理,木地板应沿纹理方向拖拭。

（四）擦拭灰尘

（1）高空除尘。灯具应断电后用静电除尘掸清理,柜顶、门框用静电除尘掸或微湿抹布除尘,墙面自上而下掸拭空调出风口、装饰画、开关面板等。

（2）家具表面清理。木制家具先干布除尘,再用微湿的抹布顺纹理擦拭。玻璃、镜面等可用报纸蘸酒精或白醋水擦拭。电器屏幕用专用屏幕清洁剂加超细纤维布呈S形擦拭。

（五）收尾工作

（1）工具清洁。拖把、抹布清洗干净,用消毒液浸泡后晾晒,扫帚应清理缠绕的头发、絮状物等。

（2）垃圾处理。分类打包并及时丢弃。

（3）环境复位。地毯、装饰品、窗帘、绿植等归位。

活动与训练

家务作业清单

一、活动目标

制作家务劳动计划,并清晰地介绍自己的劳动情况,学会有计划、有条理地做家务。

二、活动时间

课堂交流建议 15 分钟。

三、活动流程

（1）结合自身实际,制订家务劳动计划,包括时间、目标、措施、步骤等内容。

（2）开展家务劳动,并选取某一个劳动场面、场景拍摄照片,录制视频。

（3）制作PPT、短视频等,对自己的劳动过程和成果进行展示。

（4）班级交流,介绍自己的家务劳动过程、效果、感受等。

（5）教师根据同学们展示的情况进行家务劳动能手评选。

探索与思考

1.将你知道的家务劳动小技巧与同学进行分享。

2.有人说,智能机器人将取代人类开展家务劳动,你觉得还有必要做家务吗?

单元三　家庭养老与照顾

名人名言

惟孝顺父母,可以解忧。

——孟子

学习目标

1.增强孝老爱亲意识,提升赡养老人的能力。

2.懂得父母养育子女的艰辛,学会承担养育幼小的责任。

3.掌握家庭保健必备常识,能预防和处置一些常见突发疾病。

📑⭐ **案例导入**

感动中国人物中孝老爱亲模范故事

孟佩杰，1991年11月出生于山西省临汾市，大专文化，中共党员，现任山西省临汾市隰县文物旅游局干部。

孟佩杰生长于农村，5岁时生父因车祸去世。生母因生活所迫，将她送给隰县老干部局职工刘芳英收养。1998年，养母刘芳英患上了椎管狭窄症瘫痪在床，养父无法忍受困境悄然离家出走。

从那时起，年仅8岁的孟佩杰便开始承担起照顾瘫痪养母的重担，用孝心和毅力撑起了这个风雨飘摇的家。

2007年，孟佩杰初中毕业，养母的病情开始恶化，完全丧失了自理能力。为就近照顾养母，孟佩杰主动选择在临汾学院隰县基础部学习。2009年，按照学校的安排，在隰县基础部上完两年后孟佩杰要去临汾上学。她毅然决定：带上养母去上学！她在离学校最近的地方租了房屋，并向学校申请了走读，利用一切课余时间，克服了同龄人难以想象的困难，不离不弃地悉心照料养母。

孟佩杰十几年来如一日，4000多个日日夜夜，知孝感恩、无怨无悔地照顾养母。孟佩杰的事迹感动了无数人，获"2011感动中国人物""全国孝老爱亲道德模范""全国三八红旗手""中国青年五四奖章"等荣誉称号。

（引自：百度，有改动。）

【分析】孝顺是中华民族美德，孟佩杰小小年纪便撑起风雨飘摇的家，她用自己感人的故事、乐观的生活态度、朴实的行动、无私的奉献传递着道德的力量，传承着中华民族的传统美德，是当代大学生学习的榜样。

一、孝老爱亲

（一）赡养老人

（1）赡养老人是子女的责任与义务。赡养老人是中华民族的传统美德。《中华人民共和国民典法》规定，子女对父母有赡养扶助的义务。子女不履行赡养义务时，无劳动能力或生活困难的父母，有要求子女给付赡养费的权利。但赡养问题不仅仅局限于赡养费的给付，还包括生活上的照料和精神上的关心和支持，以及照顾老年人的特殊需要。如何更好地赡养老人，提高老年人精神及物质层面的生活质量，实现老有所养、老有所乐，是整个国家及社会的责任，更是子女的道德义务和法律责任。家庭成员应当尊重、关心老年人的精神需求，不得忽视、冷落老年人。与老年人分开居住的家庭成员，应当经常看望或者问候老年人。

（2）赡养老人需要一定的技巧。俗话说："百善孝为先。"长者的健康长寿，与日常护理的优劣有很大关系，孝行主要表现在日常陪伴照料方面。

① 经常保持微笑。微笑洋溢着快乐与自信，家庭成员要尽可能多地抽时间陪伴老人，与他们多交流、多说话。与老人接触时应该保持微笑，多关注老人的眼神和感情，让他们真正感受到尊重与关怀。

② 关注生活与健康。要掌握老人的性格特点，适时嘘寒问暖，关注他们的日常饮食、生活禁忌、身心健康等，有条件时还要帮助老人清洗身体、修剪指甲、打理头发。洗脸洗脚时要先试水温，外出活动宜多征求老人意见，搀扶老人要掌握正确的姿势，宜慢步多停。要关注老人的需求，多注意老人的冷热、口渴、生病等情况，及时增减衣物、喂水送药。了解和掌握老年人易患的病症，了解这些疾病的发病原因、基本病症、常备药品、注意事项及应急处理办法等，便于日常沟通交流和照顾照料时运用。

③ 营造安全舒适的环境。安全舒适的环境主要是指良好的居住条件。家庭成员要为老人营造良好的居住条件，给老人一个有安全感的家庭环境。家庭成员间要和谐相处，减少吵闹，避免大声喧哗。要帮助老人建立"朋友圈"，在子女没有时间和精力照顾老人的情况下，老人能够在"朋友圈"中找到快乐和丰富的生活方式，不产生孤独感。

（二）抚育幼小

抚育孩子重点在于习惯养成教育。父母作为孩子的第一任老师，帮助孩子养成良好的学习、生活习惯尤为重要。

生活上，要教育和引导孩子注意以下几点：一要讲究卫生，勤换衣物，勤剪指甲，勤洗手；二要文明礼貌，遵守秩序，爱护公物；三要勤俭节约，珍惜粮食，节约水电，爱护个人学习及生活用品；四要收拾、整理好个人物件，保持房间干净整洁；五要坚持锻炼，养成坚强刚毅的意志品质，培养健康的生活情趣；六要知错能改，犯错要主动承认，勇于承担责任并吸取教训，做到知错即改。

学习上，要教育和引导孩子注意几点：一要培养孩子勤学善思的习惯和独立思考的能力，学会反思，善于提问，懂得总结；二要大声说话、大声朗读、大胆表达，展示勇敢、坚定、自信的精神面貌；三要不怕苦、不怕累，克服畏难情绪，把学习当成自己的责任，坚持不懈；四要管理好时间，正确分配学习、运动时间，劳逸结合，保持合理的生活节奏。

二、家庭医药与保健

（一）家庭常备药品

家庭药箱应覆盖内服药、外用药、特殊人群用药和辅助用品四大类别。所有家庭常备药品均应适合自身家庭实际，按照医嘱配备，不私自使用，以防引起不适或发生意外。

（1）内服药。内服药常见的有感冒药、解热镇痛药、止咳化痰药、止泻药、通便药、抗过敏药、助消化药七大类，一般不推荐储备抗菌类药物。

感冒药：可备酚麻美敏散片、维C银翘片等。感冒是自限性疾病，一般不用药物治疗，应多喝水，但服药可缓解症状。需要留意的是，很多感冒药都含有相同成分，为避免重复用药，应严格遵循医生推荐的剂量和用法。

解热镇痛药：常见的有布洛芬混悬液、对乙酰氨基芬片，主要用于缓解感冒后发热、头痛、关节痛等症状。

止咳化痰药：止咳药可备氢溴酸右美沙芬片、蛇胆川贝枇杷膏；化痰药物可以选择盐酸氨溴索片、乙酰半胱氨酸颗粒等。

止泻药：可备口服补液盐散、蒙脱石散，前者能预防和纠正腹泻导致的脱水；后者是高效消化道黏膜保护剂，具有改善肠道吸收和分泌的功能。

通便药：可选乳果糖，通过刺激结肠运动，缓解便秘。

抗过敏药：如氯雷他定，适用于皮肤过敏、食物及药物过敏等。氯雷他定除了有片剂外，还有儿童使用的糖浆和滴剂。

助消化药：如多酶片、健胃消食片等。

（2）外用药。外用药主要有外用消毒药，如75%乙醇（酒精）、碘附等，其他外用药如云南白药、风油精等。另外，创可贴、灭菌医用棉签、纱布、绷带等卫生材料也应配备。

（3）特殊人群用药。根据家庭成员实际需求准备。

（4）辅助用品。辅助用品主要包括小药箱、方便小药盒、定时药盒、切药器、研磨器等。

📖 **拓展阅读**

免疫学之父琴纳

18世纪欧洲大陆流行着一种死亡率极高的传染病——"天花"，在当时几乎是一种不治之症。有人估计，18世纪内有1.5亿人死于天花，即使是侥幸活下来的人，满身满脸也会布满由天花的水泡留下的难看疤痕。

爱德华·琴纳1749年5月17日出生于英国格洛斯特郡。他的父亲很早就过世了，他和哥哥相依为命，后来他也感染了天花，幸运的是他活下来了，因此琴纳从小便发誓要找到治疗天花的办法。在他13岁的那年，经过他哥哥的努力，琴纳成为英国外科医生卢德洛的学徒，他跟随卢德洛学医7年，成为一名能干的外科医生助手。琴纳在24岁时从伦敦学医毕业回到故乡，立志当一名乡村医生。

在牛痘接种发明之前，他已是一名训练有素的人痘接种师。但是传统的人痘接种法并不安全，轻的留下大块疤痕，重的还有死亡的危险。"为了杜绝可怕的天花，有没有更有效、更安全的办法呢？"琴纳经常冥思苦想，以致常常夜不能寐。

偶然之中琴纳注意到，挤牛奶的姑娘在天花猖獗期间往往安然无恙，极少受感染。为此琴纳还搬进了牛奶厂区近距离地观察和研究，终于发现，这些挤牛奶的姑娘，都得过一种叫牛痘的疾病。牛痘的症状和天花十分相似，但牛痘不会在人的脸上留痕，更不会致人死亡。因此琴纳决定用牛痘代替轻度天花病毒给受种者接种。

1796年5月4日，琴纳从一个正患牛痘病的挤奶女工的身上取下一些水疱里的痘浆，接着把这些痘浆注射到一个名叫菲普士的8岁小男孩身上，这个男孩以前从未患过牛痘或天花。过了两天，男孩感到有些不舒服，但很快就好了。

一个月之后，琴纳确信，小菲普士身上的抵抗力已建立起来，现在的任务是：用实验证明小菲普士对天花有抵抗力。琴纳从正患天花的病人的痘痂上取出一些脓液，注射到小菲普士的身上。

经过一系列的试验，琴纳终于找到了预防天花的方法——种牛痘。经琴纳公布后，很快传遍全球，琴纳的发明使人类从此免遭天花的灾难，并发现了对付传染病的新武器——免疫，奠定了免疫学的基础。这个过程并非一帆风顺，也曾遭遇质疑、反对、拒绝，但琴纳从未放弃，无数次实践的面前，一切怀疑、反对都被无情的事实所粉碎。

为了纪念这位平凡、伟大的乡村医生，人们给他树立了一座雕像——一位聚精会神的医生，正在为他抱着的婴儿接种牛痘。雕像下面写着这样一句话："向母亲、孩子、人民的英雄致敬！"

（二）家庭常见疾病急救方法

家庭生活中，不可避免会出现一些常见病痛、伤情，应掌握一些常见的急救方法，具体以实际情况和医嘱而定，本方法仅供参考。

1．鼻子出血

立即做：身体稍微前倾，捏住鼻子5～15分钟，或在鼻梁上压冰袋。

不要做：头部后仰，出血容易下咽，可能呛入肺中，造成危险。

何时求医：20分钟还止不住鼻血；同时伴有头痛、眩晕、耳鸣或视觉问题。

2．眼中有异物

立即做：多眨几次眼，将异物挤出。如果不行，可捏住眼皮，用干净的水冲洗眼睛。

不要做：揉眼睛（哪怕是很小的异物也可能划伤角膜，导致感染）。

何时求医：漂白粉等化学品溅入眼中；冲洗后，眼睛仍刺痛、肿胀或视物不清。

3．扭伤

立即做：用冰袋冷敷，停止运动，每隔20分钟左右换冰袋再冷敷。用弹性绷带包裹受伤关节，抬高受伤部位，至少24小时不要动。病情缓解，热敷以促进患部血液循环。

不要做：带伤工作（会导致更严重的损伤，如韧带撕裂等）。

何时求医：如果几天后伤势仍未好转，有可能是发生了骨折、肌肉或韧带撕裂，应立即就医。

4．烧伤烫伤

立即做：用凉水冲洗烧伤处，或用湿毛巾冷敷。一级伤(皮肤发红)或二级伤(起水泡)可宽松包扎。

不要做：将冰袋放在烧伤处（冰会损伤皮肤，加重伤情）；刺破水泡或在烧伤处抹抗生素（易造成感染）。

何时求医：二度烧伤面积超过手掌大小；三度烧伤（皮肤烧破烧焦）、电烧伤、化学物烧伤，以及患者咳嗽多泪或呼吸困难。

5．头部受重击

立即做：如果受伤者不省人事，立即拨打急救电话；如果受伤部位出血，应做临时止血处理，但应听从医生指导，因为可能有脑内伤；头部小肿块可用冰袋冷敷。

不要做：将受伤者独自留下，特别是伤者睡着的时候。正确做法是：每隔 3 ~ 4 小时叫醒他一次，让其回答一些简单的问题，确信没有伤及大脑。

何时求医：伤者出现痉挛、头昏、恶心、呕吐。

6．窒息

立即做：立即拨打急救电话。患者大于 1 岁，可让他前倾，用手掌在其肩胛骨之间拍击 5 次。如无效则让患者平躺，将一只拳头置于肚脐上方，另一只手握住拳头，上下按压 5 次。

不要做：患者咳嗽时，不要让其喝水或吃东西。

7．中毒

立即做：患者无意识或呼吸困难，立即拨打急救电话。务必说清是何物中毒、中毒时间及用量、患者年龄及体重等。

不要做：轻易使用催吐药；随便给患者吃东西及喝水。

8．外伤

立即做：在伤口处用纱布压迫止血。较小的割伤或划伤，用肥皂水清洗后，抹一层凡士林或抗生素药膏，再用创可贴包好。

不要做：对大而深、出血多的伤口清洗抹药；轻易拔出伤口上的刺入物。

何时求医：伤口有钉子等异物；伤口较深，伴有发烧、红肿。

三、家庭孝老爱亲实践

在周末或寒暑假,用实际行动表达对父母、家人的关心与支持。可以制订一个孝老爱亲计划,写出自己将采取的行动,做些力所能及的事情,让父母和家人明显感受到你的关心与热情,每天对照计划开展一次检查,不断改进行动方式。可参考以下内容:

(1) 每天一个问候,能见面则大声说出来,不能见面则通过微信、电话表达问候。

(2) 与父母一起做饭,父母忙的时候自己主动做饭,饭后立即洗碗,不拖沓。

(3) 用餐时待父母坐好后再动筷,主动为父母盛饭。

(4) 主动替父母清洗换下来的衣服,晾干后及时收捡折叠。

(5) 每天将客厅和自己的卧室、书房收拾清理一次,保持干净整洁。

(6) 留心父母的身体状况,父母生病时主动为他们买药,或陪他们去医院,他们服药时主动为他们倒水、分药等,关心病情变化。

活动与训练

秋季养生知识宣讲

一、活动目标

了解常见的养生保健知识,增强健康意识,学会照顾亲朋好友。

二、活动时间

建议 20 分钟。

三、活动流程

(1) 收集关于秋季健康饮食、居家锻炼保健、常见症状及日常防治等方面的材料。

(2) 对收集到的材料进行甄别、遴选和整理,按一定的主题归纳制作成演示文稿。

(3) 以小组为单位进行交流,展示自己的文稿和自己收集到的健康养生知识。

(4) 各组推荐一名同学进行全班分享。

(5) 老师进行点评、总结。

探索与思考

1. 将你知道的保健和疾病预防知识与同学们进行分享。

2. 青年大学生应该通过哪些行动和方式向父母表达关怀之情?

模块十　生产劳动实践

模块导读

本模块从工业、农业、服务业三个方面介绍生产劳动的基本知识，并通过一定的劳动实践项目，引导学生了解工业的门类、实习实训的基本规定，以及农俗、农具、农事和服务业活动的主要类别与方法，为今后的职场劳动做好准备。

单元一　工业生产劳动

名人名言

热爱劳动吧，没有一种力量能像劳动，即集体友爱自由的劳动的力量那样使人成为伟大和聪明的人。

——[苏联] 高尔基

学习目标

1. 了解工业生产门类的基本知识。
2. 掌握大学生实习实训的基本规定，自觉遵守实习操作规程。
3. 能结合自身实际开展一定的工业生产活动，提高劳动能力。

案例导入

职场新人新鲜感后的烦恼

戴某等 6 名同学是同一学校同一班的学生，选择了一家要求加班、工资待遇较高的企业工作。刚开始工作的几天较为兴奋，对岗位、生产流程、产品工艺等都充满兴趣，但持续时间很短。一周过后，他们中间出现了很多不适和抱怨声，普遍认为工作单调、劳动强度大、工作时间长、加班频率高、产线（车间）管理太"霸道"等，不断地要求调换岗位，个别同学甚至辞职不干，既影响了企业的管理秩序，也给学校声誉带来了不好的影响。

【分析】学校劳动和企业生产劳动是两种不同的劳动场景和纪律要求。在学校，学生课余时间相对充裕，校园文化生活较为丰富，学习纪律、劳动纪律以教育引导和促进行为规范养成为目的。在走上生产岗位后,学生的身份转变为企业员工,其遵守劳动纪律的情况关系着车间的正常运转和产品质量,企业对劳动纪律约束更为严格,学生参加工作后必须适应这种变化,调整自己的心理和工作状态。

一、工业生产门类与基本知识

工业是对自然资源开采和对各种原材料加工的社会物质生产部门。工业是社会分工发展的产物,经过手工业、机器工业等几个发展阶段,是第二产业的主要组成部分,不同分类标准有不同的结果。

(一)按部门分

将工业划分为许多工业部门是最基本的分类方法。我国一般将工业划分为 15 个部门,即冶金工业、电力工业、煤炭和炼焦工业、石油工业、化学工业、机械工业、建筑材料工业、森林工业、食品工业、纺织工业、缝纫工业、皮革工业、造纸工业、文教用品工业及其他工业。

但这种划分不是一成不变的,随着生产发展和科技进步,可能出现新的部门。例如随着核能的利用出现核工业,随着空间科学的发展出现了航天工业等。

(二)按性质分

按照产品的性质,我国一般将工业划分为轻工业和重工业。

(1)轻工业。轻工业主要是提供和制作生活消费品的工业。按其所使用的原料不同,可分为以农产品为原料的轻工业和以非农产品为原料的轻工业两大类。以农产品为原料的轻工业如食品制造、烟草加工、纺织、皮革制作、造纸等工业;以非农产品为原料的轻工业如文教体育用品、手工工具制造、医疗器械制造等工业。

(2)重工业。重工业是为国民经济各部门提供物质技术基础的主要生产资料的工业,是国民经济的技术基础,其规模与技术水平直接体现国家实力。重工业按其生产性质和产品用途,可以分为以下三类。

① 采掘(伐)工业,指对自然资源的开采,如石油开采、煤炭开采、金属矿开采、非金属矿开采等工业。

② 原材料工业,指向国民经济各部门提供基本材料、动力和燃料的工业,如金属冶炼及加工、炼焦及焦炭、化学、化工原料、水泥、人造板以及电力、石油和煤炭加工等工业。

③ 加工工业,指对工业原材料进行再加工制造的工业,包括装备国民经济各部门的机械设备制造工业、金属结构、水泥制品等工业,以及为农业提供的生产资料如化肥、农药等工业。

（三）按主导因素分

（1）原料指向型工业。这类工业需要接近原料产地，因为原料不便于长距离运输或运输成本较高，加工后体积与重量大大减少而价格又低廉，如制糖工业、水果罐头加工业、水产品加工业等。

（2）市场指向型工业。这类工业需要接近消费市场，因为产品不便于长距离运输或运输成本较高，如啤酒厂、瓶装饮料工业、家具制造业、印刷厂等。

（3）动力指向型工业。这类工业需要消耗大量能源，因此应接近能源供应地，如有色冶金（如电解铝工业）、重化工工业等。

（4）劳动力指向型工业。这类工业需要投入大量劳动力，因此应接近具有大量廉价劳动力的地区，如普通服装工业、电子装配业、纺织工业、鞋帽加工业等。

（5）技术指向型工业。这类工业技术要求高，应接近高等教育和科技发达地区，如飞机工业、集成电路工业、精密仪表工业和生物制药工业等。

（四）按照工业投入分

据劳动力、资本和技术三种生产要素在各工业中的相对密集度，可以将工业划分为劳动密集型、资本（资金）密集型、技术密集型工业。

（1）劳动力密集型工业。劳动力密集型工业是指单位劳动占用资金少、技术装备程度低、容纳劳动力较多的工业部门，如纺织工业、服装工业、家具工业、玩具工业、皮革工业等。

（2）资金密集型工业。资金密集型工业是指单位劳动占用资金较多的工业部门，多为生产生产资料的工业部门如石油、煤炭、冶金、机械制造等。

（3）技术密集型工业。技术密集型工业是指依靠和运用先进复杂尖端的科学知识和科学技术进行生产活动的工业部门，又称知识技术密集型工业，如电子工业、电子计算机工业、飞机和宇航工业、原子能工业等。

（4）资源密集型工业。资源密集型工业是指在生产要素的投入中需要使用较多的土地等自然资源才能进行生产的工业，如采掘业。

📖 **拓展阅读**

什么是战略性新兴产业

战略性新兴产业是以重大技术突破和重大发展需求为基础，对经济社会全局和长远发展具有重大引领带动作用，知识技术密集、物质资源消耗少、成长潜力大、综合效益好的产业，包括新一代信息技术产业、高端装备制造产业、新材料产业、生物产业、新能源汽车产业、新能源产业、节能环保产业、数字创意产业、相关服务业九大领域。

战略性新兴产业高技术产业（制造业）是指国民经济行业中 R&D 投入强度相对高的制造业行业，包括医药制造，航空、航天器及设备制造，电子及通信设备制造，计算机及办公设备制造，医疗仪器设备及仪器仪表制造，信息化学品制造六大类。

（引自：三明市统计局官网。）

二、工业生产的一般过程

工业生产过程是指从产品投产前一系列生产技术组织工作开始，到把合格产品生产出来的全部过程。一般分为五个核心阶段，包括生产准备过程、基本生产过程、辅助生产过程、生产服务过程及附属生产过程，其中基本生产过程包含工艺、检验和运输等工序。

（一）生产准备过程

生产准备过程指在产品投产前进行的一系列准备工作，包括以下两个方面。

（1）原料与设备筹备。原料与设备筹备是指根据产品需求确定原材料种类，并进行设备调试、动力系统配置及厂房布置，确保生产所需的基础条件。

（2）技术方案设计。技术方案设计是指通过工艺流程规划明确生产步骤，包括产品设计、工艺设计、试制与鉴定等，是确保后续生产过程顺利进行的基础。

（二）基本生产过程

基本生产过程是指直接对原材料进行加工，转化为最终产品的核心环节，分为以下三个阶段。

（1）工艺加工阶段。工艺加工阶段是指劳动者利用机械设备对原材料进行物理或化学处理，如切削、组装、合成等，将其转化为半成品或成品。

（2）质量检验环节。质量检验环节是指对加工后的产品进行性能测试与缺陷检测，确保符合预设标准。

（3）运输与流转。运输与流转是指通过内部物流系统完成物料、半成品在不同工序间的转移，保障生产连续性。

（三）辅助生产过程

辅助生产过程是指为保障基本生产正常运作而进行的辅助活动，如设备维护、工具制造等。

（四）生产服务过程

生产服务过程是指提供原材料供应、仓储、运输等支持服务的活动。

（五）附属生产过程

附属生产过程是指利用剩余资源生产副产品，例如从废料中提炼有用物质。

【案例 10-1】

违规操作酿悲剧

某合金公司精整车间副主任张某在经过清洗机时，发现挤水辊前面从清洗箱出来的一块板片倾斜卡住，张某在没有通知主操纵手停机的情况下，将戴手套的左手伸入挤水辊与清洗箱间的空隙（约 350 毫米）调整倾斜的板片。由于挤水辊在高速旋转，将张某的左手带入旋转的挤水辊内，造成张某左手无名指、小指近关节粉碎性骨折，手掌大部分肌肉挤碎，最后将无名指、小指切除。

（引自：百度文库，有改动。）

【讨论】这是一起典型的违反操作规程而引发的生产安全事故。增强安全意识、严守安全操作规程是工业生产的基本原则。正常情况下张某应该怎么做呢？

三、常见的工业生产实训项目

（一）金工实习

金工实习又叫金属加工工艺实习，是一门实践基础课，是机械类各专业学生学习工程材料及机械制造基础等课程必不可少的课程，是非机类有关专业教学计划中重要的实践教学环节，包括车工、铣工、特殊加工（线切割、激光加工）、数控车、数控铣、钳工、砂型铸造等，有助于了解传统的机械制造工艺和现代机械制造技术。金工实习一般应达到以下目的。

（1）了解工业生产中机械零件制造的一般过程，包括机械零件的常用加工方法、所用主要设备的工作原理、工夹量具的使用以及安全操作技能。

（2）了解机械制造的基本工艺知识和一些新工艺、新技术在机械制造中的应用，了解工业产品制造的全过程。

（3）培养学生的工程意识、动手能力、创新精神，养成热爱劳动和理论联系实际的工作作风。

（二）电工实习

电工实习是电工学员在实际工作环境中运用所学知识和技能进行实践，提高自身技术水平和职业素养的一种教学模式。电工实习旨在让学员了解电工行业的工作流程、工作要求和工作特点，并培养责任感、团队合作能力和应对突发事件的能力。电工实习内容丰富，主要包括以下几个方面。

（1）电路检修。电工实习的第一步是学习和掌握电路的基本原理和操作步骤，理解电路故障的可能原因，学会使用各种仪器和设备进行电路的检修和修复。

（2）电缆敷设和连接。电缆是电力传输的重要设备,电工实习中需要学习电缆的敷设和连接技术,包括如何选择合适的电缆规格、安装和维护电缆,了解不同类型电缆的使用条件和特点。

（3）电力设备操作和维护。接触各种电力设备,如变压器、发电机、开关设备等,学习设备的操作方法、维护保养以及应对常见故障的处理方法,了解设备的工作原理。

（4）安全规范和操作规程。安全是电工实习的首要任务,需要学习和遵守安全操作规程、安全管理要求,参与安全巡检、事故预防和紧急救援等工作,并掌握急救常识和紧急情况下的应急处理方法。

（5）具体项目实施。能在实践中独立或协助完成电工项目,如建筑物电气系统布线、配电柜调试和调整、电力设备安装等。

（三）木工实习

木工实习是验证木材加工原理及工艺流程,强化对木工基础理论的理解,掌握手工工具（如刨刀、锯子）和机械设备（如电锯、雕刻机）的操作规范,提升测量、切割、组装等核心技能,同时培养问题解决能力和劳动习惯。一般包括以下内容:

（1）基础工具操作。学习手工工具（如刨刀、凿子）的使用方法,包括刨削平整度控制、锯切角度调整等,并通过制作工作台、梯子等工具熟悉基础工艺。

（2）机械加工实践。操作电锯、切割机等设备完成木料裁切,利用雕刻机进行文字或图案刻印,并参与打磨、上油等表面处理工序。

（3）完整项目制作。完成笔筒、木门、小桌等具体产品的设计与制作,涵盖选材、结构拼接、饰面板粘贴及质量检验全流程。

（四）食品加工实习

食品加工实习是通过参与生产线操作,掌握原料检验、设备操作（如均质机、超微粉碎机）及质量控制方法,熟悉食品行业标准与生产规范,加深对工艺流程的理解。一般包括以下内容。

（1）基础生产流程认知。包括原料筛选、清洗及预处理,如苹果、红枣的加工前分拣与灭菌操作;核心工艺实践,参与均质、喷雾干燥等工序,掌握设备参数设置（如均质压力、干燥温度）及工艺衔接要点。

（2）质量控制与检验。执行产品感官评价、理化指标检测（如水分含量、微生物指标）,记录数据并分析生产异常原因。学习 HACCP 体系应用,参与关键控制点监控（如杀菌工序的温度控制）等。

（3）设备操作与维护。操作高压均质机、真空包装机等设备,熟悉日常维护流程（如润滑保养、故障排查）,模拟生产线调试,优化设备运行效率与能源消耗等。

⊕ 活动与训练

陶 艺 制 作

一、活动目标

了解陶艺制作的基本流程,感知传统制陶技艺,理解陶瓷文化的艺术价值与历史意义。

二、活动时间

建议 40 分钟。

三、活动流程

（1）材料工具准备,包括陶泥、拉坯机、修坯工具、釉料、素坯、窑炉等,以及安全防护用品（围裙、护目镜、防尘口罩等）。

（2）基础知识学习,师傅演示揉泥（去除气泡）、拉坯（中心定位手法）等核心技巧,强调安全规范（拉坯机操作注意事项）。

（3）实践操作,在师傅的指导下进行基础工艺体验,包括揉泥、塑形、拉坯成型、雕刻装饰等。

（4）成果验收与分享,分享创作理念与感悟。

（5）师傅点评。

🔍 探索与思考

1. 工业生产中如何确保安全生产?

2. 实习实训与就业后的岗位劳动有何区别?

单元二 农业生产劳动

💬 名人名言

幸福存在于生活之中,而生活存在于劳动之中。

——［苏联］列夫·托尔斯泰

🎯 学习目标

1. 了解农业生产的基本常识。

2. 能识别和运用一定的农业生产器具,从事和参加基本的农业生产劳动。

3. 树立对农民的感情,热爱农业生活。

📑 案例导入

每天观察苦瓜数小时,大家叫他"苦瓜汤"

汤永强 2004 年毕业于西北农林科技大学,随后在厦门一家种子企业任技术员。

2010 年,带着借来的 100 万元,和几个志同道合的小伙伴在厦门同安五显创办了一家农业技术服务有限公司,开始创业之路。

创业初期,汤永强遇到许多挑战,特别是在育种研发和市场竞争方面。2014 年,公司面临资金枯竭,在政府及相关部门的支持下,汤永强决定重新定位,将所有资源和精力集中于专注苦瓜育种研发。在产品定位上,追求苦瓜"茎粗好种,肉厚好运",并且确保每一粒种子都具有高纯度、色泽亮和饱满。经过 14 年的积累和改良,成功培育出 12 款苦瓜新品种,按照中国朝代名称起名。

作为一名苦瓜育种者,汤永强每天花数小时观察苦瓜的特征特性,甚至梦里都在想着苦瓜。如今,人们亲切地称他为"苦瓜汤",现获得 13 个品种保护、4 项专利,并推广 9 个优秀品种,覆盖面积达 12 万亩。

(引自:福建省农业农村厅官网,2024 年 6 月 17 日,有改动。)

【分析】汤永强运用专业所学,以饱满的热情和执着的专注,面向农业农村的广阔市场,开发苦瓜新品种,取得丰硕的成果。中国是农业大国,有着悠久的农业历史和丰富的农耕文化,农业、农村蕴藏着巨大的就业创业机会。

一、中国农耕文化

农耕,即耕种土地。"日出而作,日入而息,凿井而饮,耕田而食"的农耕生活,是中国儒家文化的理想与追求。农耕文化,则是以农业生产为中心而形成的一种民俗文化,包括农事、农具、农艺、农俗、农时、农历、农作物等文化内容,是中国优秀传统文化的主干成分,也是构建中华民族核心价值观的重要精神文化资源。

农耕文化的内涵可概括为"应时、取宜、守则、和谐",体现了天、地、人之间所建立的一种和谐共生的关系。

(1) 应时。农业生产周期要顺应时间和自然节律。农业生产本就是一种根据节气、物候、气象等条件而进行的具有强烈季节性特征的劳作活动。早在夏代的历日制度《夏小正》中,人们就把天象、物候、气象和相应的农事活动列在一起便于民间掌握。后来,人们又把一年分为二十四节气,依节气特点安排农事活动。"不违农时",成为人们几千年以来恪守的准则,体现了人们在农耕过程中对自然规律的重视。

(2) 取宜。取宜即因地制宜,指农事活动需要找到适宜、适合的土地。中国传统农业强调因时、因地、因物制宜,把"三宜"看作一切农业举措必须遵守的原则。我们的祖先在农事活动中很早就懂得了"取宜"的原则,周祖农耕文化中的"相地之宜"和"相其阴阳"理念,就是"取宜"的实践经验总结,在指导人们认识自然和从事农业生产中发挥了重大作用。

"弃为儿时,其游戏好种植麻、麦。及为成人,遂好耕农,相地之宜,宜谷者稼穑之。民皆法之。尧举以为农师。"

——《周本纪》

"既景乃岗,相其阴阳。"

——《诗经·大雅·公刘》

（3）守则。则,即准则、规范、秩序,它是人与自然长期互动形成的实践原则。农耕文化作为中国传统文化的根基,蕴含着"以农为本、以和为贵、以德为荣、以礼为重"等许多优秀的文化品格。农耕文化是中国传统文化的重要源头,对中华民族坚忍不拔、崇尚和谐、顺应自然、因地制宜、勇于创新等优良品质的养成起到了重要作用。

（4）和谐。在农业生产活动中,农业生物、自然环境与人应当构成的相互依存、相互制约的生态系统和经济系统,正是在这种"天人合一"、人与自然和谐共生的理念指导下,才创造了灿烂的农耕文明,形成了独具特色的中华文化。

"天地者,万物之父母也。"

——庄子

"上得天时,下得地利,中得人和。"

——荀子

📖 拓展阅读

20 个农业生产小常识

（1）农作物轮作。轮作可以有效防止土壤中的病虫害积累,提高土壤肥力,保持土地持续生产力。

（2）农家肥。农家肥富含有机质和微量元素,能够改善土壤结构,提高作物品质和产量。

（3）灌溉的最佳时间。一般来说,早晚灌溉效果较好,可以避免高温时水分蒸发过快,造成作物缺水。

（4）农药使用。使用农药时,要遵循安全间隔期,避免农药残留对作物和人体健康造成危害。

（5）种植密度。合理的种植密度可以让作物充分利用光能,减少竞争,提高单位面积产量。

（6）土壤酸碱度调节。土壤酸碱度影响作物的生长和营养吸收,可以通过施加石灰或石膏等物质进行调节。

（7）农作物防虫技巧。除了使用农药,还可以利用天敌、灯光诱捕等生物防治方法来减少虫害。

（8）农作物收割。不同的作物有不同的最佳收割时期,要根据作物的生长情况和市场需求来确定。

（9）温室大棚的保温措施。在冬季,可以通过加盖保温被、使用电暖气等方式来保持温室内温度,确保作物正常生长。

（10）农作物的灌溉。滴灌、喷灌等节水灌溉方式不仅可以节省水资源，还能减少土壤盐碱化。

（11）农作物的施肥原则。遵循"基肥为主，追肥为辅"的原则，根据作物生长阶段和土壤状况合理施肥。

（12）农作物的中耕管理。中耕可以疏松土壤，除草保墒，促进作物根系发育。

（13）农业气象的观测。了解天气变化，及时采取应对措施，如防风、防涝、防冻等。

（14）农作物的病虫害防治。预防为主，综合治理，及时发现并处理病虫害，避免扩散。

（15）农作物的生长环境要求。不同的作物对光照、温度、水分等环境条件有不同的要求，要根据作物特性来创造适宜的生长环境。

（16）农作物的间作与套种。通过间作和套种，可以充分利用土地和空间，提高复种指数和土地利用率。

（17）农作物的种植结构调整。根据市场需求和经济效益，合理调整种植结构，实现农业生产的多元化和可持续发展。

（18）农作物的贮藏与保鲜。掌握正确的贮藏方法和保鲜技术，可以延长作物的保质期，减少损失。

（19）农业废弃物处理。农业废弃物可以通过堆肥、沼气发酵等方式进行处理，实现资源化利用和环境保护。

（20）农业技术的创新与推广。积极引进和推广先进的农业技术和管理经验，提高农业生产效率和质量。

（引自：百度，有改动。）

二、农俗、农具与农事

（一）农俗

农俗又称农业民俗，是伴随农业生产（主要是种植业）过程而形成的一系列习俗惯制，属于物质民俗范畴，为生产民俗的一部分，同时也是源于农业经济活动的一种文化现象，起源于采集古俗，出现于新石器时代，广泛存在于农业有关的活动中。民间有以下俗语。

- 白露早，寒露迟，秋分种麦正当时。
- 肥少田旱，趁早保险；肥足能灌，酌情播晚。
- 秋分种高山，寒露种平川，迎霜种的夹河滩。
- 湿种麦子干种豆，胡麻菜籽泥里透。
- 麦种泥窝窝，明年吃馍馍；要想吃好面，种麦泥里站。
- 没有穿山之力，就怕烂泥压顶。
- 麦要浇芽，菜要浇花。

- 白露至寒露，种麦都不误。
- 庄稼一枝花，全靠粪当家。
- 粪肥种麦，收成不坏；粪多多收，粪少少收。
- 二指浅，四指深，种麦三指正得劲。
- 早麦宜稀，晚麦宜密；肥田宜稀，瘦田宜密。
- 高株宜稀，矮株宜密；良种宜稀，陈种宜密。

（二）农具

农具是指农业生产过程中用于改变劳动对象时使用的工具，也称农用工具、农业生产工具。其按农事可分为耕地整地、施肥、播种、中耕除草、灌溉、收获、运输、晒场、加工、储藏等工具。

（1）耕地整地工具。耕地整地工具主要用于耕翻土地、破碎土垡、平整田地等作业，如图10-1所示。

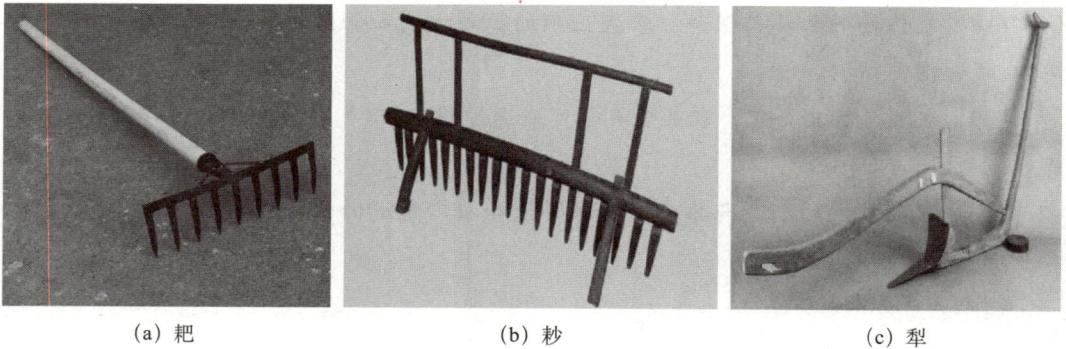

| (a) 耙 | (b) 耖 | (c) 犁 |

图10-1　耕地整地工具

（2）灌溉工具。灌溉工具主要用于农业生产过程中蓄水以及对种植物进行灌溉的工具，如图10-2所示。

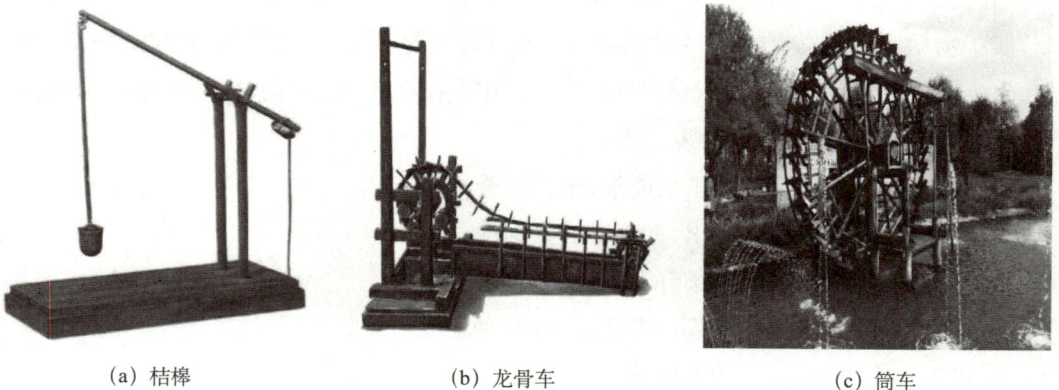

| (a) 桔槔 | (b) 龙骨车 | (c) 筒车 |

图10-2　灌溉工具

（3）收获工具。收获工具主要包括收割、脱粒、清选用具，如图10-3所示。

(a) 锼头　　　　　　　　(b) 镰刀　　　　　　　　(c) 连枷

图10-3　收获工具

（4）运输工具。运输工具主要包括担筐、推车、驮具等工具（图10-4）。担筐主要在山区或运输量较小时使用；推车主要使用在平原、丘陵地区，其运载量较大。

(a) 担筐　　　　　　　　　　　　　　(b) 推车

(c) 驮具

图10-4　运输工具

（5）播种工具。播种工具主要用于将种植物的种子播撒在土壤中，如图10-5所示。

（a）耧车　　　　　　　　　　　　　（b）播种器

图10-5　播种工具

【案例10-2】

蒲公英里蕴藏着大市场

"85后"创业者王昆在南方读完大学后，回到家乡吉林省延边朝鲜族自治州安图县十骑村，成为村里第一个返乡的大学生。那时，街坊邻居见到他，总会投来好奇的目光。

生于长白山脚下的王昆，从小就熟知各类中药材。返乡后，王昆做起中药材收购生意。后来他发现，家乡随处可见的蒲公英不仅药用价值高，而且易于推广，当地民众常将其根晒干泡茶饮用，有消炎去火之效。

经过市场调研，王昆选定蒲公英茶饮作为创业方向。一开始，王昆收购野生蒲公英，随着用量增加，他开始探索人工种植。那时，当地并没有人工种植蒲公英的先例，播种方式、株距设定等需要反复摸索尝试。

创业初期，一些老乡不看好这个项目，认为蒲公英根茶仅受本地人喜爱，外地人不太会接受。蒲公英生产专业合作社刚成立时，仅有6人加入。

实现蒲公英根茶批量生产后，为了提高蒲公英根茶在消费者中的认可度，王昆争取到工商、税务、商务等多部门支持，并经常参加全国各类展会。在中国香港的一次参展中，他3天卖出数千袋，这让王昆看到了广阔的市场前景。此后，他又前往俄罗斯、韩国等国展销，逐渐打开了国内外市场。在开阔眼界、掌握市场需求后，王昆推出蒲公英系列茶饮。

目前，蒲公英专业生产合作社成员有500多人，蒲公英种植面积500多公顷，年加工1000多吨蒲公英，年订单额800多万元。

（引自：新浪财经网，2025年2月，有删改。）

【讨论】长白山地区积温低，黑土地水分足，独特的气候和土壤条件为产出优质蒲公英奠定了基础。王昆敏锐地捕捉市场，遵循蒲公英种植规律不断扩大种植面积，蒲公英专业生产合作社不断壮大。想一想，或者跟父辈讨论，自己的家乡是否也蕴藏着类似的创业机会呢？

（三）农事

农事是指耕地、施肥、播种、田间管理（除草、防倒伏、喷洒农药、病虫害防治、防寒、防冻、防旱、浇水、防涝、灌溉）、收割、收获、贮藏、六畜管理（饲养、疾病预防）等农业生产活动。

按季节可将农事作以下排序和分类。

（1）春季。春季农事有播种、插秧、耕田、采桑、灌溉、追肥等。

播种：播撒种子。

插秧：将秧苗栽插于水田中，或把水稻秧苗从秧田移植到稻田里。

耕田：犁地，耕种田地。

采桑：养蚕的一个工序，也是一门技术。采桑常以叶色为主、叶位为辅的"同色同位"方法进行选叶。每天采叶两次，以6:00—9:00、16:00—18:00为宜。一般白天各次用叶都在早晨采，夜间和次日早晨用叶在傍晚采。

灌溉：根据作物的需水特性、生长阶段、气候、土壤条件给作物补充水分。

追肥：在植物生长期间为补充和调节植物营养而施用的肥料，其主要目的是补充基肥的不足和满足植物中后期的营养需求。

乡　村　四　月

（宋）翁卷

绿遍山原白满川，子规声里雨如烟。

乡村四月闲人少，才了蚕桑又插田。

（2）夏季。夏季农事有锄草、割麦、水肥管理、病虫害防治等。

锄草：清除田地上的杂草、树木残根和其他障碍物。

割麦：在小麦成熟后，适时地将成熟的麦穗割下来的一种农业活动。

水肥管理：在农田灌溉过程中，通过合理的施肥和灌水管理来提高农作物产量和品质。

病虫害防治：为了减轻或防止病原微生物和害虫危害作物或人畜，而人为地采取某些手段防治病虫害。一般可以分为采用杀虫剂等化学物质进行的化学防治和利用光或射线等物理能或建造障壁的物理防治。

四时田园杂兴

（宋）范成大

梅子金黄杏子肥，麦花雪白菜花稀。

日长篱落无人过，唯有蜻蜓蛱蝶飞。

（3）秋季。秋季农事有打谷、追肥等。

打谷：用连枷或脱谷机等器具使谷物脱粒。

追肥：在植物生长期间为补充和调节植物营养而施用的肥料。

禾　熟

（宋）孔平仲

百里西风禾黍香，鸣泉落窦谷登场。

老牛粗了耕耘债，啮草坡头卧夕阳。

（4）冬季。冬季农事主要是以积肥和育苗为主，还有冬灌、土地深翻、农机设备维护等。

积肥：把一切可以腐蚀、发酵的物质在腐蚀、发酵后产生生物菌肥，以提供所有植物生长所需的养分。

育苗：培育作物幼苗。

冬灌：在土壤冻结前对农田、果园等进行灌溉，以便蓄水保墒。

土地深翻：通过机械加深耕层，疏松土壤，增加土壤孔隙度，形成良好的土壤结构。

农机设备维护：利用冬季空闲时间对农机设备进行维护，可防止设备农忙时期突发故障，影响农业生产。

田园四时其二——冬

（宋）华镇

朔风吹水成冰坚，风壮冰坚白于练。

霰雪还随密雨来，转眼纷纷满沟埠。

陈根冻烂还为土，土落田中肥一半。

霜镰去手即须耕，敢望东风待冰泮。

三、玉米种植实践

引导学生了解玉米的生长周期、种植条件及田间管理技术，掌握翻地、播种、施肥、除草等基础农事操作技能，学习农业生态知识（如土壤改良、病虫害防治等），体会农业劳动艰辛，培养珍惜粮食的意识。

（一）劳动准备

（1）物资准备。准备劳动场地，在校园开辟劳动实践基地或合作农田。购买劳动工具如锄头、铁锹、水桶、耙子、玉米种子、有机肥（腐熟农家肥或复合肥）等，以及标牌（标记种植区域）、卷尺、生长记录本、温度计等辅助材料。

（2）知识准备。学习农业知识，了解玉米种植的基本知识，包括玉米生长阶段（发芽期、拔节期、抽雄期等）、种植行距等知识。

（3）安全准备。检查工具的安全性，学会规范使用农具，准备防晒帽、手套、饮用水及急救包等。

（二）种植实践

（1）划分小组。每 5 ~ 6 人划分为一个小组，按组划分责任田（每组约 10 平方米）。设置小组组长，负责劳动的具体协调与组织。

（2）土地整理。当地农民示范翻地，深度为 20 ~ 25 厘米，清除石块杂草，均匀撒施基肥。学生进行翻地、撒肥、平整土地、开沟等。

（3）播种。当地农民讲解点播技巧（株距 30 厘米，每穴 2 ~ 3 粒种子，覆土厚度 3 ~ 5 厘米），学生按规划行距进行播种、覆土、浇水。

（4）田间管理。持续 2 ~ 3 个月，每周劳动 1 次。田间管理包括以下方面。

幼苗期管理（播种后 1 ~ 3 周），间苗补苗：3 叶期时去除弱苗，每穴保留 1 株健壮苗；除草松土：使用小锄头浅耕土壤，避免伤根。

生长期管理（拔节至抽雄期），追肥：拔节期每亩追加尿素 10 公斤（距离植株 10 厘米处开沟施入）；病虫害防治：观察蚜虫、玉米螟等害虫，学习生物防治法（如悬挂诱虫灯）。

灌溉与支撑：干旱时沟灌，暴雨后及时排水；对倒伏植株用竹竿加固。

（5）收获。观察玉米苞叶变黄、籽粒硬化后，分组采收、剥皮、晾晒。

（三）成果评估与分享

（1）测量产量，对比不同小组的种植效果。
（2）举办“玉米丰收节”，各组展示劳动成果，烹饪玉米食品，总结劳动感悟。

⏱❤ 活动与训练

探访企业兴农之道

一、活动目标

走访农业科技企业，了解“新农人”农村创新创业模式和现代农业科技及其生产运作模式，感受“新农人”的“兴农”风采，厚植“学农、知农、爱农、为农”情怀，树立兴农报国理想。

二、活动时间

建议 20 分钟。

三、活动流程

（1）划分小组，布置任务。学生每 5 ~ 6 人一组，教师布置访谈任务，明确访谈目标。

（2）走访企业，做好记录。学生利用课余时间、节假日等进行企业走访，要求走访的企业应为农业企业或服务农业企业的科技企业，做好访谈记录。

（3）整理资料，小组交流。整理访谈资料，总结企业的创业经历、业绩贡献、创业感想、下步规划等。

（4）班级分享，总结提升。各组选派代表进行班级交流，分享访谈情况和自己的收获体会，教师点评。

🔍 探索与思考

1. 农业生产劳动有哪些规律值得总结？

2. 说说传统的农耕文化内容有哪些？

单元三　现代服务业劳动

💭 名人名言

伟大的成绩和辛勤劳动是成正比例的，有一分劳动就有一分收获，日积月累，从少到多，奇迹就可以创造出来。

——鲁迅

🎯 学习目标

1. 了解现代服务业的基本知识；

2. 认识创新创业规律，能结合自身实际制作创业计划书；

3. 树立团队意识，培养团队协作能力。

📑 案例导入

> **宿舍里创业：大学生享受从零到一**

近年来，越来越多的大学生利用宿舍开店。记者在"小红书"搜索"宿舍创业"，跳出数百条笔记，有的笔记单篇点赞量达 3.2 万。大学生在线下开店的同时，在互联网平台上推广自己的宿舍小店，还有人在评论区交流经验，不少"加盟商"向大学生出售"宿舍创业"的课程，涵盖资源供应、品牌打造、宣传推广等不同环节。

"在宿舍创业成本很低，哪怕失败了也没什么。"华北电力大学学生蒙桥凤在宿舍开了一间"花店"。在她看来,宿舍创业像是真正创业前的一次"大练兵",从前期的市场调研到宣传推广,再到后期的客户维护,蒙桥凤感觉自己"可以算是半个创业达人"。她在小红书上分享各种花束款式,同校的不少同学会在评论区里求购。

"比较享受这种从零到一的过程。"蒙桥凤在宿舍花店中找到了成就感,"我不仅仅是在卖花,也是在向同学们出售情绪价值。"每次在朋友圈看到有同学晒出自己包的花,蒙桥凤都觉得自己在做一件有意义的事。

春晓一开始也只是想给自己做一副美甲,"一般好的美甲师做一次美甲要三四百元。如果要单独做设计款式,可能要花费八九百元甚至上千元。"春晓有一定的绘画功底,在网上分享了自己的作品之后,经常会有人评论询问:"在哪里可以做这么漂亮的美甲?"

随着美甲店的名气越来越大,顾客也越来越多。课程压力大的时候,春晓会推掉很多订单。"肯定要以学业为主,但在空余时间,我也想做点什么。"

（引自:光明网,2024 年 12 月 19 日,有删改。）

【分析】"宿舍创业"成为大学生创业的一种新的尝试、新的业态。不可否认,大学生"宿舍创业"给校园管理、宿舍管理、学业管理都带来了新的挑战,也对创业者本人的同学关系处理、课程学习提出了更高要求。我们既需要以更加包容的心态对待这种创业,优化校园管理;也需要更加冷静、理性地看待创业活动,合理地利用创业空间,开展创业尝试。

一、现代服务业新知

现代服务业是以现代科学技术特别是信息网络技术为主要支撑,建立在新的商业模式、服务方式和管理方法基础上的服务产业。它既包括随技术发展而产生的新兴服务业态,也包括运用现代技术对传统服务业的改造和提升。

现代服务业的发展来自社会进步、经济发展、社会分工的专业化需求,具有智力要素密集度高、产出附加值高、资源消耗少、环境污染少等特点,其本质是实现服务业的现代化。

(一) 现代服务业的分类

(1) 消费服务业。为人们消费生活提供的服务就叫消费服务,消费服务包括 6 个部分,即餐饮与商贸、医疗与健康、养老消费服务、儿童消费服务、家政消费服务、信息消费服务等。

(2) 商务服务业。商务服务就是为人们的商务活动提供服务帮助的行业,主要包括四个类别:一是金融综合服务类,如商业银行、投资银行、证券、基金、保险等;二是会计事务所、审计事务所;三是投资咨询服务;四是园区管理类服务。

（3）生产服务业。直接为生产过程提供服务就是生产服务。技术服务是生产服务的重要内容，服装设计、工业产品设计、建筑设计、外包服务等都属于生产服务。

（4）精神服务业。为人的精神享受提供服务就是精神服务业，包括影视、旅游、文化、出版、体育等都属于精神服务。

（二）现代服务业的时代特征

（1）两新。一是新服务领域，适应现代城市和现代产业的发展需求，突破了消费性服务业领域，形成了新的生产性服务业、智力（知识）型服务业和公共服务业等新领域；二是新服务模式，通过服务功能换代和服务模式创新而产生新的服务业态。

（2）四高。一是高文化品位和高技术含量；二是高增值服务；三是高素质、高智力的人力资源结构；四是高感情体验、高精神享受的消费服务质量。

📖 **拓展阅读**

统计上如何界定现代服务业

随着全球信息化技术水平加速发展进步，服务业在蓬勃发展过程中，不断涌现出新技术、新业态和新模式，现代服务业的内涵不断深化延伸。现代服务业统计分类提出：现代服务业是指伴随信息技术和知识经济的发展而产生，利用现代科学技术和现代管理理念，推动生产性服务业向专业化和价值链高端延伸，推动生活性服务业向高品质和多样化升级，加强公益性基础性服务业发展所形成的具有高技术含量、高人力资本含量、高附加价值等特征的经济活动。其三个主要特征即为具有高技术含量、高人力资本含量、高附加价值。现代服务业的主要内容如下。

（1）信息传输、软件和信息技术服务业：包括软件开发，电信、广播电视和卫星传输服务，互联网平台及相关服务，信息技术服务4个中类、20个小类，对应于《国民经济行业分类》（GB/T 4754—2017）门类"I信息传输、软件和信息技术服务业"的全部内容。

（2）科学研究和技术服务业：包括研发和试验发展、专业技术服务业、科技推广服务业3个中类、19个小类，对应于《国民经济行业分类》门类"M科学研究和技术服务业"的全部内容。

（3）金融业：包括货币金融服务、资本市场服务、保险业、其他金融业4个中类、26个小类，对应于《国民经济行业分类》门类"J金融业"的全部内容。

（4）现代物流服务业：包括现代铁路运输综合服务、现代道路运输综合服务、现代水上运输综合服务、现代航空运输综合服务、现代管道运输综合服务、现代多式联运和运输代理服务、现代装卸搬运和仓储、现代邮政业、其他现代物流服务业9个中类、20个小类，对应于《国民经济行业分类》门类"G交通运输、仓储和邮政业"以及大类"72商务服务业"中45个小类的全部或部分内容。

（5）现代商贸服务业：包括互联网批发零售、专业化管理服务、法律服务、咨询与调查、专业化人力资源和培训服务、信用与非融资担保服务、其他现代商贸服务业7个中类、11个小类，对应于《国民经济行业分类》大类"72商务服务业"以及"83教育"中29个小类的全部或部分内容。

（6）现代生活服务业：包括健康服务、现代养老服务、现代育幼服务、文化娱乐服务、旅游服务、体育服务、现代居民生活服务7个中类、30个小类，对应于《国民经济行业分类》"61住宿业""80居民服务业"等20个大类中88个小类的全部或部分内容。

（7）现代公共服务业：包括生态保护和环境治理、公共设施服务、教育培训3个中类、11个小类，对应于《国民经济行业分类》"77生态保护和环境管理业""78公共设施管理业"等5个大类中21个小类的全部内容。

（8）融合发展服务业：包括现代农业专业辅助性服务、先进制造业设备维修服务2个中类、2个小类，对应于《国民经济行业分类》大类"05农、林、牧、渔专业及辅助性活动""43金属制品、机械和设备修理业"中13个小类的全部或部分内容。

（引自：宁吉喆.领导干部基本统计知识问答[M].2版.北京：中国统计出版社，2021.）

二、大学生创新创业

纵深推进大众创业万众创新是深入实施创新驱动发展战略的重要支撑，大学生是大众创业万众创新的生力军，支持大学生创新创业具有重要意义。

（一）全国大学生创新创业比赛

1. 中国"互联网+"大学生创新创业大赛之"青年红色筑梦之旅"

"青年红色筑梦之旅"是中国"互联网+"大学生创新创业大赛的重要活动，旨在鼓励青年学生扎根中国大地了解国情民情，接受革命传统教育，用创新创业成果服务乡村振兴战略，走好新时代青年的新长征路。

"青年红色筑梦之旅"已经建立起国家—省—校三级活动机制，更加注重发挥高校新工科、新医科、新农科、新文科优势，推动高校助力乡村产业发展、公共卫生事业发展、文化建设等，引导广大青年在基层一线用脚步丈量祖国大地，在实现中华民族伟大复兴的时代洪流中踔厉奋发、勇毅前进。

近几年，全国理工、农林、医学、师范、法律、人文社科等各专业大学生组成一批批"科技中国小分队""幸福中国小分队""形象中国小分队""政策宣讲小分队"，走进各自对接的县、乡、村和农户，在现代农业、美丽乡村建设、弱势群体帮扶等方面做出了实实在在的贡献。广大高校学生立下了为祖国、为人民奉献自己的信念和志向，把自己创新创业梦融入了伟大的中国梦。

2.“挑战杯”全国大学生课外学术科技作品竞赛和中国大学生创业计划竞赛

“挑战杯”是“挑战杯”全国大学生系列科技学术竞赛的简称，是由共青团中央、中国科协、教育部和全国学联共同主办的全国性的大学生课外学术实践竞赛。“挑战杯”竞赛在中国共有两个并列项目，一个是“挑战杯”中国大学生创业计划竞赛，另一个是“挑战杯”全国大学生课外学术科技作品竞赛。两个项目的全国竞赛交叉轮流开展，每个项目每两年举办一届。

“挑战杯”全国大学生课外学术科技作品竞赛自1989年首届竞赛举办以来，始终坚持“崇尚科学、追求真知、勤奋学习、锐意创新、迎接挑战”的宗旨，在促进青年创新人才成长、深化高校素质教育、推动经济社会发展等方面发挥了积极作用，在高校乃至社会上产生了广泛而良好的影响，被誉为当代大学生科技创新的“奥林匹克”盛会。

“挑战杯”中国大学生创业计划竞赛起源于美国，又称“商业计划竞赛”，是风靡全球高校的重要赛事。它借用风险投资的运作模式，要求参赛者组成优势互补的竞赛小组，提出一项具有市场前景的技术、产品或者服务，并围绕这一技术、产品或服务，以获得风险投资为目的，完成一份完整、具体、深入的创业计划。

【案例 10-3】

“挑战杯”中国大学生创业计划竞赛——“知心牌”心脏功能评估检测仪

心脏是一种特殊的肌肉，它在封闭的心室周围有节奏地收缩，推动血液流动。然而，随着血液流动适应身体不断变化的代谢需求，这种泵送功能总是存在一定波动。理解每次心跳时心脏泵活动的变化可能有助于解释健康和疾病中心脏功能的复杂性。

“知心牌”心脏功能评估检测仪基于心力——心音关系的方法，研发、生产、销售心力和心脏储备检测仪。心力检测仪为某公司初期的主打产品，已经过临床试验，获得生产许可证，且进行试点销售，具有一定市场基础；心脏储备仪为公司的升级产品，具备S1/S2倒置等新指标和远程传输功能，已完成临床试验，待获准证，利于公司持续发展。该系列产品将填补国内外现有监护设备功能缺陷，开拓了一个更为广阔的市场。

【讨论】“挑战杯”竞赛是吸引广大高校学生共同参与的科技盛会，是促进优秀青年人才脱颖而出的创新摇篮。你从“知心牌”心脏功能评估检测仪受到什么启发？生活中的哪些现象还给你带来了发明灵感？

（二）“青年红色筑梦之旅”比赛流程

（1）项目策划与准备，包括选题和组建团队、制订计划书。

选题：选择一个与红色教育、创新创业、乡村振兴或精准扶贫等相关的主题。

组建团队：寻找志同道合的团队成员，确保团队具备多元化的背景和技能。

制订详细计划：包括项目目标、实施步骤、预期成果等。

（2）学习与准备。深入了解革命历史和文化，以便更好地理解和诠释主题。学习相关的创新创业知识，为项目的实施和展示做好准备。

（3）报名与提交材料。关注大赛官方网站或相关渠道，获取报名信息和截止日期，按照要求提交项目计划书、团队成员信息等相关材料。

（4）培训与指导。参加大赛组委会组织的培训活动，了解比赛流程、评分标准等。寻求导师或专业人士的指导，优化项目方案和提高展示水平。

（5）初赛与复赛。根据大赛安排，参加初赛和复赛，展示项目成果和答辩。根据评审团的反馈，及时调整项目方案，为决赛做好准备。

（6）决赛与展示。在决赛中充分展示项目的创新性、实施可行性以及社会价值，与其他团队交流学习，共同进步。

（三）"挑战杯"中国大学生创业计划竞赛流程

（1）赛前准备。"挑战杯"中国大学生创业计划竞赛以创业团队形式参赛，原则上每团队不超过 10 人。高校在校学生通过申报商业计划书参赛，有条件的团队可在此基础上进行商业运营实践。团队成员应具备不同的专业背景和技能，以形成互补优势，鼓励跨学院、跨专业组队。如需跨校组队，须经所在高校团委事先协商明确竞赛团队的申报单位并提供书面说明。

（2）作品创作。参加竞赛作品分为已创业（甲类）与未创业（乙类）两类，各自又分为农林、畜牧、食品及相关产业，生物医药，化工技术和环境科学，电子信息，材料，机械能源，服务咨询等七组。实行分类、分组申报。

（3）项目选择。应贴合时代背景、社会热点，选择符合当前时代发展方向的题材，确保项目视角新颖，并考虑团队的可行性。

（4）制订计划。了解参赛日程，制订详细的时间表，确保项目各阶段的任务能够按时完成。同时，对工作进行分工安排，明确每个团队成员的职责，确保团队协作顺畅。

（5）报名与提交参赛资料。关注官方报名信息以及比赛相关信息，完成参赛学生注册，并进行负责人及成员填报。准备项目所需的商业计划书、PPT 等，确保内容完整、清晰。此外，根据项目的类型，准备相关的证明材料。

（6）校内选拔与迭代。参加校内的选拔赛，通过现场展示和答辩等环节，争取进入更高层次的比赛。然后根据实践情况和指导老师、评委的意见，不断迭代打磨材料，精益求精。

（7）备战省赛、国赛。更加深入地研究项目，提高展示和答辩能力，争取在比赛中取得好成绩。

（四）"挑战杯"全国大学生课外学术科技作品竞赛流程

（1）赛前准备。"挑战杯"竞赛的参赛方式包括个人报名和团队报名两种，可根据选题的备赛难易程度选择个人参赛或组团参赛。若是组团参赛，应充分考虑团队成员间的能力搭配，以期组合资源效应的最大化发挥。在组建参赛团队的同时，还应尽快确定指导老师。

（2）作品创作。具体分为以下四个步骤。

① 选择作品类别与作品形式。"挑战杯"竞赛的作品类别分为自然科学、哲学与社会科学、科技发明三类。其中，自然科学类的作品形式可为学术论文或科技建议；哲学与社会科学类的作品形式可为调查报告或学术论文，且作品内容仅限哲学、经济、社会、法律、教育、管理6个学科。科技发明类的作品形式可分为学术论文、调查报告、实物成品，具体细分为两类——A类：科技含量较高，制作投入较大的作品；B类：投入较少，为生产技术或社会生活带来便利的小发明或小制作。

② 确定选题。参赛者应结合自身所掌握和所能利用的资源，根据专业所学和能力所长确定参赛作品的选题，并充分考虑作品的实际应用价值与现实意义。

③ 创作准备。收集有助于作品创作的资料和信息，包括文献资料、理论学说、市场数据、学科前沿信息等，一般采用文献查阅、走访调研、问卷调查、数据测试等方法。

④ 作品创作。根据作品创作意图设定实物成品类作品的预期效果或拟定论文、报告类作品的撰写提纲。在此基础上，进行团队成员分工，并相应确定任务完成的时间节点，以提高工作效率，保证团队的整体工作进度。待作品初稿完成后，及时听取指导老师的修改建议，在团队内部进行讨论修改，必要时团队成员间还需交叉评审、修改。科技发明类作品成型后，还应进行必要的赛前测试，以保证作品各项功能的正常运转以及作品功效的全面发挥。

（3）作品申报。一般采用网络申报的方式，依托"挑战杯"竞赛官方网络平台完成。除填写作品申报者、团队成员、指导老师的基本信息外，还需着重介绍作品的撰写／制作目的与基本思路、作品的科学性、先进性与独特之处，以及作品的实际应用价值与现实意义。

活动与训练

制作创业计划书

一、活动目标

结合实际选择创业项目，熟悉创业计划书编制流程，培养创业意识和团队协作能力。

二、活动时间

建议1周。

三、活动流程

（1）教师介绍活动的主要内容、所需提供的资料及 PPT 制作要求。

（2）划分学习小组，学生以小组为单位，选择自己感兴趣的创业板块，确定选题。

（3）各组利用课余时间制作创业计划书（包括产品与服务介绍、市场分析及定位、商业模式、营销策略、团队介绍及其他说明等），并制作项目介绍材料（PPT 形式）。

（4）小组进行汇报，教师点评，选取优秀作品进一步修改完善，参加校级创新创业比赛。

🔍 探索与思考

1. 现代服务业与传统服务业有何区别？

2. 如何选择创新创业大赛项目？

模块十一　服务性劳动实践

模块导读

本模块围绕服务性劳动这一主题,从校园管理服务、志愿服务活动、勤工助学等几个方面讲授服务性劳动的基本知识,引导学生掌握服务性劳动的基本规律,树立服务意识,提升服务能力,更好地利用知识、技能为他人和社会提供服务性劳动。

单元一　校园管理服务

名人名言

人生欲求安全,当有五要:一要清洁空气;二要澄清饮水;三要疏通沟渠;四要扫洒屋宇;五要日光充足。

—— [英] 南丁格尔

学习目标

1. 正确认识垃圾分类的意义,增强环保意识。
2. 掌握校园卫生的主要内容与操作规范。
3. 积极参加校园卫生劳动,共建美丽校园。

案例导入

维护校园环境卫生,我们一直在行动

为给师生营造一个干净、舒适的学习和生活环境,某大学组织全体师生进行卫生大扫除活动。

淅淅沥沥的雨点不断从空中落下,但丝毫没有影响同学们的高涨热情。在教师们的带领下,同学们全面打扫了教室及各个角落卫生死角,清理地面上的污渍,扫除教室墙面上小纸片和杂物,清除整理图书角、讲台上的粉尘杂物,擦洗黑板、玻璃窗台和墙角的污渍。

我劳动,我快乐,人人参与,人人动手,挥洒汗水,体会劳动的快乐。

那些可亲可敬的辅导员也在教室内外忙碌着,不怕苦、不怕累,仔细地清理每一个角落。

教师们的言传身教,同学们看在眼里,记在心里,教育无处不在、无时不在。校园的每个角落都能看到师生们劳动的身影,到处都是热火朝天的劳动景象。在大家的努力下,一个小时后整个校园焕然一新。

效率这么高? 有什么秘诀? 没有秘诀,唯有平时坚持!

【分析】 校园环境是学校的窗口,是师生精神面貌的集中体现。校园环境建设既独立于教学之外,也寓于教学之中,与教育教学形成紧密的一体。一所学校在提高教育教学水平的同时,应引导和组织师生通过劳动建设美丽的校园环境,推动师生养成良好的卫生习惯。

一、垃圾分类

垃圾分类是指按一定规定或标准将垃圾分类投放、收集、运输和处理,从而转变成公共资源的一系列活动的总称。垃圾分类的目的是提高垃圾的资源价值和经济价值,减少垃圾处理量和处理设备的使用,降低处理成本和土地资源的消耗。垃圾分类具有社会、经济、生态等几方面的效益。

(一)垃圾分类的背景

实行垃圾分类,关系广大人民群众生活环境,关系节约使用资源,也是社会文明水平的一个重要体现。党的二十大报告指出:"实施城市更新行动,加强城市基础设施建设,打造宜居、韧性、智慧城市。"处理好城市垃圾问题,是城市宜居的重要方面。从2019年开始,全国地级以上城市全面启动生活垃圾分类工作,到2020年年底46个重点城市基本建成垃圾分类处理系统。截至2022年年底,297个地级以上城市已全面实施生活垃圾分类,居民小区平均覆盖率达到82.5%。

📖 **拓展阅读**

垃圾分类的意义

垃圾分类是对垃圾回收处置传统方式的改革,目的是利用现有生产水平,将丢弃物按品类处理,将有效物质和能量利用起来,将无用垃圾填埋起来。这样既提高垃圾资源利用水平,又可减少垃圾处置量,是实现垃圾减量化和资源化的重要途径和手段。垃圾分类的意义在于以下方面。

(1)减少占地面积,提高土地利用率。生活垃圾中有些含有有害物质,不容易降解,土地受到严重破坏。如果进行分类能将可回收的去掉,减少填埋数量60%以上。

(2)减少废弃污染,保护生态环境。目前我国的垃圾处理多采用填埋的方式,占用大量的土地面积,并且会引起蚊虫增多、污水乱流、产生难闻气味等令人不适的现象。另外,土壤中的废塑料会导致农作物减产,如果被动物误食,会危害它们的健康甚至导致死亡,并且会使水资源受污染,与人类的健康也息息相关。回收利用可减少这类危害。

(3) 变废为宝,有效利用资源。相关数据显示,我国每年使用塑料快餐盒的数量高达40亿个、一次性筷子10亿双、方便面碗5亿～7亿个,这些占生活垃圾的15%左右。1吨废塑料可提炼600公斤的柴油。回收1500吨废纸,可免于砍伐1200吨纸的林木。1吨易拉罐熔化后能结成一吨铝块,可少采20吨矿产资源。生活垃圾中有30%～40%的垃圾可回收利用,这就是小本大利的资源。

生活垃圾被认为是最具开发潜力的、永不枯竭的"城市矿产",是"放错地方的资源",给自己一个良好习惯,给垃圾一个利用空间。做好垃圾分类,让我们一起来为地球多添一抹绿色!

(二) 垃圾种类

目前,中国的生活垃圾一般可分为四大类:可回收物、厨余垃圾、有害垃圾和其他垃圾。

(1) 可回收物。可回收物是指回收后经过再加工可以成为生产原料或者经过整理可以再利用的物品,主要包括废纸类、塑料类、玻璃类、金属类、电子废弃物类、织物类等。

废纸类:包括报纸、纸箱板、图书、杂志、各种本册、其他干净纸张、各类利乐包装牛奶袋、饮料盒 (需冲洗晾干)。

塑料类:包括各种塑料饮料瓶、塑料油桶、塑料盆 (盒)。

玻璃类:包括玻璃瓶、平板玻璃、镜子。

金属类:包括铝质易拉罐,各类金属厨具、餐具、用具,其他民用金属制品。

电子废弃物类:包括各类家用电器产品。

织物类:包括桌布、衣服、书包等。

(2) 厨余垃圾。狭义的厨余垃圾是有机垃圾的一种,分为熟厨余垃圾 (剩菜、剩饭、菜叶) 和生厨余垃圾 (果皮、蛋壳、茶渣、骨、贝壳)。广义的厨余垃圾泛指家庭生活饮食中所需用的来源生料及成品 (熟食) 或残留物,还包括用过的筷子、食品的包装材料等。

(3) 有害垃圾。有害垃圾是指存有对人体健康有害的重金属、有毒的物质或者对环境造成现实危害或者潜在危害的废弃物。有害垃圾主要包括:废药品、废杀虫剂、废消毒剂、废油漆、废溶剂、废矿物油、废化妆品、废胶片、废相纸、废荧光灯管、废温度计、废血压计、废充电电池、废扣子电池、碱性电池、锂电池、镍镉电池等。

(4) 其他垃圾。其他垃圾包括除上述几类垃圾之外难以回收的废弃物,通常根据垃圾特性采取焚烧或者填埋的方式处理。其余垃圾主要包括:使用过的卫生纸、复写纸、传真纸、照片、离心纸、蜡纸、转印纸、塑料光面废纸、妇女用卫生巾、婴儿纸尿布、餐巾纸、烟蒂、陶瓷制品、衣服、鞋类、石棉瓦、白板、木质玩具、雨鞋、木质家具、橡胶制品、轮胎等。

二、校园卫生小常识

校园卫生是指在学校内部,通过各种措施和行动,保持学校环境整洁、卫生,防止疾病传播,提高学生的身体健康水平。良好的卫生习惯不仅可以预防疾病,还能提高学生的学习效果和生活质量。

(一)手的卫生

保持良好的手卫生是预防疾病传播的重要措施之一。学生应该时常洗手,特别是在接触到垃圾、厕所、动物或者咳嗽、打喷嚏后。正确的洗手方法包括用流动的水和肥皂揉搓双手至少 20 秒,确保包括指尖、指间、手背、手腕等部位得到清洁。

(二)垃圾分类

垃圾分类是校园卫生的重要环节之一。学生应该按照学校规定的分类标准将垃圾投放到相应的垃圾桶中。常见的垃圾分类包括可回收物、有害垃圾、厨余垃圾和其他垃圾。正确的垃圾分类有助于减少环境污染,保持校园的整洁和美观。

(三)厕所卫生

厕所是容易滋生细菌和病毒的地方,保持厕所的卫生对预防疾病传播至关重要。学生使用完厕所后应该冲洗马桶,保持厕所的清洁。同时,也应该注意个人卫生,如洁厕后及时洗手,使用纸巾把手擦干,避免接触到细菌。

(四)教室卫生

教室是学习的重要场所,保持教室的卫生对学习效果和学生的健康至关重要。学生应该保持教室的整洁,不乱扔垃圾,不在桌子和墙壁上乱涂乱画。同时,也应该定期清洁自己的座位和周围的环境,保持教室的卫生。

(五)环境卫生

学校的环境卫生不仅包括教室、厕所等室内环境,还包括校园的室外环境。应该保持校园的整洁,不乱扔垃圾,不随地吐痰。同时,也应该爱护校园的公共财物和绿化植物,不随意破坏和乱踩草坪、花坛等。

(六)个人卫生

个人卫生是保持身体健康的基本要求。应该每天洗澡,保持身体的清洁。同时,也应该定期修剪指甲,保持口腔卫生,如刷牙、漱口等。良好的个人卫生习惯有助于预防疾病的传播和保持身体的健康。

三、校园卫生劳动实践

在一个优美、整洁、干净、卫生的环境中学习和生活,可以更好地养成良好的卫生习惯,培养劳动观念,增强公德意识。然而,"清洁、整齐、文明、有序"的校园环境需要广大师生共同维护。

（一）公共区域环境维护

（1）公共场所的保洁规范。校园的公共场所卫生一般由学校专职卫生保洁员负责,除此之外,也需要学生参与,定期打扫和保洁,达到以下标准。

① 楼道、楼梯,做到地面清洁,无痰迹,无垃圾,无污水。

② 洗手间、厕所,做到地面清洁,无积污水,墙面干净,上下水畅通,无跑冒滴漏,水池内外干净无污物,大小便池干净无便迹,无异味,水房厕所门干净。

③ 公共门窗玻璃、窗台窗框做到干净、完好,无积尘。

④ 楼内墙壁顶棚,做到无积尘,无蛛网。

⑤ 爱护公物,节约水电,卫生工具等要妥善保管,尽可能修旧利废。

⑥ 垃圾要倒入垃圾桶（箱）内,杜绝焚烧垃圾、树叶等污染环境现象发生。

⑦ 爱护环卫设施,养成良好的卫生习惯,不在各种建筑物、设施及树木上刻画、张贴。

（2）共建无烟校园。吸烟有害健康,可通过以下措施共建无烟校园。

① 约束自己,不抽烟。

② 了解有关吸烟危害的知识,增强自制力,自觉抵制诱惑。

③ 积极参加控烟健康宣传活动,增强控烟意识。

（二）文明就餐

食堂是校园环境的重要组成部分,文明就餐需要从我们自身做起,从点滴做起,从身边做起。

（1）爱惜粮食,杜绝浪费。

（2）保持良好的就餐秩序,排队就餐。

（3）用餐后将餐具送至回收处。

（4）不随地吐痰,不乱扔餐巾纸和食物残渣,不大声喧哗。

（5）爱护餐厅设施,维护公共卫生安全。

（6）尊重餐厅工作人员,遇到问题妥善解决。

（三）校园清洁打扫

（1）室内场所保洁。它主要包括如下方面。

① 现场检查。进入室内，先查看是否有异常现象，有无损坏的物品。如发现异常，应先向学校有关部门或老师报告。

② 打扫除尘。除尘要按照先里后外、先上后下、先窗后门、先桌面后地面的顺序，先清扫天花板、墙角上的蜘蛛网和灰尘，接着抹窗户玻璃门面的灰尘，实验器材等设备挪动后要原位摆好。

③ 擦抹清理。擦抹应从门口开始，依次擦抹室内桌椅、柜子、讲台和墙壁等。抹布应拧干，擦拭每一件物品时，应由高到低、先里后外。擦墙壁时，重点擦拭门窗、窗台等。操作时，先将湿润的涂水毛头（干净的）装在伸缩杆顶部，沿顶部平行湿润玻璃，然后湿润其他部分的玻璃。再用干净的抹布擦干净窗框及窗台，最后用干燥的无手棉布擦干净玻璃四周和中间的水珠。大幅墙面、天花板等的清洁为定期清除（如每周清洁一次）。

④ 整理归位。讲台、桌面、实验台上的主要用品，如粉笔盒、粉笔擦、实验器具等抹净后，应按照原位摆放整齐。

⑤ 倾倒垃圾。按照垃圾分类方法收集垃圾，并倾倒至室内的纸篓、垃圾桶，及时更换垃圾袋。

⑥ 结束退场。打扫结束后退至门口，环视室内，确认清扫质量，然后关窗、关电、锁门。

【案例 11-1】

她曾是贫寒"丑小鸭"，刷马桶被人瞧不起，如今成五星级酒店副总

重庆妹子熊素琼，自幼家境贫寒，初中毕业后就到小县城的一家宾馆做起了服务员。有一天，她看到招聘信息：东莞市一家三星级酒店开张招人，急需 120 名女服务员。熊素琼急忙报名参加面试，一无学历二无相貌的她，很快就被刷掉了。但熊素琼非常不甘心，在面试的地方足足等了主考官 6 小时，充满信心地扛着马桶走到主考官面前，然后向他们展示了自己擦马桶的能力。主考官被这个小姑娘的蛮劲打动了，于是破例招聘了她。

走上岗位后，熊素琼主动提出专门负责刷马桶。熊素琼干的都是又累又脏的活，但工资却和大家一样，大家都下班了她还在认真的擦马桶。其认真工作的态度得到经理的表扬和肯定。半年后，在总经理的一次抽查中，发现整栋楼层里只有熊素琼负责的那一片楼层区域顾客的评分满意度最高，于是将熊素琼提升为卫生清洁班班长。熊素琼亲自负责酒店总统套房的卫生间清洁，还要每日检查各个房间，遇到不合格的地方她都要重刷、重整理一遍。

在接下来的时间里，她一边拼命工作着一边努力自学，完成了"北京师范大学饭店经营与管理"专业学习。2001 年 4 月升任为酒店服务部经理，被派出培训并拿到"高级职业经理人"证书，后又攻读中山大学岭南学院 EMBA 学位。越努力越幸运，2006 年熊素琼被猎头公司挖到东莞市五星级酒店——华通城大酒店出任副总经理。

（引自：百度百科，有改动。）

【讨论】做好清洁卫生是一个人基本的生活能力，但能立足岗位把卫生做到极致，熊素琼给我们做出了榜样。熊素琼的成长经历对当代大学生就业和职业发展有何启发？

（2）公共卫生间保洁操作流程。它主要包括以下几个方面。

① 天花板的清理。用长柄扫把清扫天花板、墙面、墙角等的蜘蛛网和灰尘。

② 门窗玻璃门面及墙面的清理。用湿抹布配合便池刷清洁玻璃、镜面和墙面上的污迹。

③ 蹲便池和小便池的清理。先用夹子夹出大、小便器里的烟头、纸屑等杂物，然后冲水，再倒入洁厕剂，泡一会儿，再用便池刷刷洗。蹲便池、小便池内四周表面及外部表面均要清洗，检查冲水是否正常，有没有堵塞。

④ 洗手盆的清理。用清洁剂和百洁布擦洗洗手盆。从左到右抹干净台面，用不掉毛的毛巾从上到下擦拭干净镜子；水龙头也要清洗干净，保持光亮。

⑤ 更换垃圾袋。按照垃圾分类方法收集垃圾并及时更换垃圾袋。

活动与训练

垃圾分类我先行

一、活动目标

了解垃圾分类基本知识，养成垃圾分类的良好习惯，用实际行动为美丽校园建设作贡献。

二、活动时间

建议4～6小时。

三、活动流程

（1）教师讲授垃圾分类方法，开展实践动员。

（2）学生每6～8人划分为一个小组，确定各组垃圾分类行动区域。

（3）各组制订校园垃圾分类行动方案，制作垃圾分类标识。

（4）各组将制作的垃圾分类标识张贴到各自行动区域的垃圾桶，开展垃圾分类知识宣讲，引导师生分类投放垃圾。

（5）各组汇报展示活动成果，分享劳动收获。

（6）教师进行点评总结。

探索与思考

1. 有人认为，垃圾分类没有什么难的，无非是从一个桶分成了四个桶。你认同这种观点吗？请结合你的体会谈谈垃圾分类的意义。

2. 检查一下你所在寝室的卫生，还有哪些地方需要改进和加强？

单元二　志愿服务活动

名人名言

知之愈明，则行之愈笃；行之愈笃，则知之益明。

—— （宋）朱熹

学习目标

1. 了解青年志愿者行动的含义。
2. 掌握"三下乡"社会实践活动的实施步骤。
3. 积极开展志愿服务，践行志愿者精神。

案例导入

在大家还在与亲朋团聚、享受春节的氛围之时，一群身着橙色小马甲的志愿者——"小橙子"踏上了守护万千旅客平安出行的旅程，开始志愿者服务活动，从第一天的懵懵懂懂到最后一天的得心应手，其间数不清的成长与故事。

我的岗位是在进站口帮助旅客进站并解决一些基础问题，以及分散人流防止拥堵。这天我如往常一样站在东进站口，突然，一位正在寻求帮助的盲人映入眼帘，我急忙前往跟前，帮助他进站、过安检、提行李、乘坐无障碍电梯，到达服务台为他提供特殊服务。在这期间，他一有机会便向我道谢，说："身处这个时代我们都是幸运的，何时何地都有提供帮助的人。"虽然这是我的职责，但是这一声声的感谢却让我的心一阵暖流流过，不禁想到如果我是需要帮助的人，遇到如此帮助我的人会是什么心情呢？

我想，这大抵就是青年志愿者的意义吧。志愿服务播撒了凡人善举的种子，让文明之花处处绽放，让志愿精神成为时代新风。志愿者的队伍正在逐步壮大，正因如此，越来越多的人加入，去发光发热、去奉献爱心，这也使得我在之后的志愿活动中，更加精神饱满，保持服务初心，希望越来越多的同学们能够加入其中。

【分析】志愿服务是社会文明进步的标志，是开展劳动实践的重要形式，是加强精神文明建设、培育践行社会主义核心价值观的重要内容。青年是我国志愿服务的有生力量，青年志愿者行动在推动"奉献、友爱、互助、进步"的志愿精神深入人心的同时，也为自己走进社会大熔炉、在实践中成才提供了锻炼机会。

一、青年志愿者行动

中国青年志愿者行动是一项与国际接轨、与社会主义市场经济同向并轨的跨世纪事业。它致力于帮助有特殊困难的社会成员，推动社会主义精神文明建设，是立足于社会关注、党政关心、青年能为的社会公益事业，是动员和组织青年参加社会主义精神文明建设的有效载体，也是新形势下共青团工作服务社会的新探索。

志愿者（volunteer）在联合国被定义为"不以利益、金钱、扬名为目的，而是为了近邻乃至世界进行贡献的活动者"，指在不为任何物质报酬的情况下，能够主动承担社会责任而不关心报酬、奉献个人的时间及精力的人。中国青年志愿者行动由共青团中央 1993 年发起实施。至 2000 年 6 月，全国累计有 8000 多万人次的青年向社会提供了超过 40 亿小时的志愿服务。近年来，青年志愿者行动围绕中心，服务大局，服务社会，服务青年，实施重点项目，拓展服务领域，不断完善工作机制，取得了显著成效。

青年志愿者标志的整体构图为"心"的造型（图 11-1），同时也是英语"青年"（youth）的第一个字母 y；图案中央既是手，也是鸽子的造型，与背景构成爱心图案。标志寓意中国青年志愿者向社会上所有需要帮助的人奉献一片爱心，伸出友爱之手，面向世界、奔向未来，表现青年志愿者"热心献社会，真情暖人心"的主题。

图11-1　青年志愿者标志

二、"三下乡"社会实践活动

大学生暑期"三下乡"社会实践活动是指由中央宣传部、教育部、共青团中央、全国学联发起，全国大中专学生志愿者在暑假期间深入农村、山区、边远地区，开展文化、科技、卫生等方面的服务活动。活动主要从爱国主义教育、中华优秀传统文化传承、促进乡村全面振兴、服务基层群众、民族团结实践等方面开展，引导和帮助青年学生在社会课堂中实践锻炼，达到受教育、长才干、做贡献的目的。大学生暑期"三下乡"社会实践以青年学生为主体，以高校为依托，以农村乡镇基层为对象，服务内容与当地实际需要相结合，是大学生社会实践的品牌项目。一般按以下步骤开展。

（一）确定实践主题

确定一个可行性高、吸引力强、目标明确的实践主题，直接影响大学生社会实践活动项目的策划、开展及实施，进而关系到社会实践育人宗旨的实现。在确定主题的过程中，一般要在文件学习基础上，结合时政热点、已知实践项目、自身学科（专业）特长、自我发展需求、社会资源利用等方面进行考虑，选择适合自身实际的实践主题。

（二）组建实践团队

协同高效的实践团队是成功开展大学生暑期"三下乡"社会实践活动的队伍保证。要根据实践主题和活动需要招募不同专业背景、不同爱好特长的队员，形成合理的团队结构。要对团队成员合理分工，发挥每个成员的优势与特长，形成团队合力。另外，要聘请热爱学生工作、专业对口、经验丰富的指导教师，为团队提供方向性指导和技术支持。

（三）撰写实践方案

社会实践方案是对"三下乡"社会实践活动的一种整体安排，是成功开展社会实践活动非常重要的步骤。凡事预则立，不预则废。制作社会实践活动方案就是对活动的一种计划和准备，主要包括三个部分：一是实践背景，包括选题背景、团队基本信息、实践项目概述等；二是活动内容，包括实践的日程安排、活动特色、预期成果等；三是其他相关内容，包括可行性分析、安全预案、经费预算等。

（四）行前准备

在奔赴实践地进行社会实践之前，还要做好以下准备工作：一是向所在学校或团委提出活动申请；二是准备实践过程中的相关材料，如介绍函、访谈提纲、调查问卷、购买商业保险等；三是准备相关物资材料，如校旗、医疗用品、安全防护用品、雨具等，以及开展活动所需的慰问品、表演道具、交通工具等；四是对队员开展安全教育和必要的技能培训。

（五）开展实践活动

实践活动根据社会实践方案开展，一般有实地走访、问卷调查、个人访谈、文艺表演、政策宣讲、志愿服务、看望慰问等形式，活动时间一般为 1～2 周。活动以安全为前提，要注意方式方法，体现当代大学生的应有素质和精神风貌。项目开展后要及时收集活动资料，适当宣传，扩大活动影响。

（六）形成活动总结

活动结束后，团队要进行初步总结，归还物资，召开经验分享会。返校后不可立即解散队伍，而是对团队成员进行新的分工，撰写调研报告和活动总结，巩固社会实践活动成果，提炼形成特色材料，为后续评选工作奠定基础。

【案例 11-2】

13 年送医下乡，一群医学生见证爱心接力

在山东第一医科大学（山东省医学科学院），有这样一支泰山爱心支教团，成立于2010 年，平均年龄 20 岁，连续 13 年暑期远赴云南、贵州、甘肃、青海等边远山区开展具有

医学专业特色的志愿支教，将爱与希望的火种播撒在孩子们心间。

泰山爱心支教团以"志愿服务、薪火相传、奉献社会"为主题，以"健康第一"为理念，把健康教育融入整个实践活动中，科普医学急救知识、宣讲医疗卫生常识、开展健康体检、制订传染病应急方案，助力西部发展。

据支教团第二届团长周浩介绍，支教团的服务对象以小学1～6年级学生为主，还会对部分初中生进行一对一辅导。除语文、数学、外语等常规科目外，支教团还开设常见病处理、医疗急救知识讲解、科学实验、普通话等特色课程。

在支教过程中，总有些难忘的故事牵动心弦，让学生们感叹不虚此行。

2019级临床医学专业卓越班傅凯悦是第十一届爱心支教团成员。2021年8月，她所在的团队前往甘肃甘南化旦尖措孤儿学校支教。发挥医学生专业所长，科普健康知识，学以致用，引导孩子们掌握健康常识，是她加入支教团的初衷。

当时，傅凯悦在支教团中负责教授孩子们医学常识。21天里，她向孩子们讲解危险的寄生虫，关注饮食饮水卫生，告诉孩子们面对新冠病毒如何保护自己，带领他们探秘人体结构等。她还借助电子工具、手绘图、小游戏等，把复杂抽象的医学知识简单化，比如"医学连连看"、会跳的"心脏"在"胸部"、咕噜叫的"胃肠"在"腹部"等。

对这些医学生来说，给孩子授课的过程也是自身成长的过程。"在支教过程中，我能够做到换位思考，真正静下心来从孩子的角度出发讲好课，让他们真正听懂，入脑入心。同时，那次难得的旅程也让我换个视角看世界，身份的转换，让我多了一份责任与担当。通过这段经历，我真正成长成熟了，收获满满。"傅凯悦说。

13年来，支教团成员怀抱梦想，脚踏实地，累计行程近5万公里。支教团多次获评全国暑期"三下乡"社会实践重点团队和山东省大中专志愿者暑期文化科技卫生"三下乡"社会实践省级重点服务队，并入选教育部2022年"推普助力乡村振兴"全国大中专学生暑期社会实践志愿服务活动团队。

（引自：《中国青年报》，2023年1月12日，有删改。）

【讨论】泰山爱心支教团为何要远赴云南、贵州、甘肃、青海等边远山区开展志愿服务，且连续13年不中断？在他们身上反映出什么样的志愿者精神？对支教团成员的成长有何意义？

三、社区志愿服务

社区志愿服务活动自1989年启动以来，在提高社区居民的物质文化生活水平，增进社区福利等方面发挥了积极作用，是青年志愿者的重要服务领域。社区青年志愿服务活动的主要内容如下。

（一）立足重点群体开展品牌志愿服务

面向社区青少年实施"关爱行动"，围绕思想引领、学业辅导、健康生活、科技创新、艺术素养等内容，开展"七彩假期""七彩四点半""红领巾学堂"等关爱志愿服务。面向社区老年人特别是生活困难、失能、高龄、独居老年人实施"金晖行动"，围绕生活服务、亲情陪伴、心理疏导等内容，帮助解决出行、就医、购物、使用智能手机等方面的困难，开展助老志愿服务。面向社区残疾人实施"阳光行动"，围绕日常照料、就业支持、支教助学、文体活动、爱心捐赠等内容，开展助残志愿服务。

（二）结合居民需求开展特色志愿服务

结合社区和居民需求，围绕文化体育、法制法规、生态环保、禁毒防艾等内容，依托社区书画协会、舞蹈协会、健身协会等社团群组，就近就便招募有专业特长的志愿者，因地制宜打造"小而美""小而专"、成本低、常态化的特色服务项目，打造"一社区一特色"的工作品牌，形成相对稳定的服务功能。

【案例 11-3】

青春活力在社区志愿活动中绽放

黑龙江省鸡西市滴道区东兴街道下辖 3 个社区，共有 21615 名居民。据介绍，围绕开展青年志愿者服务活动，东兴街道团工委组织社区工作者、寒假返乡大学生、长期在当地工作生活的机关干部等有志青年组建成青年志愿服务队。建立"1 个总队、3 个支队、9 支特色志愿服务队"的专兼职文明实践青年志愿服务队伍网络，助力辖区创城、安全、基层治理等各项工作高质量发展。

服务队发挥青年头脑灵、方法多、知识面广等优势，带头深入村头巷尾宣讲党的二十大精神 30 余次。结合青少年发展实际，制订"三个青"计划："青普计划"主要对青少年开展医疗健康、道路安全、文明礼仪等知识科普，"青育计划"主要对青少年开展家庭共育、自学自省、观念渗透、亲子互动等教育，"青心计划"主要对青少年沉迷网络、叛逆、厌学、情绪低落等心理问题进行疏导化解。开展关爱青少年和未成年人系列志愿服务活动，旨在守护滴道区广大青少年健康快乐成长。

东兴街道开展消防安全科普知识宣传 50 余次，发放节约用水、光盘行动宣传海报 300 余张，大力开展移风易俗、弘扬时代新风行动；倡导厉行节约，反对浪费；褒奖善行义举、惩戒失范行为，弘扬时代新风。开展广场舞、戏曲演出、文体比赛、全民阅读、文艺培训等群众性文体活动 30 余次，中秋节、重阳节等节日开展志愿服务 10 余次，走访慰问 20 余次，不断满足群众多样化精神文化需求。

2022 年 8 月以来，青年志愿者勇当先锋、一马当先，采取集中精神、集中人力、集中运力、集中攻坚的"四集"方式,实现小区楼道清、庭院清、门前清、违停清"四清"目标。目前东兴辖区 146 栋楼清理接近尾声,按日清 8 吨废物计算,近 3 个月共清运杂物1000 吨。

（引自：中国青年网，2022 年 12 月 14 日，有删改。）

【讨论】社区志愿服务是面向社区青少年和老年人、残疾人开展的服务活动,能有效服务社区居民生活,受到广大群众的称赞。你认为当代大学生参加社区志愿服务有何意义？可以锻炼培养自己哪些方面的能力？

四、专业服务

专业服务是指某个组织或个人应用某些方面的专业知识和专门技能,按照客户的需要和要求,在某一领域为客户提供专门服务。

（一）专业服务的类型

专业服务一般具有一定的知识含量和科技含量,通常可以分为生产者专业服务和消费者专业服务。具体包括：法律服务,会计、审计和簿记服务,税收服务,咨询服务,管理服务,与计算机相关联的服务,生产技术服务,工程设计服务,风景建筑服务,城市规划服务,旅游机构服务,公共关系服务,广告设计和媒体代理服务,人才猎头服务,市场调查服务,美容美发服务和其他。

（二）专业服务的特征

（1）专业服务需要组织或个人应用某些专业知识或专门技能,或者大量的实践经验来为客户或消费者提供服务。

（2）专业服务的知识和科技含量属性决定了只能是少数专业人士能够提供的服务。专业服务来自组织和组织之间、个体和个体之间的直接接触,供方和收方同时在供应和消费中得到新的利益。

（3）专业服务具有技术化、知识化的特征,使高素质人才成为国际竞争的核心。

📖 **拓展阅读**

> **从"心"出发,助力教育扶贫**

乐山师范学院"乐芽织心志愿团"先后为国家级贫困地区马边彝族自治县、沐川县等地中学生以及马边县的基层扶贫干部共 13000 多人,提供专业化的心理健康教育指导,举办多种形式的心理健康教育活动,得到当地政府、群众的广泛好评。

在马边彝族自治县和沐川县,初、高中的学生由大部分彝族和少部分汉族青少年组成。由于地理位置偏远，加之经济发展落后，学生心理健康教育资源匮乏，众多心理问题得不到及时解决。同时，在国家精准扶贫的大背景下，来自全国的基层扶贫干部面临不断增加的扶贫任务，工作难度大，又远离亲人，心中积聚的压力需要得到及时排解。为此，团队从"心"出发，在心理上对民族贫困地区进行精准帮扶。2018年以来，乐芽织心志愿团由沐川县开始，后到马边县，普及心理健康知识，为扶贫干部进行心理健康讲座，为中学生开设心理健康课，为教师进行中小学生常见心理困惑及其应对方法培训。开展团体心理游园活动、团体心理辅导、个别咨询，设置"织心树洞"，建立"心海护航"工作室等，以促进学生更好地成长，让扶贫干部能更好地投入扶贫工作中。

乐芽织心团队成员大部分由心理学专业师生组成，严谨且认真地开展专业性志愿服务。例如，在马边县一中，对全体班主任、年级主任及青年教师，有针对性地开展中小学生常见心理困惑及其应对方法培训；针对初中二年级的学生比较躁动的特点，开展"叩问心灵，规划人生——绘出我的生命线"，青苹果的滋味——青春期异性交往；怒了，怎么办？——情绪管理等心理教育课程。在团体心理辅导中，根据不同年级学生的特点使用不同的辅导方案，例如，针对马边一中初三和马边中学高三的学生开展在"直面焦虑，释放压力，积极应考"的心理团体辅导。对马边一中部分留守儿童举办了"拥抱心灵"情感交流的团体辅导。

（引自：教育部官网，2019年10月，有改动。）

活动与训练

校园志愿服务

一、活动目标
结合所学专业，面向校园师生开展知识普及、理论宣讲或便捷式服务，培养志愿者精神。

二、活动时间
建议1～2周。

三、活动流程
（1）以班为单位，成立校园志愿服务小分队。

（2）结合所学专业，确定志愿服务主题和活动地点，制作活动策划书。

（3）驻点开展为期一周的志愿服务活动，及时总结活动经验，创新活动形式。

（4）志愿服务活动成果分享与交流，教师点评、总结、提升。

探索与思考

1. 大学生参与志愿者服务的意义是什么？

2. 你参加过哪些专业性的志愿服务？谈谈你的收获与体会。

单元三　勤 工 助 学

名人名言

劳动是一种极为复杂的现象，可以揭示人的思想、情感、智力、美感、心理状态、创造精神，揭示教育和自我教育的意义。

——[苏联] 苏霍姆林斯基

学习目标

1. 了解勤工助学的内涵和意义。

2. 理解勤工助学的工作要求，端正勤工助学态度。

3. 积极参加勤工助学活动，提高劳动能力。

案例导入

国家资助政策助力寒门学子求学路

天津医科大学公共卫生学院预防医学专业 2002 级学生邹小莉，来自四川一个偏僻的农村，自小和姑姑生活在一起，没有固定的经济来源，家庭生活艰难。2002 年，邹小莉考取了天津医科大学，还没来得及欣喜，就不得不面对随之而来的经济压力。在亲戚朋友的帮助下，好不容易才凑足第一学年的学费，但以后的学费怎么办？邹小莉心中很茫然。

报到当天，学校很快了解到邹小莉的情况，依据学校"奖、贷、勤、补、免"资助体系，为她提供了勤工助学岗位，解决了她生活上的困难，使她能安心学习。经过一年的努力，邹小莉取得了全年级第二名的好成绩，并获得了校级一等奖学金。这项奖学金可以支付她两年的学费。初听到这个巨额数字时她根本不敢相信，当她用发抖的双手接过这笔奖学金时，不禁感动得流下了眼泪。它不仅解决了邹小莉生活上的困难，也给予了她极大的精神激励。

【分析】国家大学生资助政策让越来越多的寒门学子不因贫困而辍学。在党中央的亲切关怀下，各学校形成了"奖、贷、勤、补、免"的立体化资助体系，为贫困学生插上了逐梦飞翔的翅膀。生在这个时代，我们应该感恩党，感恩国家，感恩社会，以勤奋劳动、努力学习回报来自各方面的关爱。

一、勤工助学的内涵与意义

勤工助学源于"济困"，通过勤工助学来达到完成学业的目的。随着国家资助力度的加大和社会的进步，我国普通高校和高职院校的勤工助学已由"济困"为主过渡到了"济困与成才相结合的"的阶段，越来越多的学生把勤工助学作为适应社会、参与实践、提升自身综合素质和能力的有效手段。也就是说，勤工助学的内涵越来越充实、越来越丰富，完成了从纯粹"经济功能"到"人的全面发展教育功能"的转化。

在当前，勤工助学还需进一步坚持和发展，勤工助学在大学生成长成才中有非常鲜明的现实意义。

首先，勤工助学具有显著的"济困"功能。当前，我国经济发展尚不平衡，一部分地区经济欠发达，另一部分家庭因各种原因存在一定经济困难，难以足额支付大学学费、生活费。勤工助学能够让贫困学生利用课余时间通过自己的劳动获取报酬，缓解经济压力，解决生活上的困难。因此，"济困"是勤工助学的首要功能。

其次，勤工助学锻炼大学生的思想品格。勤工助学是一种学生付出劳动而获得经济收入的活动，能够让大学生感受到生活的不易，懂得什么是责任和担当，明白什么是感恩和奉献，有利于磨炼学生的意志，培养勇于面对困难、战胜困难的勇气，形成劳动光荣的观念。同时，在长期的勤工助学实践中，能够培养学生的自我约束力、劳动意识和职业道德，这些都将成为以后人生路上的宝贵财富。

最后，勤工助学有助于提高大学生的综合素质和能力。通过勤工助学活动，大学生可以提前接触社会，了解社会规则，调整自己的预期，其学习能力、实践能力，以及独立分析问题和解决问题的能力能够得到多方面的锻炼，其沟通交流能力、社会适应能力也会随之提高。此外，部分勤工助学活动需要学生运用专业知识解决实际问题，有助于专业能力的培养。

二、校内勤工助学岗位设置

通常情况下，校内勤工助学岗位分为固定岗位和临时岗位。固定岗位是指持续一个学期以上的长期性岗位和寒暑假期间的连续性岗位；临时岗位是指不具有长期性，通过一次或几次勤工助学活动即完成任务的工作岗位。

具体的岗位设置以校内教学助理、科研助理、行政助理和学校公共服务为主，以每个家庭经济困难学生月平均上岗工时不低于 20 小时为标准，测算出全校每月需要的勤工助学总工时数，即 20 工时 × 家庭经济困难学生总数。以此统筹安排、设置校内勤工助学岗位。

同时，勤工助学岗位既要满足学生需求，又要保证学生不因参加勤工助学而影响学习。学生参加勤工助学原则上每周不超过 8 小时，每月不超过 40 小时，寒暑假期间勤工助学时间可根据学校的具体情况适当延长。

📖 **拓展阅读**

勤工助学的相关政策要求及权益保护

一、活动管理

学生在学有余力的前提下，向学校提出勤工助学的申请，接受必要的勤工助学岗前培训和安全教育，再由学校统一安排到校内或校外的岗位上进行勤工助学活动。学校不得安排学生参加有毒、有害和危险的生产作业以及超过身体承受能力、有碍健康的劳动。任何单位和个人未经学校同意，不得聘用在校学生打工。

二、时间安排

学生参加勤工助学不应当影响学业，原则上每周不超过8小时，每月不超过40小时。

三、劳动报酬

学生参加校内固定岗位的勤工助学，其劳动报酬由学校按月计算。每月40个工时的酬金原则上不低于当地政府或有关部门制定的最低工资标准或居民最低生活保障标准，可以适当上下浮动。学生参加校内临时岗位的勤工助学，其劳动报酬由学校按小时计算。每小时酬金原则上不低于8元人民币。学生参加校外勤工助学的酬金标准不低于学校所在地政府或有关部门规定的最低工资标准，具体数额由用人单位、学校与学生协商确定，并写进聘用协议。

四、权益保护

学生在开始勤工助学活动前应当与有关单位签订协议，保护自身的合法权益。在进行校内勤工助学前，应当与学校的学生勤工助学管理服务组织签订具有法律效力的协议书。在进行校外勤工助学前，应当与代表学校的学生勤工助学管理服务组织、用人单位签订具有法律效力的三方协议书。协议书应当明确学校、用人单位和学生三方的权利和义务、意外伤害事故的处理办法以及争议解决方法。

（引自：教育部官网，2015年8月10日，有删改。）

三、勤工助学实践

（一）心理上的准备

在参加勤工助学之前，应该了解勤工助学的政策，对自己的工作时间和能力有一个简单的评估，判断自己适合什么样的工作岗位。

特别是大学新生，进入大学之初，面对较高的学费和生活费开支，对经济困难的感受会比原来想象的更加真切、更加具体，因而也会更加迫切地希望得到勤工助学的机会，以缓解经济上的困难。在这个时候，大学生更应该冷静地思考，向老师和高年级学长请教，分析自己的具体情况，争取得到更加合适的岗位。具体可以问自己几个问题：

（1）我现在的经济情况是否要近期就参加勤工助学？

（2）我适合做什么类型的勤工助学？

（3）参加勤工助学会不会影响我的学习？

（4）如果开始勤工助学，我该如何分配我的工作和学习的时间？

（二）做好岗前培训

勤工助学的岗前培训，是学校为了使勤工助学学生能够尽快熟悉岗位职责、适应岗位要求而开展的系统培训。勤工助学岗前培训一般包括勤工助学的理念、政策与流程、面试技巧、礼仪礼节、人际沟通、文书写作、职业道德、心理调适、权益维护、安全防范等方面的内容。全面了解这些相关知识，有助于消除学生的紧张感、陌生感，具备勤工助学岗位工作的基本技巧，帮助学生尽快进入勤工助学角色，尽快适应岗位工作要求。

【案例 11-4】

沉下心来潜心发展

小聂大学毕业进入一家公司，负责做部门每周业务汇报的文档制作。刚进公司时，都是做些打杂的活，老同事做好方案后，交给他做成 PPT。但小聂勤奋好学，把自己置于学徒的心态，经过努力，PPT 制作精美，自己掌握了分析数据及策划方案的技能。

他的进步越来越大，自己可以独立做一些策划方案了，但做出来的方案，他的部门经理总在总经理面前说是自己做的，小聂不免觉得很委屈，自己的功劳全被抢了，一切都是为他人作嫁衣裳。不过，后来他想明白了，自己的策划技能还不是很优秀，磨炼才是最重要的。于是，他不抱怨，沉下心来，不论上班时间还是下班后，主动向他人请教和学习，打磨自己的策划技能，他更看重的是自己策划技能的不断提升。

【讨论】志愿服务、勤工俭学、职场发展都需要有良好的心态。心态决定状态，只有摆正心态，练就过人的本领，才能在激烈的市场竞争中立稳脚跟。勤工俭学摆正心态，才能在服务他人的同时发展自身能力。你从小聂的心态调整中受到什么样的启发？

（三）调整好勤工助学心态

在刚开始参加勤工助学的时候，一般会遇到比较多的困难和问题。这个时候一是要鼓励自己勇敢面对，不要轻易退缩；二要主动地向工作中的前辈、同伴学习；三要调整角色，以体验的心态去看待所遇到的困难和挫折。有些学生用应付的态度对待勤工助学，怕累，担心影响学习，过分看重经济报酬。这样的心态不仅影响勤工助学的工作效果，也会养成拈轻怕重、偷懒、逃避责任的不良习惯，应及时调整。

（四）根据需要调整助学岗位

勤工助学岗位及其工作不是固定不变，是可以根据学生需要进行优化和调整的。对于第一次参加勤工助学的学生，应该将自己参加勤工助学的情况告诉自己好友和教师，以便同学、朋友、教师从旁观者的角度给予自己恰当的建议。通过一段时间的工作之后，要总结、评估一下自己参加勤工助学的收获与不足，根据实际情况及时调整自己的状态，必要时可以向学校申请调整岗位与工作内容。

🕙 **活动与训练**

生活用品改造

一、活动目标

自己动手改造生活用品,养成观察思考、探究思考的习惯,提高动手能力。

二、活动时间

建议 1 周。

三、活动流程

(1) 教师展示 3 ~ 5 种常见的生活用品,介绍用品的当前用途。

(2) 学生以小组为单位,采用头脑风暴法进行讨论,发现相关生活用品的缺陷和短板,提出改造思路。

(3) 各小组利用课余时间购买和收集改造所需的材料和工具,完成生活用品改造。

(4) 以小组为单位展示改造后的生活服务用品,介绍创意来源、设计理念和物品用途。

(5) 学生和教师对各小组的改造成果进行评价赋分。

🔍 **探索与思考**

1. 谈谈你对勤工助学的理解与认识。

2. 大学生应如何做好勤工助学工作?

参 考 文 献

[1] 王开淮,郭杨波,李文晋,等.劳动教育 [M].北京：清华大学出版社，2021.

[2] 郑伟,杨雪.劳动技能与职业素养 [M].长沙：湖南教育出版社，2021.

[3] 王芳,陈亮.劳动教育主题活动设计 [M].福州：福建教育出版社，2020.

[4] 王红,李强.劳动技术教育 [M].北京：北京师范大学出版社，2019.

[5] 张华,刘伟.新时代劳动教育教程 [M].北京：高等教育出版社，2021.

[6] 教育部基础教育司.劳动教育指导手册 [M].北京：教育科学出版社，2022.

[7] 李静,王磊.劳动创造美好生活 [M].南京：江苏教育出版社，2021.